Marc und Judith Meshorer

SCHÖNER ALS FLIEGEN

Marc und Judith Meshorer

SCHÖNER ALS FLIEGEN

Frauen verraten ihr Geheimnis,
wie sie leicht
zum Orgasmus kommen.

Titel der amerikanischen Originalausgabe:
ULTIMATE PLEASURE:
THE SECRETS OF EASILY ORGASMIC WOMEN.
Ins Deutsche übertragen von Regina Conradt

Ungekürzte Lizenzausgabe
für die Buchgemeinschaft Donauland Kremayr & Scheriau, Wien,
die Bertelsmann Club GmbH, Gütersloh,
und die angeschlossenen Buchgemeinschaften
Die Originalausgabe erschien bei St. Martin's Press, New York

Schutzumschlag: R. Kasparek; Foto: Viennareport
Druck und Bindung: Wiener Verlag, Himberg bei Wien
Bestellnummer: 03381 1

Inhalt

In dankbarer Erinnerung an
Birdie Ascherman Meshorer
und
Abraham H. Maslow

VORWORT

Schöner als Fliegen ist ein Buch über Frauen, die leicht zum Orgasmus kommen. Es ist ein Anleitungs- und Selbsthilfe-Buch, das Ihnen sagt, wie solche Frauen problemlos Orgasmen erlangen. Zuerst war ich etwas in Sorge. Für mich ist sexuelle Betätigung eher an Lust orientiert als auf das Ziel des Orgasmus ausgerichtet. Und ich befürchtete, das Buch würde sich vielleicht so auf den Orgasmus als erstrebenswertes Ziel konzentrieren, daß dabei außer Acht geriete, welch ein Lustgewinn Sex an sich bedeutet, ob nun mit oder ohne Orgasmus. Doch im zweiten Kapitel bringen Marc und Judith Meshorer genau dies ganz deutlich zum Ausdruck: Orgasmus ist nicht Selbstzweck; und ein allzu angestrengtes Ringen darum ist im allgemeinen eher unergiebig als lustvoll.

In all meinen Vorträgen und Veröffentlichungen über das weibliche Sexualverhalten und in den Studien, die ich auf diesem Gebiet mache, versuche ich zu vermeiden, daß Frauen oder Männer sich erneut unter Druck gesetzt fühlen. Ich hoffe, mit neuen Informationen dazu beitragen zu können, daß viele sich in ihren eigenen Erfahrungen bestätigt fühlen, einige neue Möglichkeiten kennenlernen und daß vor allem eine offenere Kommunikation zwischen den Partnern zustandekommt.

Wir sind alle geschlechtlich bestimmt – vom Tag unserer Geburt bis zu unserem Tod. Wir haben die Möglichkeit, unsere Seuxalität auf vielfältige Weise auszudrücken. Manchmal ist es ein absolut befriedigendes Erlebnis, jemandes Hand zu halten oder die Hand eines anderen zu spüren, auch wenn das nicht zu weiteren sexuellen Kontakten führt. Orgasmus ist nicht das Ziel aller Ziele schlechthin. Der Lustgewinn, den Händchenhalten, oraler Sex, Selbststimulierung oder jede andere Form von Erregung mit sich bringt, kann als eigenständiges Vergnügen genossen werden und braucht keineswegs zwangsläufig in andere sexuelle Aktivitäten zu münden.

Die Autoren des Buches und ich sind zwar hin und wieder auch etwas unterschiedlicher Ansicht über die Bedeutung einiger Aspekte, aber es überwiegen die Bereiche, in denen wir der gleichen Meinung sind; vor allem bezüglich des Grundkonzepts sind wir vollkommen einig: Frauen sind eigenständige sexuelle Geschöpfe, die in absoluter Eigenverantwortlichkeit ihr individuelles Sexualverhalten bestimmen können. Da jede Frau auf ganz eigene Weise auf sexuelle Reize und lustvolle Erlebnisse reagiert, ist es auch für jede – jede einzelne – wichtig, sich darüber klarzuwerden, was sie als lustvoll empfindet. Erst wenn wir uns darüber selbst im klaren sind, können wir es auch richtig unserem Partner mitteilen. Frauen müssen oft erst lernen, sich selbst einzugestehen, was ihnen Lust bereitet, um es dann auch genießen zu können. In unserer Gesellschaft wird dem bezeichnenderweise kein so großer Stellenwert eingeräumt. Wir kennen sehr viel mehr Worte, die Schmerz und Kummer ausdrücken, als Freude und Vergnügen. Daher muß noch vieles geschehen, um noch manches zu lernen. Dieses Buch soll dazu beitragen, die Bedeutung der Lust richtig einzuschätzen. Es soll Frauen helfen, ihr wie auch immer geartetes individuelles Sexualverhalten im Rahmen des weiten Spektrums der Normalität zu sehen. Außerdem ist es voller Anregungen für Männer wie für Frauen, die noch mehr Spaß und Freude am Sex haben möchten.

Beverly Whipple, Ph. D.

EINLEITUNG

Wir wollten uns das Wissen von Experten zunutze machen, deshalb haben wir uns Frauen ausgesucht, die ohne Schwierigkeit beim Liebesspiel mit ihren Partnern zum Orgasmus kommen. Alle waren bereit, unter folgendem Aspekt mitzumachen: »Eine gute Freundin oder eine Schwester, die Ihnen nahesteht, bittet Sie um Hilfe. Sie hat einen Partner, den sie eigentlich ganz begehrenswert findet, dennoch kommt sie mit ihm nur schwer zum Orgasmus. Welche detaillierten, speziellen Ratschläge können Sie ihr geben?«

Wir befragten einen breiten Querschnitt von überwiegend heterosexuellen amerikanischen Frauen. Von den sechzig Teilnehmerinnen waren die Hälfte verheiratet und lebten mit ihren Ehemännern; eine war verwitwet; fünfzehn waren geschieden und zwölf unverheiratet. Die Dauer der Ehen bei den Verheirateten lag zwischen zwei Monaten und vierunddreißig Jahren.

Das Durchschnittsalter der Frauen betrug 32,35 Jahre; die jüngste war 21, die älteste 59 Jahre alt.

Auch die Religionszugehörigkeit wurde bei der Auswahl der Frauen berücksichtigt. Dreißig Frauen (50%) waren protestantischer Herkunft; achtzehn (30%) waren Katholikinnen und zwölf (20%) stammten aus jüdischen Familien.

Vierundfünfzig Frauen gehörten der weißen Rasse an, sechs waren Farbige.

Acht Frauen waren Akademikerinnen, zwei hatten nicht abgeschlossene Hochschulstudien. Die meisten Frauen hatten etwa ein oder zwei Jahre College absolviert; viele waren noch dabei, sich weiterzubilden.

Auch die Berufe und Beschäftigungen waren ganz unterschiedlicher Art. Acht Frauen waren im medizinischen Bereich tätig (Therapeutinnen, Sozialarbeiterinnen und Krankenschwestern), weitere acht künstlerisch (Malerinnen, Schauspielerinnen und Medienfachfrauen). Zwei waren Fabrikarbeiterinnen, vier Studentinnen und sieben Lehrerinnen; neun waren Hausfrauen und zweiundzwanzig Geschäftsfrauen, die in Managementpositionen, im Verkauf, in der Verwaltung oder in kirchlichen Organisationen tätig waren. Die Durchschnittsfrau würde man als zur Mittelklasse gehörend bezeichnen, doch das Spektrum innerhalb dieser Klassifizierung ist breit gefächert – sowohl der untere als auch der obere Rand des Mittelstands sind vertreten, wobei auch Frauen mit höherem Bildungsniveau, gehobenem Sozialstatus und aus wohlhabenderen Schichten dazugehören.

Fünfunddreißig Frauen waren Mütter, die höchste Kinderzahl war sechs.

Zwar wird immer mal wieder vom Durchschnitt der Studie die Rede sein, aber die teilnehmenden Frauen sind als Gruppe alles andere als durchschnittlich oder mittelmäßig zu bezeichnen. Eine wesentliche Voraussetzung bei unserer Auswahl war erstens die Fähigkeit, leicht zum Orgasmus zu kommen, zweitens unterscheiden sich Frauen, die sich für eine derartige Studie zur Verfügung stellen, zwangsläufig von anderen, deren Zurückhaltung und Schüchternheit eine Teilnahme an einer solchen Befragung von vornherein ausschließen würden.

Etwa eine bis vier Wochen vor der Befragung hatten die Teilnehmerinnen den als Anhang B beigefügten Fragebogen vollständig auszufüllen. Anonymität war zugesichert worden; alle im Text genannten Namen sind von den Autoren geändert worden.

Alle Befragungen wurden jeweils von einem gemischtgeschlechtlichen Interview-Team in äußerst zwangloser Atmosphäre und Umgebung durchgeführt.

Im Anhang A finden Sie weitere Erläuterungen zur Methodik der Studie.

Das Hauptkriterium für die Teilnahme an der Befragung war definiert als »problemlose Fähigkeit zum Orgasmus während heterosexueller Partnerkontakte«. Als Bemessungsgrundlage für den »problemlosen Orgasmus« wurde die Fähigkeit verstanden, in mindestens 75 Prozent der Sexualkontakte den Höhepunkt zu erreichen, wobei nicht vorausgesetzt war, daß dies auf dem schnellsten Wege geschehen mußte, sondern es ging vielmehr um die Gleichmäßigkeit und Verläßlichkeit des Erreichens. Als Kriterium galt dabei lediglich das Zustandekommen eines Orgasmus während eines Sexualkontakts oder innerhalb einer sexuellen Betätigung mit einem Partner – sei es allein durch den Geschlechtsakt, durch den Akt plus einer zusätzlichen Stimulierung, durch andere alleinige Stimulierungen oder eine Kombination all dieser Möglichkeiten.

Hier nun die zahlenmäßige Auswertung, um die Richtigkeit der Auswahl der Teilnehmerinnen für die Versuchsgruppe zu erhärten: Die Frauen dieser Studie kamen im Durchschnitt bei mehr als 90 Prozent der sexuellen Begegnungen mit ihren Partnern zum Orgasmus. Für den normal üblichen Sexualkontakt ergab sich sogar die durchschnittliche Anzahl von drei Orgasmen. Dieser hohe Durchschnitt ist jedoch dadurch zustandegekommen, daß einige wenige Frauen eine extrem hohe Orgasmusfähigkeit hatten. Die mittlere Zahl der Orgasmen – also die Anzahl, die für gewöhnlich von der mittleren Gruppe der Frauen erreicht wurde – ist sicher am ehesten aussagekräftig und liegt in diesem Fall bei zwei Höhepunkten.

Bei außergewöhnlich lustvollen Begegnungen kamen in der Regel neun Orgasmen zustande. Auch hier ist allerdings wieder das Mittelmaß von Bedeutung, das bei vier Höhepunkten lag.

Im Durchschnitt hatten die Frauen dreimal wöchentlich sexuelle Kontakte. Bei den allein lebenden und besonders auch bei den geschiedenen Frauen schwankt die Häufigkeit zwangsläufig.

Im Durchschnitt nannten die Frauen drei bestimmte Arten von Stimulierung, die für die Auslösung des Orgasmus in Frage kommen: In der Regel waren es der Koitus, manuelle und orale Berührung. Allerdings war in der Gruppe eines anzahlmäßig kleinen Randbereichs der Studie auch eine Teilnehmerin mit neun verschiedenen Auslösemöglichkeiten für Orgasmen.

Vierundvierzig der sechzig Frauen erlebten häufig verschiedene Formen von multiplen Orgasmen; fünf hatten hin und wieder, sieben selten und vier nie solche Mehrfachorgasmen.

Vier Frauen berichteten von einer extremen Orgasmushäufigkeit – sie erreichten während eines durchschnittlichen Sexualkontakts sechs bis zwölf Orgasmen; zwei dieser Frauen nannten Höchstwerte von bis zu hundert Höhepunkten. Wir haben diese Frauen als »ultra-orgasmusfähig« bezeichnet und werden im Kapitel über Mehrfachorgasmen noch mehr über sie berichten.

Im Endeffekt bedeuten Zahlen allerdings überhaupt nichts.

Sie sind in keinster Weise ein Index für sexuelle Zufriedenheit oder gar der Maßstab für die Qualität einer Beziehung. Vielmehr sind wir – zwar äußerst subjektiv, aber auch höchst gewiß – der Überzeugung, daß in einem einzigen Orgasmus genausoviel sexuelle Energie entwickelt werden kann wie vielleicht in hundert. Und ebenso kann ein einziger Orgasmus mehr persönliches, emotionales und spirituelles Wohlbefinden und Lust hervorrufen als Tausende. Das sagt auch Bernadette, eine ehemalige Nonne: »Wenn ich komme, wenn ich einen richtig guten Orgasmus habe, dann fühle ich mich spirituell höchst angeregt. Dann bin ich einfach nicht mehr hier, sondern im Himmel. Die aufregendste Weise, in der du dir deiner Lebendigkeit bewußt werden kannst, ist das genußvolle Erleben des Sexualaktes. Da bist du Gott am nächsten.«

Zum Schluß sei noch einmal daran erinnert, daß der gemeinsam mit dem Partner erlebte Orgasmus nicht das A und O der weiblichen Sexualität ist. Augenblicke der Vereinigung, des stillen Glücks und des Außergewöhnlichen werden vielleicht manchmal stärker sein als das Verlangen einer Frau nach einem Orgasmus. Und auch ohne überhaupt den Wunsch nach einem Orgasmus zu verspüren, kann eine Frau das gemeinsame Liebesspiel in vollen Zügen genießen. Weder sie, noch ihr Partner müssen unter irgendwelchem Leistungsdruck stehen, unbedingt »fertig zu werden«. Für Frauen ist Orgasmus nur eine sexuelle Spielart unter vielen anderen.

Einer der Autoren promovierte unter Abraham H. Maslow, einem hervorragenden Psychologen, der seine Forschungsarbeit unter dem Aspekt der Gesundheit und des Wachstums des Menschen vorantreibt. Wir verstehen unsere Untersuchungen und auch unser Buch ganz im Geiste dieser Maslowschen Auffassung. Ausgehend von einer gesunden sexuellen Stabilität, gestützt durch direkte Aussagen von Frauen, entdeckten wir neue Dimensionen, die Schritt für Schritt zu einem besseren Verständnis dafür führten, wie Frauen wirklich zum Orgasmus gelangen.

Normalerweise dauert es bei Frauen zwei Jahre vom ersten Geschlechtsverkehr bis zum problemlosen Orgasmus mit einem Partner. Wenn eine Frau allerdings sexuell sehr aktiv ist, muß es nicht so lange dauern. Viele Frauen äußerten die Hoffnung, durch ihre intimen Geständnisse anderen Frauen, die weniger leicht zum Orgasmus gelangen, viel Zeit und Kopfzerbrechen zu ersparen. Aber auch die sehr leicht zum Orgasmus kommenden Frauen könnten Lustgefühle steigern und auffrischen.

Um beim Liebesspiel zum Orgasmus zu kommen, ist es selbstverständlich für jede Frau absolut notwendig, einen Partner zu finden, der sich auch von sich aus darum bemüht. Daher können männliche Leser mindestens genauso von diesem Buch profitieren wie weibliche.

Den Hauptanteil dieses Buches bilden die Beschreibungen von Frauen über ihre eigenen Wege zu höchst lustvollen Orgasmen. Wir erfahren, welche Vorbereitungen diese Frauen für ihr Liebesspiel treffen, wie sie sich darauf konzentrieren, was sie tun, um Ablenkungen zu vermeiden und wie sie ihre Empfindungen schulen. Wir erleben die Verläßlichkeit bestimmter Erfahrungen, mit denen eine Frau dem Höhepunkt entgegengeht, die Einbeziehung von Körper und Geist, den Drang nach gesteigerter Stimulation, das Ausleben von Lustgefühlen... und schon sind wir mittendrin in der Geschichte!

Als erstes werden wir Ihnen einen kleinen Einblick geben, wie Frauen leben, die die Fähigkeit haben, problemlos ihren Höhepunkt zu erreichen. Danach bewegen wir uns auf unser zentrales Anliegen zu, indem wir zeigen, wie diese Frauen ihr Liebesleben gestalten und was sie dazu tun, um sicherzugehen, daß sie zusammen mit ihrem Partner zum Orgasmus gelangen.

Mit dem Partner zum Orgasmus 1

Ich bin nicht darauf angewiesen, daß mein Mann mir einen Orgasmus verschafft. Wir machen gemeinsame Sache. *Tracy*

Zarek war sehr wichtig für mich. Er brachte mich dazu, allerlei lustvolle Dinge zu tun, die ich mich selber nicht getraut hatte. *Wendy*

Bevor eine Frau Sex in einer festen Partnerschaft voll ausleben kann, muß sie einige Dinge über sich selbst wissen – über ihre Bedürfnisse, ihre Fähigkeiten und über das Wesen der Sexualität mit einem Geliebten.

Das Lernen beginnt mit einem selbst. Natalie ist Anfang 30, junge Mutter, eine zierliche, attraktive Frau mit langen kastanienbraunen Haaren und ausdrucksvollen blauen Augen. Hin und wieder beugt sie sich zu uns herüber, während sie ihre durchlebten Gefühle schildert, und scheint sich versichern zu wollen, daß wir die Bedeutung der Geschichte, die sie erzählt, auch wirklich verstehen.

Die frühesten sexuellen Empfindungen, an die sich Natalie erinnert, beziehen sich auf ein Ereignis, als sie etwa sieben Jahre alt war. Beim Abrubbeln nach dem Baden hatte sie einen starken Orgasmus. »Dieses allererste Mal war für mich ein sehr beeindruckendes Erlebnis. Ich hatte zwar keine Ahnung, was da mit mir geschah, aber ich war ganz erschrocken. Es war ein tolles Gefühl, trotzdem muß es einen ganzen Berg von Schuldgefühlen in mir hervorgerufen haben. Es war einfach zuviel für mich. Ich hatte dieses Erlebnis gehabt, ja. Doch dann zog ich mich an und verdrängte es . . . jahrelang. Ich habe nie mehr zu masturbieren versucht, bis weit in meine Ehe hinein. Und ich war überzeugt, daß jeder, der so etwas tat, total übergeschnappt sein müßte.

Mit meiner Mutter hatte ich die typische jüdische Mutter-Tochter-Beziehung: also haufenweise Probleme. Es fiel ihr schwer, mich loszulassen, mir zu gestatten, erwachsen und eigenständig zu werden. Und ich nehme an, deshalb hatte ich auch Probleme, mich von ihr zu lösen. Sie empfand mich als einen Teil ihrer selbst. Während ich heranwuchs, waren meine Gefühle über Sexualität davon geprägt, daß der Körper etwas Verborgenes, Unbekanntes an sich hatte. Meine Mutter machte manchmal irgendwelche Andeutungen, aber ich scheute mich, Fragen zu stellen. Und ich hatte nie den Eindruck, daß Sex etwas ganz Normales wäre. Ich hatte tatsächlich das Gefühl, man müßte damit warten, bis man verheiratet war.«

Als Teenager fing Natalie allmählich mit dem Petting an – sogar völlig ausgezogen – legte es auch bewußt darauf an, zum Orgasmus zu kommen, indem sie »Trockenübungen« machte, d. h. ihre Klitorisgegend am Bein oder Körper des Jungen rieb. Sie blieb aber Jungfrau bis etwa eine Woche, nachdem sie von zu Hause fort und ins College ging.

»Er war älter als ich. Und kein Jude. Er lebte außerhalb der Stadt. Und er verkörperte all das, was meine Mutter nicht war! Die Situation war sehr romantisch. Wir waren ans Meer gefahren, hatten eine kleine Hütte für uns, und ich spürte in mir eine derart unglaubliche Leidenschaftlichkeit aufwallen, wie ich sie mir nie vorher auch nur hätte vorstellen können. Ich trug diese wunderhübsche altmodische Unterwäsche, wie sie bald darauf bei den Hippies Mode wurde und wir gingen am Strand spazieren. Dann kehrten wir in die Hütte zurück, tranken Wein, aßen Käse dazu, und danach fingen wir an, auf der Couch zu schmusen und miteinander zu schlafen. Allerdings hatte ich meine Tage und natürlich einen Tampon drin. Ich mochte es ihm nicht sagen und hatte Angst, das Ding rauszunehmen, weil ich glaubte, es würde ihm unangenehm sein und die Stimmung verderben. Er machte es mir mit dem Mund und brachte mich zum Orgasmus – noch nie zuvor hatte ich oralen Sex erlebt. Ich war richtig erregt. Also, ich glaube nicht mal, daß ich noch daran gedacht habe, was mit dem Tamponfaden passieren würde, oder: ›Ob das denn nun richtig so ist, wie es sein soll?‹, als er sich auf mich legte. Es machte mir überhaupt nichts aus. Und wenn es ihn nicht störte, wieso konnte es mir dann nicht auch egal sein? Er drang in mich ein trotz des Tampons und allem anderen. Und ich dachte nur: ›Ist es nun das, worauf ich mein Leben lang gewartet habe?‹

Er war super, und ich fand es schön, aber irgend etwas fehlte mir. Wirklich, da waren eine ganze Menge Dinge, die ich vermißte. Nach diesem Wochenende habe ich mir dann ausgiebig meine Sünden wieder abgewaschen. Ich hatte unheimliche Schuldgefühle und war mir über nichts mehr sicher, so in der Art: ›Mach mal halblang, es war ein so wunderbares Gefühl, weshalb solltest du das nicht haben dürfen?‹ Und dann wieder: ›Nein, o nein, es war falsch, das zu tun!‹ Oder: ›Doch, doch. Man lebt nur einmal.‹ So trieb ich es bald recht bunt nach dem Motto, das ich, nehme ich an, mal irgendwo gehört hatte: ›Hast du's erst einmal gemacht, dann kommt es nicht mehr drauf an, ob du's hundertmal machst.‹ Also trieb ich's Hunderte von Malen.«

Obwohl ihr immer »irgend etwas fehlte«, hatte Natalie viel Spaß an ihrem abwechslungs- und orgasmusreichen Sexualleben. Bis sie in ihre Heimatstadt zurückkehrte und heiratete. »Als ich verheiratet war, wurde alles anders. Ich verdrängte alles, was ich gelernt hatte oder glaubte, gelernt zu haben. Ich sagte mir: ›Was soll's, du wolltest diese Hochzeit. Du wolltest die Geschenke, das Brautkleid, die Flitterwochen. Jetzt hast du die nette kleine Wohnung, die eigene kleine Küche. Und auch sonst noch all die Kleinigkeiten, die dazugehören!.‹« Die Kommunikation mit David, ihrem jungen Ehemann war im Keim erstickt. »Er hatte Angst, mir mitzuteilen, was ihm Spaß bereitet, denn er kam wie ich aus einer jüdischen Familie. Er glaubte, er müßte selbstverständlich ein nettes jüdisches Mädchen heiraten, aber richtig rumvögeln mit ihr, das kam für ihn nicht in Frage!« Außerdem hatte sie sich noch nicht von ihrer Mutter abgenabelt. »Ich weiß es noch wie heute, psychologisch gesehen hatte ich immer das Gefühl, meine Mutter stünde neben unserem Bett – und wenn sie gerade mal nicht da war, dann wartete sie bestimmt im Badezimmer auf mich!«

Im gleichen Maße wie Natalies sexuelles Interesse nachließ, kam ihr auch ihr Selbstwertgefühl abhanden. Als sie dann gegen

Ende 20 schwanger wurde, nahm sie ungeheuer zu. »Das erste Jahr nach der Geburt war die Hölle. Ich wollte um keinen Preis Geschlechtsverkehr. Ich fühlte mich wie ein Wabbelpudding, nicht wie ein Mensch, abgesehen von meinen Brüsten. Da ich stillte, waren sie existent als Nahrungsquelle für das Kind. Ansonsten war mein Körper für mich überhaupt nicht vorhanden.«

Sie war am Ende.

Aber schließlich begann sie auch aus sich heraus Abhilfe zu schaffen. Als erstes mußte sie abnehmen. »Dann spürte ich, daß das Stillen in mir eine Art Erregung hervorrief, Empfindungen, über die ich schon früher etwas gelesen hatte, und die ich jetzt anfing zu akzeptieren. Ich freundete mich mit anderen Frauen an und konnte mit ihnen auch über Sexualität reden. Ich erfuhr, daß einige von ihnen sich sogar selbst befriedigen. Und ich traute mich, zu fragen, weshalb und wie sie es taten, und sagte auch, daß ich es noch nie gemacht hätte. Eines Tages – mein Kind war etwa zwei Jahre alt – stand ich zu Hause unter der Dusche. Ich hatte fünfzig Pfund abgenommen und fing gerade wieder an, mich wie ein Mensch zu fühlen. Ganz plötzlich empfand ich meinen Körper völlig neu und wunderbar. Erregung überkam mich. Ich hörte auf zu duschen, legte mich auf mein Bett, berührte meine Klitoris – und schon überrollte mich ein Orgasmus.

Direkt danach fühlte ich mich erleichtert und wie erlöst. Ich war auf einmal frei, ich hatte mich losgelöst von meiner Mutter! Ich hatte das Gefühl, jetzt endgültig ganz für mich allein etwas Wundervolles geschafft zu haben; ohne sie oder sonst jemanden um Hilfe bitten zu müssen, vollständig selbständig hatte ich es geschafft.«

Dieses Erlebnis machte es Natalie möglich, sich endlich zu öffnen, und sie entdeckte dadurch, daß David ein einfühlsamer Partner war, der ebenfalls »den Wunsch hatte, gemeinsam zu wachsen«. Inzwischen empfindet Natalie ihre Beziehung als aufregend, erfüllt und beständig.

Zurückblickend meint Natalie: »Vorher hatte ich keinerlei Gefühl dafür, wie ich meinen Körper in Griff bekommen konnte, noch was mit ihm geschah, was er mir sagen wollte oder wie er empfand. Ich hatte meinem Körper verboten, seine Öffnungen wahrzunehmen*), Brüste und Klitoris zu spüren. Meine Scheide war so eng, mein Hintern so verklemmt – das heißt, nichts an mir war für irgend etwas offen gewesen. Ich konnte nicht zulassen, meine eigene sexuelle Identität zu entdecken und zu behaupten.«

Auch die Väter spielen oft eine entscheidende Rolle in der Entwicklung der weiblichen Sexualität. Es sieht so aus, als würden Frauen mit Orgasmusproblemen sich nicht nur häufig Sorgen über ihre enge Verbundenheit mit der Mutter machen, sondern auch noch verunsichert sein darüber, daß ihre Väter ungeeignet schienen für echte und andauernde Beziehungen. Ein häufig abwesender Vater wird fast schon als Verlust angesehen; heranwachsende Töchter interpretieren solch offensichtlichen Mangel an Interesse und Verläßlichkeit leicht als Hinweis auf die eigene Wertlosigkeit. Wenn sie sexuelle Regungen, hervorgerufen durch sich selbst oder durch andere, als lustvoll erleben, fühlen sie sich doppelt »schlecht« und befürchten den Verlust der väterlichen Liebe und infolgedessen auch den ihrer Partner.

Viel von dieser Thematik, spiegelt sich in den Erfahrungen wider, über die Vivian berichtet. Sie ist eine kleine, körperlich sehr aktive Person um die fünfzig, die sich sorgfältig pflegt und sehr bedacht ist auf ihr äußeres Erscheinungsbild. Sie kommt aus einem protestantischen Haus, ist zweimal geschieden und hat vier Kinder aus ihrer ersten Ehe. Vivian hatte mit 13 zum erstenmal Geschlechtsverkehr und mit 18 ihren ersten Orgasmus. Dennoch war sie bis vor etwa vier Jahren nicht in der Lage, mit einem Partner verläßlich zum Orgasmus zu kommen, das heißt, sie lernte es erst 28 Jahre nach ihrem ersten Orgasmus.

Mütter übertragen oft ihre sexuellen Ängste auf die Töchter. Vivian erzählt: »In meiner Jugend hatte meine Mutter immer nur die Befürchtung, ich könnte ihr Kummer bereiten, weil ich etwas Falsches tun würde. Ich werde das nie vergessen: Niemals sagte sie etwas darüber, was dann mit *mir* sein würde, sondern nur immer, was ich *ihr* damit antäte. Ich glaube, mein Bedürfnis nach Nähe zu einem Mann hat daher mit meinem Vater zu tun. Er ist noch immer am Leben, und ich mag ihn, halte große

*) Natalie nimmt damit Bezug auf die Vaginalöffnung, die für ihre Orgasmusphantasien von Bedeutung sind und in Kapitel 9 beschrieben werden.

Stücke auf ihn. Aber wirklich nahegekommen sind wir uns nie. Er läßt sich nicht gern berühren, geht immer lieber auf Distanz. Auch heute kommt es selten vor, daß wir uns einen Kuß geben. Doch neulich hat er mich in den Arm genommen, und ich konnte es kaum fassen, weil es so gar nicht zu ihm paßt. Ich glaube, der Mangel an männlicher Zuwendung, den ich von zu Hause her kannte – die fehlende Aufmerksamkeit meines Vaters vor allem –, könnte dazu beigetragen haben, daß ich mich während meines Heranwachsens so stark darum bemüht habe, die Aufmerksamkeit anderer Männer auf mich zu ziehen. Aber was die sexuelle Befriedigung betrifft: die gab es nicht.«

Während ihrer Ehejahre hatte Vivian ihre sexuellen Bedürfnisse sowohl als erfreulich empfunden als auch immer wieder Schuldgefühle entwickelt. »Wenn ich einen Orgasmus hatte, war mir unklar, wodurch ich ihn erreichte. Ich hatte deshalb auch keine Ahnung, wie ich wieder einen hervorrufen könnte. Ich wußte einfach kaum etwas über mich selbst. Aber ich war immer an Sex interessiert, und gleichzeitig hatte ich deswegen auch ständig ein schlechtes Gewissen. In meiner Vorstellung waren Frauen, die gern und häufig an Sex interessiert waren, immer so etwas wie Nutten. Normale Frauen hatten keine solchen Bedürfnisse. Es dauerte ewig, bis ich feststellte, daß es ganz und gar nicht schlimm war zu masturbieren und endlich meine Ängste abbauen konnte. Was war schon dabei? Weshalb sollte man nicht mal den eigenen Körper kennenlernen dürfen! All die Schuldgefühle, die ich immer gehabt hatte, waren der reine Unfug . . .«

Manchmal wird ein bestimmter Partner bei einer Frau zum Auslöser für die Entdeckung der eigenen Sexualität. Nach ihrer zweiten Scheidung, als die Kinder schon erwachsen und selbständig waren, fand Vivian zwei derartige Partner. Der erste war zehn Jahre jünger als sie; der zweite, der nach wie vor ihr Liebhaber ist, weiß ihre lebendige Sinnlichkeit umso mehr zu schätzen, als er in seiner langjährigen früheren Ehe unter schlimmen Entbehrungen und Einschränkungen zu leiden hatte. »Es war für ihn wirklich wichtig, daß er auch mich befriedigen konnte. Und ich war voller Bereitwilligkeit, etwas dazuzulernen, so daß wir genau die richtige Kombination darstellten. An erster Stelle ging es ihm um den verbalen Austausch, daß ich mich mitteilte.

Ich sollte ihm sagen, was ich gern hätte. Aber zu Anfang konnte ich es nicht. Ich sagte nur: ›Das kann ich dir nicht erklären. Wenn du nicht von selbst weißt, was du zu tun hast, dann wird nichts aus uns. Alles andere verdirbt doch die Sache schon von vornherein.‹ Aber als wir uns liebten, fragte er mich: ›Magst du's so oder so? Bitte, du mußt es mir sagen!‹ Oder: ›Ist es richtig für dich, wie ich es jetzt mache?‹ Und so brachte er mich dazu, mich mehr und mehr mitzuteilen. Es fällt mir aber immer noch ein bißchen schwer. Doch ich weiß, nichts ist wichtiger, als daß du deinen Freund wissen läßt, was du magst und was nicht. Er will es von dir hören, und er möchte bestätigt bekommen, ob er es richtig macht. Ich hätte das schon viel früher so machen sollen. Wenn ich es getan hätte, wäre sicher das Sexualleben in meinen beiden Ehen viel besser verlaufen. Mann o Mann, was wäre wohl gewesen, wenn ich das damals schon gewußt hätte?

Viele Frauen begreifen sich selbst nicht und schieben dann die Schuld an ihren Enttäuschungen immer anderen zu, obwohl es gar nicht so sein müßte. Ich komme jetzt ganz leicht zum Orgasmus. Er braucht es nur ein bißchen darauf anlegen und nur meinen Hals oder meinen Rücken zu küssen. Es gibt nichts Schöneres für mich. Wenn wir miteinander schlafen, dann bin ich wieder jung. In solchen Momenten spielt das Alter wirklich keine Rolle...«

Unabhängig werden

Während des Heranwachsens sucht jede junge Frau nach ihrer eigenen sexuellen Identität. Das beginnt mit der Loslösung von den Eltern, und die Konflikte, die dabei entstehen, tragen – so unerfreulich sie auch sein mögen – zur Abnabelung bei. Im Idealfall entwickelt sich bei diesem Erkunden und Probieren allmählich ein gesundes Selbstwertgefühl und eine eigenständige Identität; aber das alles läuft nicht etwa mit automatischer Präzision oder nach einem vorgeschriebenen, immer gleichbleibenden Muster ab.

Iris, zum Beispiel, hatte mit zwölf ihren ersten Geschlechtsverkehr, und damit war sie innerhalb unserer Studie die frühreifste. Sie arbeitet als Chefsekretärin, ist 21 Jahre alt und die jüngste von drei Schwestern. Sie wurde presbyterianisch (also streng) erzogen. Sie ist klein, fast zerbrechlich, strahlt aber Vitalität und Zähigkeit aus.

»Ich bekam schon sehr früh meine Tage, so mit 9 1/2 oder 10 Jahren, noch ehe ich von meiner Mutter oder in der Schule etwas darüber gehört hatte. Mit zehn Jahren habe ich dann zum erstenmal einen Jungen geküßt. Zu dieser Zeit stellte ich mir aber auch vor, wie es wohl wäre, mit einem Mädchen zu schlafen. Als ich elf war, nahm mich eine 14jährige mit zu sich in ihr Zimmer, und wir redeten über Menstruation und so. Sie zeigte mir ihre Schamhaare, spreizte die Beine und weihte mich in die Anfangsgründe des Petting ein. Ich war ein wildes, ›ungezogenes‹ Mädchen damals, zu Anfang der Oberschulzeit. Ich hatte mich mit dem älteren Bruder meiner Freundin zusammengetan. Ich war zwölf, er etwa 17. Ich wollte zwar auch, aber er war dann die treibende Kraft. Nach unserem ersten Beischlaf war ich eigentlich nicht mehr besonders interessiert an der Sache. Was war denn da schon dran? Mit 15 traf ich dann meinen ersten wirklichen Liebhaber, einen Mann von 33 Jahren. Ich war sofort scharf auf ihn, als er auftauchte, wo ich immer Billard spielte, und beschloß, mich an ihn ranzumachen. Er hatte eine eigene Wohnung, und ich war jetzt ›soweit‹. Ich ließ mich nicht davon abbringen. Schon beim erstenmal, als wir miteinander schliefen, brachte er mich erst mit dem Mund und dann auch beim Beischlaf selber zum Orgasmus. Eineinhalb Jahre bin ich dann mit ihm zusammengeblieben. Er war wirklich ein prima Liebhaber: aggressiv und fordernd, aber auch zärtlich. Und danach bin ich dann selber auch so geworden. Ich kann nicht zählen, mit wieviel Männern und Frauen ich nach ihm zusammengewesen bin, aber im allgemeinen bin ich immer in der Lage gewesen, zum Orgasmus zu kommen. Ich habe die Highschool zu Ende gemacht, aber ich mußte schon ab dem 15. Lebensjahr arbeiten, um für meine Kleidung und meine sonstigen persönlichen Bedürfnisse Geld zu verdienen. Ich weiß noch, wie ich mit 17 einmal einen Freund in Florida besuchen wollte und mein Vater mir drohte, er würde mich zu Hause rausschmeißen. Ich hab' zwar keine Ahnung, ob er es wirklich getan hätte, aber es war wirklich auch keinerlei Problem für mich, weil ich zu der Zeit schon viele, viele Plätze kannte, wo ich hätte bleiben können.

Und meine Jobs waren mir auch eine große Hilfe. Ich konnte mir immer selber kaufen, was ich haben wollte, hing nicht mehr an Mutters Schürzenzipfel und hatte inzwischen auch herausgefunden, wie ich mit meinem Körper umzugehen hatte.«

Nur wenige der an dieser Studie teilnehmenden Frauen hatten so vehement rebelliert wie Iris. Die große Mehrheit wollte lieber ernsthafte Auseinandersetzungen mit den Eltern vermeiden und faßte »zeitgemäße« Entschlüsse, wie sie ihre persönliche und sexuelle Befreiung gestalten wollten. Eine Frau berichtet hier, wie es bei ihr war:

> Ich glaube, es ist dadurch zustande gekommen, daß ich Mutter eines Tages bat, mich nach einem Termin beim Gynäkologen, den ich wegen der Pille aufsuchen wollte, anschließend wieder in die Schule zurückzufahren. Sie wollte natürlich wissen, was ich da wollte, und ich sagte es ihr. Daraufhin erklärte sie mir, sie habe ihren Arzt gefragt, wann ich zum Gynäkologen gehen sollte, und der hatte angeblich geantwortet: ›Erst, wenn sie heiratet.‹ Ich sagte ihr, ich hätte beschlossen, es zu tun, bevor ich heiraten würde. Und auf diese Weise machte ich ihr klar, daß ich beschlossen hatte, zu tun, was und wie es mir beliebte.

Oft kommen solche Entscheidungen auch schrittweise zustande, wie eine andere Frau berichtet:

> Irgendwann taucht ja bei jeder mal die »große Frage« auf: Soll ich oder soll ich nicht? Ich hatte eigentlich immer vorgehabt, unberührt in die Ehe zu gehen, aber mit der Zeit änderte ich meine Meinung. Allerdings habe ich nie wirklich ganz bewußt darüber nachgedacht, ob ich es nun tun wollte oder nicht, bevor ich es dann wirklich getan hatte.

Oder die Entscheidung wurde gemeinsam mit dem Zukünftigen gefällt oder im Zusammenhang mit der bevorstehenden Heirat:

> Meine Eltern hatten nie mit mir über Sex gesprochen. Dann, kurz vor der Hochzeit, sagte Mutter auf einmal zu mir: »Wenn du deinen Mann im Bett nicht glücklich machst, wird sicher nichts aus eurer Hochzeit.« Ich hatte gleich beim

ersten Geschlechtsverkehr einen Orgasmus und fand es *super.*

Ich war ein richtig »braves Mädchen«. Doch dann begegnete mir mein späterer Mann. Als er sagte, »okay«, war's für mich auch völlig in Ordnung.

Wenn die Eltern eine positive Einstellung zur Sexualität vermittelten und ihre Töchter zur Eigenständigkeit ermutigten, waren diese doppelt so schnell in der Lage, leicht zum Orgasmus zu kommen, wie die übrigen Frauen in der Gruppe.

Tracy ist Ende 20; sie kommt aus einer konservativ-jüdischen Familie, ist eine sehr wendige Frau mit hellbraunem Haar, temperamentvollen, anmutig-athletischen Bewegungen und einem offenen, charmanten Wesen:

»Bei uns in der Familie sind alle sehr zärtlich zueinander. Wir küssen und umarmen uns und haben dabei keine Scheu vor körperlichen Berührungen aller Art. Ich wußte, daß meine Eltern eine sexuelle Beziehung zueinander hatten. Es hat mir das Leben erleichtert, daß ich noch ältere Brüder und eine große Schwester hatte. Als einer meiner Brüder noch nicht verheiratet war, wußte ich von seinen diversen Freundinnen, daß sie hin und wieder bei ihm schliefen. Und es liefen auch Partys mit Mädchen und Jungen auf unserer Terrasse, die sie ›Bun Hill‹ nannten. Die Parties waren nie richtig wüst, aber wenn ich morgens früh wach wurde, konnte ich sie dort alle rumliegen sehen – auch, wenn meine Eltern zu Hause waren. Meine Eltern ließen uns freie Hand – Gottseidank –, und wir waren auch sehr selbständig. Trotzdem wußten meine Leute immer, was lief. Ich habe nie etwas vor ihnen verbergen müssen. Wenn ich nachts wegbleiben wollte, brauchte ich nur von unterwegs anzurufen und Bescheid zu sagen. Wir waren alle gut in der Schule; meine beiden Brüder sind Wissenschaftler geworden –, und wir sind alle sehr unabhängig.«

Tracy hat schon ziemlich früh Spaß an Sex gehabt. »Mein Körper produzierte schon beim Petting reichlich vaginale Säfte, als ich noch ziemlich jung war. Das verunsicherte mich anfangs etwas, weil ich nicht wußte, was es zu bedeuten hatte. Als ich 14 war, entdeckte ich die Selbstbefriedigung. Die Sache gefiel mir zwar, aber es dauerte zwei Jahre, bis ich herausfand, worauf mein Körper am besten ansprach und wie er reagierte. Verstehen Sie, ich wußte zunächst gar nicht, worauf ich eigentlich aus war. Wenn wir damals rumschmusten, dann war fast alles erlaubt: Es war wie Beischlaf mit Kleidern an, Trockenübungen quasi. Wir knutschten und schmusten herum, fragten ›Kommt es dir?‹, ließen unseren Trieben freien Lauf – das war eben so in unserer Generation, und mir machte es Spaß.

Mit 16 schlief ich zum erstenmal mit einem Jungen, den ich schon eine Weile kannte. Er war ganz toll und gut gebaut, genau der Typ, der mir gefiel, um mich körperlich mit ihm einzulassen. Es war eine reine Gefühlssache; ich hatte beschlossen, wenn ich den Richtigen gefunden hätte, dann wäre auch der Moment gekommen, es zu tun: wenn ich es für richtig hielt. Wir waren auf einer Fete, wollten aber lieber allein sein. Daher gingen wir zu den Badekabinen hinter dem Swimmingpool. Wir küßten uns und schmusten und umarmten uns. Ich wurde so scharf, daß ich ihm beinahe die Kleider vom Leib gerissen und losgelegt hätte. Ich war vollkommen offen zu ihm, sagte ihm, ich hätte noch nie mit jemandem geschlafen. Er war ganz genauso offen und sehr verständnisvoll. Nach und nach zogen wir uns gegenseitig aus, es war einfach ein Vortasten von oben nach unten. Ich bat ihn, mir zu erklären, was er tat, und er sagte mir, während er weitermachte, was er vorhatte. Ich fühlte mich sehr wohl dabei, war ganz entspannt und ruhig. Und aus irgendeinem Grund habe ich dann nicht mal geblutet, obwohl er mich an diesem Abend entjungfert hat. Es war eine sehr lustvolle Angelegenheit, und ich hatte keinerlei Schuldgefühle. Es machte mich eher frei und erleichtert, daß ich es getan hatte, und ich fühlte mich auch viel mehr als Frau, als richtig vollständige Person. Und ich fand es auch wunderbar, daß ich dieses Erlebnis mit jemandem geteilt hatte.«

Kurze Zeit danach ging der junge Mann zum Studium ins Ausland. Ihren ersten Orgasmus erlebte Tracy daher mit einem anderen. Und durch orale Praktiken. »Es war wundervoll!«

Tracy ging ebenfalls von zu Hause fort, besuchte das College und arbeitete anschließend mehrere Jahre in Kalifornien. Dort hatte sie im Verlauf von zehn Jahren eine Vielzahl glücklicher Liebesaffairen, bis sie schließlich heiratete: »Bei all meinen Intimpartnern war mir immer klar, was ich zu tun hatte, wenn es mal nicht klappte: Ich konnte mich jederzeit durch Berührung mit meinen eigenen Fingern zum Höhepunkt bringen oder durch andere Dinge, je nachdem, was einer mochte. Ob es nun oral klappte oder sonst irgendwie, ich hatte immer einen Trumpf in der Tasche. Aber seit ich verheiratet bin, ist die Liebe erst wirklich wundervoll. Mit meinem Mann ist alles so schön, ich liebe ihn so sehr und er mich – er braucht mich nur anzutippen und zu küssen, schon explodier' ich.«

Wie immer das elterliche Verhalten auch gewesen sein mag, selbstverständlich hängt es letztendlich doch von der Frau selber ab, ob sie sich zu lösen vermag und ob sie orgasmusfähig sein möchte.

Grace ist leitende Oberschwester in einem Krankenhaus und gerade dabei, ihr medizinisch-technisches Diplom zu machen. Sie ist mit einem bekannten Herzspezialisten verheiratet und lebt momentan in äußerst luxuriösem Rahmen. Aufgewachsen ist sie als fünftes von zehn Kindern einer altansässigen katholischen Ostküstenfamilie. Sie ist jetzt 30 Jahre alt und hat eine Art, sich die Strähnen ihres langen blonden Haars aus dem Gesicht zu schütteln, die jene Überlegenheit der »richtigen« Abstammung vorführt.

»Mit meiner älteren Schwester hatte ich kein vertrautes Verhältnis, und niemand sprach je über Sex mit mir. Ich glaubte, man könnte von Zungenküssen schwanger werden. Mein Vater war übermäßig anspruchsvoll, und meine Mutter fühlte sich ausgesprochen abgestoßen von Sex. Sie war der Meinung, Männer wären wie Tiere, und versuchte ständig, meinen Vater schlecht zu machen. Ich durfte weder ausgehen noch mir selber aussuchen, was ich anziehen wollte. Meine Eltern versuchten mich zu bevormunden und abzusondern, selbst noch, als ich ein nicht weit von meinem Heimatort entferntes katholisches Schwestern-Kolleg besuchte. Sie bestanden darauf, daß ich dort ein Einzelzimmer bezog und jedes Wochenende nach Hause kam.«

Dennoch verlieren auch die strengsten Eltern eines Tages die Macht über ihre Töchter. »Ich unterhielt mich natürlich mit den Mädchen in der Schwesternschule und erfuhr dabei einiges über Sex. Die anderen brachten mir bei, wie man sich anzieht und schminkt. Und im Unterricht lernten wir alles Wissenswerte über den Körper. Da fing ich dann an, mich auch zu Hause durchzusetzen. Die anderen Mädchen gingen schon mit Medizinstudenten oder mit anderen Studenten aus den Vereinigungen und feierten Parties, auf denen es medizinischen Alkohol zu trinken gab. Ich beteiligte mich bald auch daran, in den Labors welchen abzuzweigen, war aber selbst noch nie mit Alkohol in Berührung gekommen, weil es mir immer verboten worden war. An den Wochenenden mußte ich so gegen sechs zu Hause sein, aber einmal ging ich statt dessen einfach mit zu einer Studenten-Fete. Und da trank ich dann zum erstenmal auch Alkohol. Es war richtig toll. Ich fand alles super – bis ich schließlich aufstand und tanzen wollte ... Irgendwer brachte mich dann nach Hause. Meine Mutter erwartete mich schon und drohte mir Prügel an. Ich muckte auf und sagte zu ihr: ›Wage es ja nicht, mich zu schlagen!‹ Gottseidank kam in dem Augenblick mein Vater dazu und sah sofort, in was für einem Zustand ich war. Er schüttelte nur den Kopf und sagte: ›Ich glaube, wir sollten sie erstmal in Ruhe lassen.‹ Meine Mutter wollte auf mich losgehen, aber Vater sagte: ›Laß das!‹ Und er brachte mich nach oben, setzte sich zu mir ans Bett und redete mit mir: ›Bevor du mit dem Trinken anfängst, solltest du ein paar Dinge wissen.‹ Und er sagte mir, was man tun muß, um keine Kopfschmerzen zu bekommen, erklärte mir, wieso man beschwipst wird und dann die Kontrolle über sich verlieren kann. Dann fragte er: ›Hat deine Mutter überhaupt jemals mit dir über Sex gesprochen?‹ Ich war gut drauf, sagte nur: ›Nein, sie nicht. Aber ich hab' ein Buch gelesen, in dem sind mehr als hundert Varianten beschrieben, wie man es machen kann.‹ Ich erinnere mich noch genau an seine Reaktion. Er bedeckte zuerst sein Gesicht mit den Händen, dann zog er sie weg, und ich konnte sein Grinsen sehen, während er sagte: ›Also gut, Liebes. Ich glaube, du packst es.‹ Und am nächsten Tag schickte er meine Schwestern zu mir, damit sie sich um meine weitere Aufklärung kümmerten. Wir redeten über den Abend zuvor, und sie fragten, was ich denn angestellt hätte. Eine meiner Schwestern wollte wissen, was Mutter für ein Gesicht gemacht hätte. Und an ihrer Art konnte ich merken, daß sie sie genausowenig akzeptieren konnten wie ich. Damit wurde mir klar, auch wenn ich mich gegen meine Mutter auflehnte, würde ich nicht die Unterstützung meiner übrigen Familie verlieren.

In der darauffolgenden Woche schrieb Grace mit Unterstützung der Mutter Oberin und einer anderen Nonne des Kollegs einen Brief an ihre Eltern, in dem sie bat, mit Jungen ausgehen zu dürfen. Ihr Vater erlaubte es ihr daraufhin, und das war der Wendepunkt. »Ich hatte mich verändert. Ich merkte, daß ich Kraft und Mut besaß.«

Grace wurde politisch sehr aktiv, ging auf Demonstrationen und wurde Vorsitzende einer großen Studentenvereinigung – und Feministin. Eine richtige »hartgesottene Radikale«, die hin und wieder so viel Ärger und Widerstand provozierte, daß sie zeitweilig von der Schule verwiesen wurde.

»Ich konnte voll angezogen mit Männern, rein durch die Körperbewegung, zum Orgasmus kommen. Aber ich hatte eine Art politischen Entschluß gefaßt, mich immer im Griff zu behalten. Ich ließ mich höchstens am Oberkörper anfassen und ging nie länger als sechs Wochen mit ein und demselben. Ein heißer, sauberer Spaß – aber nach sechs Wochen war immer Schluß. Doch dann traf ich Terry. Aus irgendeinem Grund hatte es dieser junge Mann darauf angelegt, mir zu beweisen, daß Männer doch nicht alle nur Tiere sind. Durch ihn erlebte ich vielleicht die größte Veränderung in meinem ganzen Leben. Wir waren zusammen am Strand an der Ostküste, waren beieinander mit und ohne Kleider. Es gab eine Menge Berührung und Geküsse und Petting, ich kam zum Orgasmus durch klitorale Stimulierung, aber wir hatten keinen Geschlechtsverkehr. Er machte mich weich, zeigte mir, wie man sich in einer Beziehung austauschen kann. Danach war ich nicht mehr ganz so uneinsichtig radikal. Schließlich traf ich dann meinen Mann, den einzigen, mit dem ich geschlafen habe. Er wollte mich bei unserer ersten Verabredung nicht mal küssen. Doch dann haben wir gemeinsam beschlossen, daß wir miteinander ins Bett gehen wollten. Wir mieteten uns im Hotel ein, und es war ganz kurz, nachdem ich meine Tage gehabt hatte. Vorher hatte ich noch ein Buch zum Thema gelesen. Er war geschickt und erfahren, hatte keinerlei Eile, und ich bekam ganz schnell beim oralen Sex einen Orgasmus.

Wir beide konnten immer sehr gut miteinander schlafen, mir scheint aber, daß rein körperlich bei mir im Alter von etwa 30 noch eine Veränderung eingetreten ist. Ich bin jetzt richtig scharf geworden, und es gelingt mir besser, auch vaginal zum Orgasmus zu kommen, und häufiger. Normalerweise klappt es jetzt bis zu fünfmal hintereinander. Ich kann mich allerdings ganz generell nicht daran erinnern, daß es mir mehr als vielleicht zwei- oder dreimal in meinem Leben nicht gelungen ist, zum Orgasmus zu kommen.«

Für die meisten Frauen, die bei der Studie mitgemacht haben, entstand die Fähigkeit zum problemlosen und verläßlichen Erreichen des Orgasmus durch die allmähliche Ausprägung ihrer individuellen, persönlichen Sexualität und durch das Erlernen bestimmter Fähigkeiten sowie durch die freie Ausübung solcher Techniken. Das alles ist ein fortgesetzter Wachstums- und Reifungsprozeß. Einige Frauen fühlten sich schon von Natur aus »frei« und erlebten früh die richtige Gewichtung zwischen familiären Bindungen und eigenständiger Autonomie. Im entsprechenden Alter, wenn sie sexuell rege werden, gelingt es diesen Frauen dann meist in relativ kurzer Zeit, mit dem Partner zum Orgasmus zu kommen, und bald darauf auch, ganz verläßlich ihre Klimax zu erreichen. Die Frauen, deren Mütter sexuell eher »verklemmt« oder ängstlich waren, mit denen sie sich aber nur wenig identifizierten (oft fühlten sie sich ihren Vätern oder anderen Bezugspersonen viel näher), sind häufig ebenfalls verhältnismäßig früh orgasmusfähig geworden. Das gilt auch für Frauen, die durch unglückliche Lebensumstände schon früh auf sich selbst gestellt waren.

Eine Frau braucht die Bestätigung, daß dadurch, daß sie eine eigenständige sexuelle Persönlichkeit geworden ist, nicht alle familiären Bande zerbrechen. Die positive Einstellung der Mutter oder des Vaters zur Sexualität generell, aber auch besonders in bezug auf ihre Tochter, erleichtert der Frau die Wahrnehmung ihres Anspruchs auf individuelle sexuelle Erfüllung.

Der erste Orgasmus – ein Grund zur Freude

Ursula ist 59 Jahre alt, eine kräftige, gut aussehende Blondine deutscher Abstammung, aufgewachsen auf einer Farm in Kansas.

»Ich bin das fünfte von neun Kindern, mittendrin also. Mit all den Tieren rundherum und einem neuen Kind alle zwei Jahre war Sex einfach allgegenwärtig. Wir redeten über Sex mit den Freunden in der Schule genauso wie mit der Familie, und Mutter hatte außerdem noch ein medizinisches Lexikon dastehen, das sozusagen unser aller Schicksal mitbestimmte, denn jedem von uns Kindern geriet es auf der Suche nach genaueren Informationen irgendwann einmal in die Hände. Ich stellte mir immer vor, Sex würde etwas Wunderbares sein, etwas ganz Normales, was Spaß machen müßte.«

Nachdem Ursula mit der Schule fertig war, wollte sie von sich aus von zu Hause fort und in eine andere Stadt gehen. »Ich bin immer unabhängig gewesen, vielleicht sogar ein bißchen eigenbrötlerisch. Ich hatte meine eigenen Ideen und Vorstellungen von dem, was ich arbeiten wollte, und ich hatte auch meine eigenen Regeln in bezug auf Sex aufgestellt. Wahrscheinlich aus Gründen meiner katholischen Erziehung hatte ich beschlossen, mit dem Geschlechtsverkehr bis zur Ehe zu warten. Aber ich machte beim Petting nicht an der Taille halt und traute mich manchmal auch, meinen Partner zu berühren, allerdings immer voll angezogen. Ich hatte mir diese Grenze selber gesetzt. Als ich allmählich aus Büchern in der Bibliothek und aus anderen Schmökern mehr über Sex erfuhr, entdeckte ich auch die Selbstbefriedigung. Und von diesem Tag an änderten sich auch meine Regeln: Petting bis zum Orgasmus wurde zugelassen, vorausgesetzt, man behielt dabei die Kleider an.«

So blieb sie bis zur Hochzeitsnacht »Jungfrau«. »Ich hatte Spaß am Geschlechtsverkehr, aber insgesamt war der Sex für uns beide irgendwie enttäuschend. Wir waren beide etwas schüchtern, und es kostete uns ganz schön Nerven, als wir plötzlich nackt und unbekleidet beieinander waren, so daß wir gar nicht recht wußten, was wir machen sollten und was uns jetzt anmachen würde. Doch dann konnten wir uns offen und ehrlich darüber aussprechen. Trotzdem dauerte es eine ganze Weile, bis ich einen richtigen Orgasmus bekam. Jetzt ist mir meine eigene Befriedigung wichtig, aber auch das sexuelle Beisammensein macht mich glücklich. Er ist ein guter Mann, und ich möchte mit ihm zusammenbleiben. Immerhin hat er es schon 34 Jahre mit mir ausgehalten.«

Bei vielen Frauen hat die Selbstbefriedigung dazu beigetragen, daß sie ihre eigenen Reaktionen und Empfindungen besser kennenlernten. 90 Prozent der Frauen in unserer Studie haben zeitweise masturbiert; die meisten tun es noch immer. Etwa 60 Prozent sind der Meinung, ihre bevorzugte Stimulierung und Körperstellung bei der Selbstbefriedung seien ähnlich wie die Stimulierungstechnik oder Position, in der sie mit dem Partner am besten zum Orgasmus kommen. Wenn eine Frau allerdings keinen Gefallen findet an Masturbation, dann gibt es keinen zwingenden Grund, weshalb sie es dennoch tun sollte. Eine Minderheit von 25 Prozent ist auch ohne oder nur mit geringer Unterstützung durch Masturbieren problemlos orgasmusfähig geworden. Von den 60 Frauen unserer Studie hatten 31 ausgesprochen negative bis ambivalente Erinnerungen an ihren ersten Geschlechtsverkehr. 14 Frauen hatten (wie Natalie) eher gemischte Gefühle und/oder körperliche Empfindungen. Nur 15 Frauen berichteten über uneingeschränkt positive Gefühle. In allen diesen Fällen, ob nun in einer ehelichen, einer Langzeit- oder einer gelegentlichen Beziehung, hatten die Frauen selbst bewußt die Entscheidung getroffen, daß sie den Koitus wollten. Sie waren bereit dazu, es war ihr eigener Wille und sie gaben nicht irgendwelchem Druck von außen nach. Sie brauchten keinerlei Alkohol oder Drogen, um ihre Scheu zu überwinden. Diese 15 Frauen erlangten auch innerhalb von ein oder zwei Wochen die Fähigkeit, mit ihren Partnern einigermaßen verläßlich zum Orgasmus zu kommen, das heißt, viel schneller als der Durchschnitt der Gruppe insgesamt.

Wenn der erste Beischlaf für die Frauen auch häufig enttäuschend war, so erlebten sie ihren ersten, mit einem Partner erreichten Orgasmus doch fast immer als lustvolle und beflügelnde Erfahrung.

> Ich liebte ihn und hatte den Augenblick schon jahrelang herbeigesehnt. Aber – lieber Himmel – ich war trotzdem überrascht, daß ich so wahnsinnig zum Orgasmus kam!

> Dieses wunderbare Gefühl der Leichtigkeit und des Schwebens machte mich offen für Freude und Lust.

Ich war ganz starr vor Entzücken.

Ich hatte nicht nur einen, sondern gleich drei. Ich kann mich noch genau an das Datum erinnern. Und daß es im Zimmer Nummer 13 in einem Motel ganz in unserer Nähe geschah.

Ein überwältigendes, machtvolles, starkes Erlebnis und dazu ein ganz tolles körperliches Gefühl. Ich wollte es wieder und wieder haben.

Obwohl auch etwa 10 Prozent der Frauen erschreckt waren über ihre Empfindungen oder zunächst gemischte Gefühle hatten, genossen sie natürlich letztendlich doch die Wonnen der Lust beim Orgasmus.

Hilfreiche Partner, die zu Schlüsselfiguren wurden

Eine Minderheit der befragten Frauen glaubt, selber die Initiative ergriffen zu haben, um mit ihren Partnern verläßlich zum Orgasmus zu gelangen. Zwei Frauen sagen dazu:

Ich habe es ganz allein hingekriegt, nachdem ich viel in Büchern und Zeitschriften darüber gelesen und sogar einen Kurs über das menschliche Sexualverhalten belegt hatte. Keiner meiner Partner konnte mir sagen, was ich zu tun hatte. Ich wußte nur, was ich selber empfand, und beobachtete meine körperlichen Reaktionen und sammelte so meine Erfahrungen.

Ich hatte meinen ersten Orgasmus erst, als wir schon einige Jahre verheiratet waren. Es war umwerfend, aber weil ich nicht regelmäßig fertig wurde, beschloß ich, selbst etwas dafür zu tun, um das in den Griff zu kriegen. Und ich kam schnell dahinter, was ich dazu tun mußte. Es ist wie mit dem Autofahren. Ich meine, als ich fahren lernen wollte und all die anderen Leute sah, die es schon konnten, da dachte ich mir: »Was die anderen können, das kannst du auch!«

Andere Frauen lernten es im Laufe der Zeit durch verschiedene umsichtige und geschickte Liebhaber. Aber die große Mehrheit der Frauen lernte durch Anleitung eines speziellen Partners, problemlos zum Orgasmus zu kommen.

Meredith war zum Zeitpunkt unserer Untersuchung Mitte 30 und gerade hochschwanger mit ihrem zweiten Kind. Sie ist umwerfend hübsch, Diplompsychologin und stammt aus konservativ christlicher Familie. Meredith spricht leise und vertrauenerweckend mit humorvollem Unterton. »Sex war etwas, worüber man nicht sprach. Und Sex vor der Ehe kam sowieso nicht in Frage. Aber meine Eltern bestärkten mich immerhin darin, darüber zu lesen. Allerdings kam ich nur schwer an die richtigen Bücher heran, so blieb mir nichts weiter übrig, als der äußerst profane Kinsey-Report. Wer wie ich in den 50er/60er Jahren herangewachsen ist, der hat sicher noch immer das Donna-Reed-Vorbild vor Augen: Die Frau ist Mutter, und hat die Perlenkette um und weiße Handschuhe an, während sie zu Hause das Essen zubereitet. Ich war eine Art Spätzünder. Kleine Mädchen reiben sich gern beim Sitzen einen ab, und ich erinnere mich auch an die wohligen Empfindungen, die ich hatte, wenn ich irgendwelche Bücher las. Aber bevor ich ins College ging, war mir nicht klar, daß es so etwas wie Masturbieren gab. Ich werde nie vergessen, wie mich dann im College die Psychologin mit ihren Vorträgen über weibliche Sexualität darauf gebracht hat, als sie erwähnte, Frauen würden fast genauso häufig masturbieren wie Männer. Ich war mit meiner Zimmergenossin da und weiß noch genau, daß ich fragte: ›Tun Frauen das wirklich auch?‹ Sie sah mich nur an und sagte: ›Du wirst es schon noch lernen!‹ So war es dann auch. Und ich lernte wirklich schnell.«

Kurz nach der Verlobung mit ihrem jetzigen Ehemann hatte Meredith dann ihren ersten Geschlechtsverkehr. »Ich glaube, ich habe es ganz bewußt darauf angelegt, in jener Nacht mit ihm zu schlafen. Aber dann mußte ich doch gar nichts dazu tun, denn ich war betrunken. Ich bin sicher, daß ich gedacht habe: ›Ich war ja betrunken, also kann ich nichts dafür.‹ Auf diese Weise wurde ich meine Schuldgefühle los. In der darauffolgenden Nacht sagte ich mir: ›Jetzt ist sowieso schon alles versaut.‹ Und wir schliefen miteinander, weil es wirklich *meine* eigene Entscheidung war. Und ich kam zum Orgasmus. Aber es war trotzdem so, als hätte ich nicht wirklich die Verantwortung dafür übernommen. Obwohl ich mich als eigenständige unabhängige Person empfand, wollte ich meinem Mann gegenüber fügsam sein – genau wie ich es meinen früheren Freunden und meinem Vater gegenüber gewesen war. Nach dieser zweiten Nacht war es dann so, daß es mal klappte und mal wieder nicht, und nachdem wir verheiratet waren, ging gar nichts mehr. Es war ein großer Reinfall, nicht einmal jedes zweite Mal hatte ich einen Orgasmus. Es schien einfach weniger aufregend zu sein, seit es legal war. Außerdem machte ich mir Gedanken, ob er den Geruch meiner Vagina vielleicht als unangenehm empfand. Man muß Vertrauen haben, daß der Partner alles an einem mag und nicht durch solche ganz normalen, natürlich-menschlichen Dinge abgetörnt wird. Wenn es hin und wieder ganz angenehm war, dann war das eher zufällig oder reine Glücksache; ich war nicht frei genug, ihm etwas zu sagen. Nach einem Jahr kam ich zu dem Schluß, es wäre ziemlich daneben, und wir hatten eine große Auseinandersetzung. Er war sehr betroffen, fand, das müßten wir gemeinsam angehen. Daraufhin lasen wir alles, was es gab, und schlossen eine Art Vertrag miteinander. Wir einigten uns darauf, daß ich mehr Zeit brauchte, und beschlossen, daß ich eine ganze Stunde nur für mich bekam, um mich in Stimmung zu bringen. Es half sofort, die Sache wurde verlangsamt, und doch hatte ich nicht das Gefühl, ich würde die Dinge aufhalten, sondern wir entdeckten gemeinsam, was gut tat und was nicht. Heute brauche ich nur ein paar Minuten, um in Fahrt zu kommen. Ich kenne meine Gefühle, und ich kann mich auch einfach gedanklich in die richtige Stimmung versetzen. Daß wir uns sexuell aneinander angenähert haben, war wirklich ein Glück für unsere Ehe. Es ist so wohltuend, daß wir jetzt gut miteinander zurechtkommen. Zwar brauchte es seine Zeit – etwa sechs, sieben Jahre, aber es hätte auch passieren können, daß es immer so geblieben wäre wie am Anfang, wenn wir uns nicht entschlossen hätten, es gemeinsam anzugehen. Ich glaube, in jeder Ehe und in allen lang andauernden Beziehungen ist Sex eine wichtige Angelegenheit. Ich denke schon, daß es vor allen Dingen die Sexualität ist, die die Leute zusammenhält.«

Hin und wieder kommt es vor, daß eine bestimmte Person für die sexuelle Entfaltung einer Frau eine so einzigartige Bedeutung hat, daß er (oder sie) eine Art »Schlüsselposition« einnimmt. Gemeint ist jemand, mit dem sich die sexuellen Verhaltensweisen einer Frau, ihre Techniken und ihre Orgasmusfähigkeit radikal verändert haben.

Wendy hatte einen solchen Partner. Er half ihr, die schlimmen Erfahrungen zu überwinden, die aus einem früheren Erlebnis resultierten. Sie ist fünfundzwanzig, lebt allein, stammt aus jüdischem Umfeld. Sie wirkt dunkel, exotisch, und hat dabei große blaue Augen, die verträumt und sehnsuchtsvoll in die Welt blikken. Sie scheint gleichzeitig belastbar und zerbrechlich zu sein. Eigenschaften, die vielleicht mit ihrer exponierten Lebensweise als ernstzunehmende, freischaffende Künstlerin zusammenhängen. »Ich würde anderen Frauen gern helfen«, sagt sie. »Ich war nicht mehr in der Lage, einen Orgasmus zu erleben, und ich haßte die Männer – das geht vielen anderen Frauen auch so.

Ich bin die älteste von vier Geschwistern. Meine Eltern brachten uns bei, selber loszuziehen und die Dinge zu erforschen. Ich machte schon als kleines Kind Entwürfe, wie meine Kleider aussehen sollten, und Mutter machte dann Schnittmuster. Ich fand das wunderbar. Sie hat mir die Kraft gegeben, umzusetzen, was ich mir vorstellte. Wir Kinder konnten uns unsere eigene Einrichtung aussuchen, unsere Zimmer ausmalen und mußten unsere Haustiere selber versorgen. Dennoch waren unsere Eltern nicht ganz darauf gefaßt, wie wir uns entwickeln würden.

Ich gewann in der Highschool alle Kunstwettbewerbe, die Jungen waren in meinen Augen Flaschen, und ich war noch Jungfrau, als ich die Schule verließ. Wenn ich masturbierte, machte ich mir keine Gedanken, ob das recht oder unrecht war. Es war wohltuend, machte Spaß und mußte so sein.

Mit 15 bin ich von zu Hause abgehauen. Nach New York. Nur für ein paar Tage, zusammen mit meiner besten Freundin. Wir hatten dort was miteinander: Sie brachte mich mit dem Mund zum Orgasmus. Es war aber nicht nur eine sexuelle Angelegenheit; es ging um Nähe, um Zärtlichkeit und das Miteinander. Frauen sind ganz anders als Männer, wenn sie miteinander etwas haben: Es ist mehr das Nahesein, der Wunsch, sich zu gefallen und sich gegenseitig was Gutes anzutun. Aber es geht nicht so sehr um das *Sexuelle* dabei – zumindest nicht bei mir. Normalerweise komme ich nur zum Orgasmus, wenn ein Mann beteiligt ist. Ich nehme an, ich bin trotzdem ›bi‹, nicht lesbisch; aber ich mag mir sowieso kein Etikett umhängen lassen. Ich drehe mich nicht nach Frauen um und sage: ›Olala, ist das eine sexuell attraktive Person!‹ Eher schon schaue ich mir eine Frau an und stelle fest: ›Wie schön sie ist! Ich würde sie gern als präraphaelitischen Engel malen.‹«

Mit 17 ging Wendy als Austauschschülerin nach Europa. Sie ließ sich mit einem Mann ein, der in der Nähe der Schule wohnte. »Wir schliefen miteinander, und das war der schlimmste Tiefpunkt in meinem ganzen Leben. Es tat so weh, daß ich es mittendrin abbrechen wollte. Ich weiß noch genau, daß ich immerzu dachte: ›Darauf habe ich nun die ganze Zeit gewartet? Das kann es doch nicht sein, nein!‹ Ich brach mit ihm. Er glaubte, weil er mich einmal gehabt hatte, könnte er mich auch wieder rumkriegen. Eines Tages betrank er sich und vergewaltigte mich. Ich wehrte mich, aber er bedrohte mich und nahm mich mit Gewalt.

Danach hatte ich nie mehr eine enge Beziehung mit einem Mann, bis ich etwa 20 oder 21 war. Ich konnte es nicht einmal ertragen, wenn mich mein Vater in den Arm nehmen wollte. Ich mochte überhaupt nicht angefaßt werden.

Zurück in den Staaten, ging ich in New York auf eine Kunstschule. Ich erholte mich langsam. Nach einigen Jahren gefiel mir dann sogar wieder ein Mann. Mit Chris, einem Studenten, freundete ich mich an. Ich entschloß mich, auch Sexualität wieder zuzulassen. Und ich war richtig heiß verliebt in einen anderen Mann, obwohl ich nie mit ihm schlief. Mir gefiel vor allem seine Kunst. Jemand, der etwas gut kann, der super talentiert ist, ist richtig sexy, mehr als alles andere. Ich dachte immer, wenn du mit jemandem schläfst, der wirklich was drauf hat und genau weiß, wie er Blau und Grün einzusetzen hat, dann kannst du dessen Energien in dich aufnehmen und selber eine bessere Malerin werden!

Chris war ein Jahr lang mein Liebhaber. Es war schwierig für mich. Manchmal kam ich zum Orgasmus, aber ich sträubte mich noch immer dagegen, weil ich so wütend war. Ich lernte orale Sexpraktiken kennen, mochte es auch bei ihm tun. Vielleicht machte ich es gern so, weil ich dabei das Ganze unter Kontrolle behielt. Ich wollte immer solche Machtspiele, aber ich fühlte mich dennoch nicht ganz wohl dabei.

Später zog ich aufs Land, arbeitete und lebte in den Catskills. Dort begegnete ich Zarek. Er war schon etwas älter, unverheiratet und fast so etwas wie ein buddhistischer Mönch. Er wurde der wichtigste Mann in meinem Sexualleben. Ich sagte ihm, ich würde gern mit ihm schlafen, aber er ging lange Zeit nicht darauf ein. Nie zuvor war ich jemandem begegnet, der mich zurückgewiesen hatte. Nicht, daß ich etwa eine besonders scharfe Person gewesen wäre, aber ich hatte wohl das männliche Selbstverständnis außer Acht gelassen. Er wollte eine richtige Beziehung, wollte mich kennenlernen. Dinge, von denen ich geglaubt hatte, sie wären nur Unfug.

Alles, was er tat, war höchst erotisch. Zuerst klappte es nicht immer mit dem Orgasmus bei mir. Ich merkte, wie ich im Unterbewußtsein immer noch abblockte, als könnte ich einfach nicht mehr anders. Ich wollte zwar auch von mir aus den Höhepunkt, versuchte, mich gehenzulassen – aber ich konnte nicht. Er verstand alle meine Blockierungen. Er war geduldig und erklärte mir, ich sollte es mit T'ai Chi versuchen (rhythmische Bewegungsabläufe, die die Energieblockaden im Körper lösen, eine chinesische Sportart). Er fuhr auch mit mir nach Oregon zu einem Therapeuten und dann machte er mir diese japanischen Shiatsu-Massagen, die helfen sollen, sexuelle Verklemmungen abzubauen. Er war außerdem ein großartiger Liebhaber mit viel Durchhaltevermögen. Er konnte auf mich warten, doch er wußte auch, wenn ich gar keine Chance hatte. Er las mir ›Die Geschichte der O‹ vor und erklärte: ›Es hat nicht nur etwas mit Sadomasochismus zu tun, wenn eine Frau einen Mann so sehr liebt, daß sie ihm aufs Wort gehorcht; es kann für sie total akzeptabel sein, ihm zu folgen, ohne Fragen zu stellen.‹ Ich war so unwissend, was Beziehungen und Empfindungen anbetraf, und er lehrte mich alles. Er führte mich in den Sex ein, als wäre ich noch unberührt. Und ich war es auch, ich vertraute ihm, als wäre ich wieder jungfräulich und unerfahren. Ja, ich hatte zwar vorher das eine oder andere erlebt, aber es hatte mich nicht wirklich *berührt.* Er war der erste Mann, bei dem ich mich richtig gehenlassen konnte. Ich traute ihm so vollständig, daß ich mit ihm alles entdecken konnte. Ich war beim Sex richtig bei der Sache.

Wirklich, er war etwas Besonderes. Und doch verliebte ich mich nicht in ihn, was mich sehr überraschte. Ich zog wieder von dort weg, und wir schreiben uns noch immer. Doch ich denke jetzt an ihn, wie an einen Lehrer, und nicht so sehr wie an einen verflossenen Liebhaber.«

Manchmal kann sich auch eine schon lange bestehende Beziehung radikal verändern und aus einem fast »asexuellen« Verhältnis eine hocherotische Angelegenheit werden.

Julias sexuelles Erwachen rettete ihre Ehe. Sie ist 34 Jahre alt, 15 Jahre verheiratet, eine mittelgroße, stämmige Frau, die ihren Körper mit Jogging und isometrischen Übungen fit hält. Sie hat ein hübsches, apartes Gesicht und ist zunächst eher zurückhaltend. »Verstehen Sie mich nicht falsch«, fing sie an zu erzählen, »wir haben immer noch ein paar Schwierigkeiten miteinander. Aber ich möchte behaupten, daß der Sex geholfen hat, unsere Ehe zu erhalten.

Ich bin die älteste von vier Geschwistern. Meine Eltern sind ziemlich religiös, und über Sex zu reden kam für sie einfach nicht in Frage. Mein späterer Mann war der erste Junge, mit dem ich überhaupt rumgeplänkelt habe. Schließlich schliefen wir auch zusammen, in einem Auto – und ich weiß noch, daß ich gar nicht recht bei der Sache war, aus Angst, erwischt zu werden oder schwanger. Wir heirateten, als ich 19 war. Wir sind immer noch religiös und gehen regelmäßig in die Kirche – mein Bruder ist sogar Prediger. Ich bin so erzogen worden, daß man sich aktiv an der Gemeindearbeit beteiligen muß. Wir galten als eng verbunden, arbeiten gemeinsam in dem Betrieb, den wir aufgebaut haben und der immer noch ziemlich gut läuft.

Bis vor etwa zwei Jahren hatte ich bei zehn Kontakten höchstens einen Orgasmus. Bis zu einem gewissen Grad machte mir Sex Spaß, aber ich hatte trotzdem immer das Gefühl, es sei irgendwie schlecht. Man tut es, wenn man Kinder haben will, das dachte ich, zumindest bevor meine kleine Tochter geboren wurde. Und es schien, als brauchte ich bloß zu niesen, schon wurde ich schwanger. Ich war verklemmt – nur bereit zur Missionars-Stellung, sonst nichts. Immer war da etwas, das mich blokkierte, bis ich davon freikam und herausfand, daß Sex richtig Spaß machen kann.

Wir hatten Probleme miteinander, und mein Mann fing an, sich mit einer anderen Frau zu treffen. Ich wußte davon, aber ich wollte ihn nicht verlieren. Als er einmal so gegen drei oder vier Uhr morgens erst nach Hause kam, da erregte mich das auf unerklärliche Weise. Natürlich ärgerte es mich, aber es brachte auch so ein seltsames Verlangen: Ich wollte gerade jetzt mit ihm zusammensein, wollte ihn haben. Ich war ziemlich scharf geworden, während ich wartete. Es erregte mich, daß er mit einer anderen Frau zusammengewesen war. So fingen wir an, wieder öfter miteinander zu schlafen. Erst ein-, zweimal die Woche, dann mindestens einmal am Tag. Ich brauchte seine Zuwendung und ging mehr aus mir heraus. Ich hatte noch nie was mit dem Mund gemacht oder mir machen lassen, jetzt ließ ich es geschehen, fand sogar Spaß daran. Und es war wirklich so, als sei damit alles in Bewegung geraten. Es machte ihn an und erregte auch mich ziemlich stark – und so schien eins das andere zu ergeben.

Jetzt kommt es mir immer zwischen sechs- bis zwölfmal. Er heizt mich mit Worten an, spielt eine Art Rollenspiel, etwa eine Vergewaltigungsszene. Oder er tut so, als wäre er ein Klempner, der etwas reparieren soll, mich dann anmacht und über mich herfällt. Dabei fragt er: ›Was würde wohl Ihr lieber Ehemann dazu sagen, wenn er wüßte, was wir treiben?‹ Oder ich bin sein Mädchen, ein Straßenmädchen, und trage schwarze Strümpfe und Strapse. Oder ich stelle mir vor, er wäre mein Macker, der mich zwingt, mich in seinem Beisein anderen Männern hinzugeben. Oder er ist dann wieder ganz lieb und sanft und ich bin ein unschuldiges kleines Ding. Wir reden kaum etwas und vögeln nur. Ganz gefühlvoll, sehr zärtlich.

Ich lasse mich auch fesseln: Das macht mich scharf und hilft mir, aus mir herauszugehen. Wir machen auch jetzt immer noch eine Menge solcher Sklavenspiele, doch inzwischen brauch' ich sie gar nicht mehr so. Genauso ist es mit dem Alkohol. Früher brauchte ich ihn, um in Fahrt zu kommen, aber jetzt trink' ich überhaupt nichts mehr – nicht mal 'n kleinen Schluck. Wir benutzen Lederriemen und Ketten, und mein Mann hat eine lederne Schaukel gebaut, mit der er von der Decke unseres Schlafzimmers herunterhängen kann. Er kettet mich an der Wand fest, ans Bett oder an einen großen stählernen Rahmen, der von einem Trimmgerät aus unserem Freizeitraum stammt.

Manchmal bin ich so erregt, daß ich die Ketten rausreiße, wenn ich zum Höhepunkt komme. Ich verletze mich nicht wirklich, doch ein bißchen Schmerz ist schon okay. Er braucht nur anzufangen, mich zu fesseln, schon ist mein ganzer Körper wie elektrisiert. Allein beim Gedanken daran, daß ich mich nicht wehren kann; ich weiß, auch wenn ich ihn noch so bitte, daß er aufhören soll, mich zu stimulieren, weil ich es nicht mehr aushalte, ich kann ihn nicht bremsen, ich bin ihm ausgeliefert. Allein dieser Gedanke macht's . . .

Und ich komme zum Orgasmus, wenn ich ihn aufgeile, ohne meinen Körper überhaupt zu berühren. Ich heize ihn an mit dem, was ich sage: Ich frage ihn, ob ich es ihm mit dem Mund machen soll. Oder auch, wenn er angekettet ist und ich ihn auspeitsche und er sich windet und stöhnt und mir sagt, wie gut es ist. All sowas erregt mich, wenn ich weiß, daß es ihn befriedigt.«

Später zogen Julia und ihr Mann gemeinsam durch die Bars, um Männer aufzulesen. »Beim ersten Mal war es ein ganz spontaner Einfall, weil einem Typen mein Busen gefiel. Ich hatte Angst, er könnte grob werden, aber es ging gut. Der Mann war sanft und liebevoll, und wir machten es immer wieder. Immer zwei Männer und ich. Wenn wir jemanden gut genug kennen, darf er auch Sadospiele mit mir machen. Später fingen wir dann an, richtig zu ›swingen‹: Erst in Clubs, dann mit verschiedenen Gruppen. Und zum erstenmal machte ich es auch mit einer Frau. Sie erregte mich, unsere Lebensumstände ähneln sich sehr. Wir bringen uns gegenseitig oral zum Orgasmus. Geschlechtsverkehr mit anderen ist nicht so wichtig und hat auch nichts mit Liebe zu tun: Er ist nur ein großer Spaß und macht das häusliche Leben aufregend. Manchmal wird er eifersüchtig, ich möchte ihn aber immer dabei haben, um durch ihn mein Startzeichen zu kriegen, wenn er in der Nähe ist.

Ich hatte einmal über hundert Orgasmen an einem Abend. Er hat sie gezählt. Manchmal macht er sich ein Spiel daraus, mich wieder und wieder kommen zu lassen; er mag es gern, wenn ich ganz fertig bin. An diesem Abend hatte ich nichts getrunken und war doch richtig ›high‹. Meine Muskeln waren wahrscheinlich so vollkommen entspannt, daß er mich nur ein bißchen berühren mußte und schon explodierte ich. Und dann machte es jemand anders, und noch einer, und ich kam und kam . . . Alles törnte mich an, es brauchte nur eine kleine Berührung sein. Ich war weg, vollkommen weg. Es liegt auch an den Leuten, mit denen wir zusammen in diesem Club sind. Sie sind alle sehr unterhaltsam, amüsieren sich gern. Wir hatten auch schon Freunde bei uns zu Hause, aber es macht mehr Spaß im Club. Manchmal merken wir dann beim Nachhausefahren, daß wir wieder erregt werden und schon wieder Lust bekommen. Hin und wieder halten wir es nicht mal aus bis zuhause, sondern halten einfach am Straßenrand.«

Um ihre Ehe zu retten und ihr Sexleben aufregender zu gestalten, hat sich Julia Dingen gestellt, die vielleicht für die meisten Frauen nicht in Frage kämen. Aber der Weg, den sie gewählt hat, scheint – zumindest bisher – für sie der richtige gewesen zu sein. Sie genießt ihre neue Sexualität. Sie kann ihre Praktiken zusammen mit dem Mann ausüben, dem sie vertraut: Sie macht sie aus eigenem Antrieb, und sie hat alles im Griff. Ihren Kindern gegenüber verhält sie sich selbstverständlich auch höchst verantwortungsvoll: »Wir sorgen natürlich dafür, daß die Kinder nichts von unserem Sexualleben mitbekommen.«

Dazu noch eine Anmerkung: Nachdem neuerdings wieder mehr Gefahr besteht, mit sexuell übertragbaren Krankheiten – wie Chlamydien, Herpes oder AIDS in Berührung zu kommen, sagen einige der Frauen, die bisher an Gruppensex, Partnertausch und an Sex mit verschiedenen, unbekannten Partnern interessiert waren, daß sie in letzter Zeit ihre Aktivitäten dieser Art sehr eingeschränkt haben.

Was kann ein Mann tun, um einer Frau zu helfen, zum Orgasmus zu kommen, sagen wir ruhig, »orgasmisch« zu werden? Wir haben die Frauen befragt, ob es da eine bestimmte »Eigenschaft« oder »Technik« gäbe, durch die sich ein idealer Partner beim Geschlechtsverkehr auszeichne. Dabei kam erstaunlicherweise folgendes heraus: Selbst unter dem Kontext dieses *einen* besonderen und begrenzten Aspekts »Orgasmus« brachten fast alle Frauen Dinge zum Ausdruck, die mit der Qualität der Beziehung zu tun hatten. Spezielle Techniken waren eher nebensächlich, zweitrangig. Wir fanden heraus, daß es dennoch eine bemerkenswerte Ausnahmesituation gibt, die sich auf den Moment vor dem Orgasmus bezieht und für *alle* Frauen dieser

Studie zutrifft. (Siehe Kapitel 10.) Jede Frau hat besondere Vorlieben, und ein geschickter Liebhaber ist sehr viel wert. Doch offensichtlich kann ein »wenig qualifizierter« Partner schnell dazulernen, vorausgesetzt, daß eine Frau in der Lage ist, ihre Bedürfnisse und Wünsche zu äußern.

Aus den Antworten der Frauen ging hervor, daß es im wesentlichen vier Voraussetzungen sind, die sich mehrfach überschneiden:

- Zärtlichkeit, Interesse, Zuneigung, Wertschätzung und Einfühlungsvermögen der Frau gegenüber müssen spürbar sein. Erst liebevolle Gefühlsäußerungen machen Männer zu erstklassigen Liebhabern – also, wenn Männer die weiblichen Aspekte in sich selbst zulassen. »Sanftheit und Zärtlichkeit vermitteln auf ganz natürliche Weise solche liebevolle Zuneigung.«

- Kommunikation: »Ein Partner, der sich die Zeit nimmt, herauszufinden, was mir Spaß macht, und der mit mir darüber redet, anstatt es mir selber zu überlassen, der gefällt mir.« »Es ist wichtig, mit jemandem befreundet zu sein, bevor man mit ihm ins Bett geht. Nur wenn mein Mitteilungsbedürfnis befriedigt wird, kann ich auch erregt werden. Nur dann ist es mir nicht peinlich, mich wirklich gehenzulassen.«

- Das Akzeptieren von Wünschen und Vorlieben, frei von Wertung. So wird vermittelt, daß man eine positive Einstellung dazu hat: »Meine Partner sind dann am besten, wenn sie mich entspannen, mich voll akzeptieren und mir zeigen, daß sie unser Liebesspiel genießen.« »Ich brauche seine Anteilnahme, muß wissen, ich bin für ihn nicht irgendwer; er akzeptiert mich als Mensch – meine kreativen und intellektuellen Seiten genauso wie meine Leidenschaft.«

- Die Ausstrahlung von Vertrauen: Nur bei jemandem, dem man vertraut, fühlt man sich sicher. »Um mich wohl und ernstgenommen zu fühlen, muß ich Vertrauen zu meinem Partner haben.« »Ich komme besser zum Orgasmus, wenn ich einem Mann vertraue.«

Eine Frau betont, ein bißchen Spontaneität wäre auch nicht zu unterschätzen: »Am Anfang war er so 'n Typ von der Sorte: Abspritzen, ins Bad gehen und sich gründlich abduschen, Pyjama anziehen und schlafen gehen. Und das war's dann. Kein Schmusen, keine heißen Küsse, nichts. Später wurde er wie ein Roboter. Er hatte Zeitschriften und ein Buch über Sexualität gelesen. Dementsprechend gab es jetzt zehn Minuten Vorspiel, zehn Minuten Koitus, zehn Minuten Gute-Nacht-Küßchen, zehn Minuten unter die Dusche und dann zurück ins Bett. Ich wußte immer genau, wie's ablief. Immer nach Schema F, genau wie es in dem blöden Buch stand.«

Drei Grundregeln, wie Sie verläßlich zum Orgasmus kommen 2

Man zieht es einfach gemeinsam durch. *Ingrid*

Der weibliche Orgasmus ist keineswegs ein Vabanquespiel oder ein generell schwieriges Unterfangen. Er ist vor allem eine natürliche, körperliche Funktion, ein folgerichtiger Höhepunkt. Aber diese natürliche Reaktion ist allzu oft durch Hemmungen oder auch durch mangelndes Wissen blockiert.

Wir befragten die Frauen, wie sie es geschafft haben, ihre natürliche Reaktionsfähigkeit so zu entwickeln, daß sie leicht zum Orgasmus kommen. Frauen, die schon von Anfang an höchst orgasmusfähig waren, fragten wir, ob sie eine Erklärung dafür hätten.

Alle befragten Frauen antworteten übereinstimmend, und bei allen standen drei Grundprinzipien im Mittelpunkt. Diese sollten Sie im Gedächtnis behalten, auch wenn Sie die nachfolgenden Kapitel lesen, denn sie kommen in den verschiedenen Stadien des Liebesakts immer wieder ins Spiel.

Regel Nr. 1: Akzeptieren Sie sich, so wie Sie sind – Ihren Körper, Ihren Geist und Ihr Geschlecht

Psychologische Barrieren, Hemmungen, Schuldgefühle und Ängste hindern viele Frauen daran, aus sich herauszugehen und lustvoll mit jemandem Sex zu haben.

Harriet ist Sozialarbeiterin, eine große, sanfte Frau, die aus einer sehr religiösen (methodistisch-nazarenischen) Familie kommt. »Wir haben in der ersten Zeit unserer Ehe über Sex diskutiert und gestritten. Mein Mann wollte aber über Sex reden, wenn wir mitten dabei waren. Das machte mir solche Schuldgefühle, daß alle sonstigen Regungen total erstickt wurden. Er wollte gern experimentieren, neue Stellungen ausprobieren, aber ich hatte für all das überhaupt keinen Sinn. Ich war der Meinung, Sex sei eine Sache der Hormone. Wenn die es verlangten, dann tat man es eben. Sonst nicht.

Es war gut, daß wir dann nach Texas zogen, weg von meiner Familie. Ich mußte nicht mehr ständig Angst haben, daß uns jemand störte. Und ich lernte andere Frauen kennen, redete mit ihnen. Gewisse, sehr erregende Dinge wie anale Stimulierung machen mir immer noch Schuldgefühle, aber wir konnten über unsere Sexualität sprechen, und die Tabus wurden allmählich gebrochen. Ich lernte, mich in Stimmung zu bringen und auszudrücken, was mir gut tat. Und je mehr ich meine Gedanken darauf richtete, umso mehr hatte ich vom Sex.«

Erica ist Bildhauerin und mit 24 kurz vor dem Abschluß ihres Kunstgeschichtsstudiums. Sie ist Single und sagt: »Ich war wirklich etwas zurückgeblieben. Als ich mit 19 aufs College kam, schien Sex zwar etwas Wundervolles, Verrücktes zu sein – aber er war schlecht. Schwarz als Farbe sollte Sex signalisieren, und ich hatte einen Haufen schwarzer Kleider und Schals und Kleinigkeiten, die ich trug, wenn ich zu meinen Sex-Abenteuern auszog. Ich hatte keine Ahnung von Liebe und Liebesspielen, von Intimität und Nähe und all den Aspekten, die eine Beziehung ausmachen. Ich wußte auch nichts von all den wirklich reizvollen Dingen – vom Morgen danach, vom Frühstücken im Bett. Sex hatte für mich immer nur etwas mit dunkler Nacht zu tun, mit leidenschaftlichen, verruchten Begegnungen.«

Andere junge Frauen bekamen Schuldgefühle, weil sie glaubten, eigentlich »liebe Mädchen« sein zu müssen.

> Mein Leben lang hatte ich immer gesagt bekommen: »Dies und das ist nicht richtig, also tu es nicht!« Am Anfang hatte ich deshalb immer gemischte Gefühle. Ich war kein »liebes Mädchen«, wann immer ich erregt wurde, überfiel mich dieser Gedanke. Ich ging nie aus mir heraus, denn »liebe kleine Mädchen« konnten doch beim oralen Sex nicht einfach »kommen«, und erst recht nicht mit dem eigenen Ehemann! Als ich schon verlobt war, hatte ich eine Affaire mit einem Farbigen, und ich kam so gewaltig, während er mich leckte und fast aufaß. Das kam mir vor, als würde ich gleich zwei Tabus brechen. Nach acht Ehejahren und zur Routine verkommenem Sex hatte ich wieder eine Affaire. Ich kam direkt von meinem Liebhaber zum Dinner nach Hause, wirklich, direkt aus seinem Bett. Und ich fühlte mich super, war ganz high und erregt. Als dann mein Mann nach Hause kam, versuchte ich, meine Empfindungen auf ihn zu übertragen. Wir schliefen miteinander, aber es war einfach nicht die gleiche Ebene. Ich konnte nicht richtig auf ihn zugehen. Ich konnte ihm gegenüber nicht diese Wildheit rauslassen, die in mir ist.

Manchmal wirken sich frühere Schuldgefühle im nachhinein vorteilhaft auf die Sexualität aus. Dorothy stammt aus katholischer Familie; sie ist ein Rotschopf mit viel Pep. In den ersten Jahren ihrer Ehe gelang es ihr nie, zum Orgasmus zu kommen. »Immer war ich das Fräulein Tugendhaft gewesen, meine ganze Kindheit lang. Deshalb flippte ich fast aus, als ich merkte, was passierte, wenn ich mich auf ihn legte und er mir auf dem Hintern die Hände in die Hose schob und anfing sie mir runterzuziehen! Ich weiß nicht, was da in meinem Kopf los war, aber ich habe fast auf der Stelle einen Orgasmus bekommen. Kann sein, daß das auf meine allerersten Sexspiele als ganz junges Ding zurückzuführen ist. Damals hat es mir immer Schuldgefühle gemacht und mich gebremst. Aber jetzt laß' ich zu, daß es mich erregt. Ich habe es jetzt einfach ins Positive verkehrt: Wenn jemand anfängt, mir die Höschen auszuziehen, dann macht mich das richtig scharf!

Ich habe auch noch eine andere Phantasievorstellung. Da sitze ich im Kino, am besten im Autokino, und jemand fummelt wild an mir herum. Die Geschichte läßt sich zurückführen auf die Zeit, als ich gerade anfing, mit Jungen zu gehen, und zum erstenmal einer versucht hat, mich anzufassen. Aber ich habe es nicht zugelassen, obwohl ich mir ganz sicher bin, daß ich es genauso gern wollte wie er. Und jetzt – statt der ›O nein, nein‹-Sagerei, jetzt stelle ich mir vor, genau in dieser Situation zu sein und lasse mir all diese netten Dinge gefallen.«

Ängste können andererseits auch hinderlich sein. Meredith, die hübsche Person aus Kapitel 1, die jetzt immer eine Stunde für sich beansprucht, erinnert sich daran, sowohl Schuld- als auch Angstgefühle gehabt zu haben: »Ich hatte Angst vor meiner eigenen Leidenschaft. Ich fürchtete, unterschwellig, eine unersättliche Nymphomanin zu sein.«

Viele Frauen verspüren Ängste wegen der eigenen körperlichen Empfindungen und Regungen. Constanze, eine patente, aufgeschlossene rothaarige Fabrikarbeiterin Anfang 30 sagt dazu: »Ich habe nie masturbiert. Ich wußte nicht, was diese Empfindungen zu bedeuten hatten. Erst zwei Jahre, nachdem ich zum erstenmal mit jemandem Verkehr hatte, erreichte ich den ersten Orgasmus meines Lebens. Und ich sah wirklich Sterne; ich verlor fast das Bewußtsein, während ich auf ihm lag und heulte, weil ich so verschreckt war. Doch von da an hatte ich immer Orgasmen. Ich bin viel aggressiver geworden, scheint es mir, und sorge immer dafür, daß ich oben zu liegen komme. Und ich sage mir immer: ›Das sollte ich viel öfter erleben, es ist ja überhaupt nichts Schlimmes, sondern etwas ganz Tolles. Sowas muß man doch einfach in voller Absicht wiederholen.‹ Nachdem ich verstanden hatte, was diese Empfindungen bedeuteten, hatte ich nie mehr Angst davor.«

Zwei andere Frauen sagen Ähnliches:

Erst sechs Monate nachdem ich mit meinem Mann angefangen hatte zu schlafen, war mir richtig klargeworden, was da geschah, und ich lernte erst allmählich meinen Körper richtig kennen. Ich wußte, es passiert nichts Abstoßendes; ich würde nicht etwa alles vollpinkeln, wenn ich einen extremen Orgasmus bekäme. Und es war mir nicht mehr peinlich oder unschicklich, wenn ich wie eine Irre zu schreien anfing. Ich konnte die Kontrolle über meinen Körper einfach aufgeben, mußte nicht immer aufpassen, was mit mir geschah.

Ich stellte auch fest, was es bewirkte, wenn er meine Klitoris berührte. Verstehen Sie, er wollte es von Anfang an machen, aber ich hatte ihn immer schnell weggeschoben, weil ich das Gefühl hatte, es sei nicht erlaubt. Wenn er mich da unten nur anfaßte, machte es mich nervös und ich wollte sagen: »Laß das!« Ich bin immer davor zurückgeschreckt, Sachen zu tun, die ich nicht kannte.

Sich selbst akzeptieren heißt, auch den eigenen Körper akzeptieren. Mit all seinen Schwächen und Unvollkommenheiten. Darcie ist 31 Jahre alt und geschieden. (»Er hat immer geglaubt, er könne alles besser. Völlig stur. Er machte sogar die Wäsche noch mal!«) Nach ihrer Scheidung war sie sofort mit dem ersten Mann, mit dem sie sich traf, zum Orgasmus gekommen. »An diesem Punkt habe ich mir gesagt: ›Wenn das so schön, so wunderbar und so einfach geht mit jemandem, den ich kaum kenne, was habe ich dann bloß all die Jahre gemacht?!‹ Ich hatte das Gefühl: Da ist noch ein anderes Wesen in mir drin, das raus will. Und jetzt laß ich es raus!«

Sie beschreibt ein liebevolles Ritual mit sich selbst: »Ich stelle mich vollkommen nackt vor den Spiegel, wenn ich allein im Schlafzimmer bin und schaue mich von oben bis unten genau an. Kann sein, daß ich mir dann wünsche, einen größeren Busen zu haben, und feststelle, daß ich vielleicht ein bißchen zu dünn bin, was eventuell dem einen oder anderen Mann nicht so gefällt. Aber ich rede mir selbst zu und sage mir: ›Darcie, schau nicht deinen Körper allein an, sieh die Person, die dahintersteht, die Persönlichkeit!‹ Und dann suche ich auch meine körperlichen Vorzüge, all die Stellen und Kurven, die sexy aussehen.

Mag sein, die eine oder andere Frau wird mir entgegnen: ›Alles schön und gut, Darcie, du hast leicht reden, so wie du aussiehst, so rank und schlank!‹ Das höre ich immer wieder. Aber jede Frau sollte lernen, mit sich selbst zurechtzukommen. Sie sollte nicht denken, sie sei fett, wenn sie ein wenig aus dem Leim gegangen ist. Sie muß sich sagen, daß sie einfach etwas üppig ist. Die meisten Frauen haben obenrum mehr als ich – das ist nun mal so! Denen mach ich dann klar, wie hübsch ihr Busen ist. Naja, und das bißchen mehr auf den Hüften und so, das sieht doch insgesamt prima aus. Sie müssen ihre Vorzüge anschauen, ihr wahres Selbst!«

Sich selbst zu akzeptieren heißt auch, mit dem Körper insgesamt zurechtzukommen. Viele Frauen haben ausgesprochene Probleme damit, die natürliche Schönheit ihrer Geschlechtsteile zu begreifen. Durch das ehrliche Vergnügen, das ihr Mann daran zeigte, lernte Meredith, ihre Vagina zu akzeptieren und all die üblichen Sekretionen während des Sex als »normal-menschliche Körpererscheinungen zu betrachten«. Es waren bald keine unangenehmen Gerüche mehr, die sie wahrnahm, sondern Düfte. Andere Frauen hatten ähnliche Erfahrungen zu berichten. So auch diese Frau: »Erst nach langer Zeit gefiel mir meine Muschi. Man muß in der Lage sein, sich selbst zu berühren, sich wohlzufühlen mit seinem eigenen Körper, mit den Erregungszuständen und den erotischen, sinnlichen Regungen.«

Doch selbst bei leicht zum Orgasmus gelangenden Frauen ist die körperliche Akzeptanz keineswegs unproblematisch oder wirklich vollkommen. Etwa im Fall der Endzwanzigerin Emily, die von Beruf Verkaufsleiterin ist. »Ich kann beim Masturbieren nie zum Orgasmus kommen. Es sind wahrscheinlich die alten Schuldgefühle, genau wie beim Oralverkehr. Ich weiß zwar, daß ich da eine Sperre habe, aber ich krieg's nicht hin, meine Hemmungen loszuwerden. Meine Mutter hat nämlich immer gesagt: ›Hände weg da unten! Sowas tut man nicht!‹ Sie hätte natürlich Worte wie Cunnilingus oder Fellatio nie in den Mund genommen, aber ihre Einstellung war klar. Meinem Bruder und meinem Vater pflegte sie solchen Unfug zu erzählen wie: ›Sowas macht man einfach nicht. Ordentliche Frauen würden sich nie zu so etwas herablassen. Man kann doch Männer da unten nicht berühren. Pfui! Wie eklig!‹ Sie hat mir das Gefühl eingeimpft, daß es schmutzig ist. Und daher kommt es wahrscheinlich auch, daß ich immer erst unter die Dusche gehe, bevor ich zulasse, daß mein Mann es mir mit dem Mund macht, obwohl ich weiß, daß es blöd ist.«

Wieder eine andere Frau sagt dazu: »Ich habe hin und wieder immer noch Probleme, mich wirklich gehenzulassen. Irgendwie zensiere ich in mir drin, was ich tue – ist es ›sauber‹ oder ist es ›verboten‹?«

Während der Interviews wollten Frauen immer wieder bestätigt bekommen, daß ihre absolut normalen Verhaltensweisen nicht »schlecht« oder »anomal« waren. Manchmal haben Frauen auch sexuelle Wunschvorstellungen, mit denen sie nicht zurechtkommen, oder die sie nicht offen auszuleben wagen. Einige können ihre Geschlechtsteile nicht so ganz akzeptieren; sie haben meist auch sonst noch viel an ihrem Körper auszusetzen. Unglücklicherweise sind Gewicht und Figur bei Frauen oft ausschlaggebend für ihr Selbstwertgefühl.

Bezüglich der eigenen Akzeptanz haben viele dieser Frauen das Gefühl, sie müßten noch etwas dafür tun, und beinahe alle meinen, ein intaktes Selbstwertgefühl – die Akzeptanz von Körper, Seele, Geist und Genital – sei notwendig als Einstieg in die Fähigkeit des problemlosen Orgasmus.

Regel Nr. 2: Lassen Sie es geschehen – sträuben Sie sich nicht gegen Ihre Lustgefühle

Die Frauen unserer Studie waren übereinstimmend der Meinung, es liege an ihnen, ob sie zum Orgasmus kommen. Wenn auch nicht ausschließlich, so doch zumindest zu gleichen Teilen mit dem Partner. Eine sagt dazu:

> Er kann mich stimulieren soviel er will, wenn ich nicht in der Stimmung bin, läuft nichts. Da der Orgasmus bei Frauen nun einmal nach ganz anderen Regeln zustandekommt, liegt es an uns, ihn zuzulassen und unseren Körper darauf einzustellen, empfänglich zu sein für einen Orgasmus.

Eine andere Frau meint:

Wenn eine Position günstig ist, so daß meine Klitoris gereizt wird, kann ich die Sache eigentlich selber steuern. Aber ich muß auch mit meinen Gedanken dabeisein, nicht nur rein körperlich.

Wir legten den Frauen folgende Frage vor: Fassen Sie jemals ganz gezielt den Entschluß, einen Orgasmus haben zu wollen? Haben Sie dann das Gefühl, in solchen Momenten einfach den Körper Ihres Partner dazu zu benutzen, um Ihren Höhepunkt zu erreichen?

Obwohl wir den etwas harten Ausdruck vom *Benutzen* des Körpers gebraucht hatten, bejahten 56 von 60 Frauen die Fragen. Dazu ein paar typische Kommentare:

Ich bestimme meinen eigenen Körperrhythmus, arbeite auf den Orgasmus hin und denke nur an meine eigene Befriedigung.

Warum nicht, er benutzt meinen ja auch. Das gehört zu seinem Teil der Verpflichtung als mein Sexualpartner.

Wir machen es doch beide so. Und worum es insgesamt geht, ist sich gegenseitig den Gefallen zu tun.

Wenn ich es im Hirn feststelle, daß ich auf einen Orgasmus aus bin, übernehme ich die Führung, und es ist absolut problemlos.

Ganz kurz davor, wenn man feststellt, es ist auf der Kippe, dann geht es um nichts anderes mehr, als ihn sich zu holen.

Einige, die die Sache bejahten, taten das sehr gewissenhaft, indem sie das Thema von verschiedenen Aspekten aus beleuchten, um zu sehen, ob es eine bewußte Entscheidung war. Dabei kam heraus: »Im allgemeinen kann ich nicht denken, wenn ich derart erregt bin.« Oder noch öfter kamen Antworten dieser Art: »Wenn ich Sex anfange, dann habe ich schon vorher die Entscheidung gefällt, zum Orgasmus kommen zu wollen. Aber ›den Partner benutzen‹, das klingt doch sehr egoistisch.« »Es ist eigennützig, aber ich beute meinen Lover damit keineswegs aus.« Die wenigen Nein-Stimmen bezogen sich auf ähnliche Gesichtspunkte und auch noch auf das Selbstverständnis: »Der Orgasmus gehört einfach unabdingbar dazu.«

Obwohl die Frauen, die die Fähigkeit zum problemlosen Orgasmus entwickelt haben, ihn meist auch wollen, sind sie sich dennoch ausdrücklich darüber im klaren, daß der Orgasmus für sie nicht das allein erstrebenswerte Ziel ist. Das wäre für gewöhnlich auch ein Eigentor, weil krampfhaftes Bemühen, es unbedingt zu »bringen«, am Ende nur den Spaß verdirbt. Statt dessen haben die Frauen einfach gelernt, den Orgasmus *möglich* zu machen.

Dorothy, die peppige Rothaarige, drückt ihre Gedanken darüber so aus: »Ich konnte zuerst nicht die richtige Einordnung finden. Ich hatte die Vorstellung, gut im Bett zu sein würde bedeuten: gut für ihn. Und ich vergaß mich dabei ganz. Oder ich versuchte, für mich einen Orgasmus zu erreichen, und konnte dann an nichts anderes denken. Schließlich bemerkte ich, daß es ihn anmachte, wenn ich mich selber erregte, und daß es okay war, Spaß daran zu haben. Es ist daher völlig in Ordnung, wenn du dir die richtige Stellung für dich suchst, und wenn du dem anderen sagst, was du gut findest und was nicht. Ich stellte fest, es macht mindestens 90 Prozent der Sache aus.«

Ursula, die Frau von der Farm in Kansas: »Wenn du nicht an deinen eigenen Orgasmus denkst, dann verdirbst du alles.«

Noch einmal Meredith: »Das ist ein Teil des Geheimnisses beim Orgasmus: ›Wenn du weißt, er wird kommen, und dir überhaupt keine Sorgen machst, ob er kommt oder nicht, dann kriegst du am leichtesten einen.‹«

Und noch andere Frauen:

> Man muß nicht unbedingt einen Orgasmus haben! Aber man kann seinen Spaß haben und offen sein dafür, daß es passiert.
>
> Lieber entspannen, es nur ja nicht mit aller Gewalt wollen!
>
> Du kannst nicht einfach sagen, jetzt werde ich einen Orgasmus kriegen. Du mußt dich entspannen, dich gehenlassen.

Ein Orgasmus passiert einfach, man kann ihn nicht programmieren. Und es ist auch kein Problem, wenn es dann mal nicht klappt damit.

Es gibt natürlich Unterschiede und persönliche Vorlieben: »Es hängt von meiner Stimmung ab und von der Situation. Manchmal bin ich wirklich von mir aus scharf drauf, und ein andermal laß ich mich einfach mitreißen.«

Regel Nr. 3: Lassen Sie sich gehen! Lassen Sie den Dingen ihren natürlichen Lauf!

»Sich mitreißen lassen« ist vielleicht der Schlüssel zu allem.

Ingrid ist verheiratet, 31 Jahre alt, eine leicht mollige Blondine mit schelmischem Blick. Sie ist auf unser Gespräch gut vorbereitet: »Ich hab mich schon die ganze Woche damit beschäftigt! Dennoch, ich erinnere mich in meinem ganzen Leben nur an vier Situationen, in denen ich nicht zum Orgasmus gekommen bin.

Meine Eltern waren streng, aber wir Kinder waren alle Einzelgänger. Wir haben uns alles selbst beigebracht, waren ziemlich viel außer Haus. Irgendwie habe ich mir zurechtgelegt, daß man sich erst mal selbst was Gutes tun müßte, und wenn etwas angenehm war, dann mußte es auch okay sein. Bevor ich heiratete, hatte ich beim Petting mit meinem späteren Mann schon haufenweise Orgasmen erlebt. Bemerkenswert, nicht wahr! Ich hatte nämlich zuerst immer gedacht, daß man verheiratet sein müßte, um zum Orgasmus zu kommen! Ich ging jungfräulich in die Hochzeitsnacht, aber ich kam auf der Stelle auch beim Geschlechtsverkehr. Alles war sehr schön und natürlich ...

Wenn ich mit ihm schlafe, dann kommen mir nicht mittendrin irgendwelche Gedanken der Befürchtungen. Und ich strenge mich auch nicht wie wild an. Erst kurz vor dem Höhepunkt konzentriere ich mich auf meine eigenen Empfindungen. Es ist ein Gefühl von Freiheit, Loslassen. Man muß es genießen, sich entspannen und voll drauf abfahren.«

Loslassen, sich den Empfindungen hingeben, gehenlassen,

das waren die drei wesentlichsten Punkte, die alle Frauen angeführt haben. Welche Technik sie auch anwandten, wie konzentriert ihre Anstrengungen waren, im entscheidenden Augenblick wird der Orgasmus nicht erzwungen. Wenn die Frau überhaupt auf etwas »hinarbeitet«, dann sind es die Empfindungen: Sie sollen stärker, größer und tiefer werden und das ganze Wesen betreffen. Und dann überläßt sie sich *ganz dem natürlichen Lauf der Dinge.*

Auch die besonders orgasmusfähigen Frauen hatten früher Befürchtungen bezüglich »Kontrolle« und Vertrauen. Oder sie hatten Angst, ein Teil ihrer Selbst könnte »verlorengehen« und sie könnten sich selbst »aufgeben«:

> Ich bin eher jemand, der gern alles unter Kontrolle haben möchte. Es macht mir Angst, mich gehenzulassen und mich ganz meinem Partner anzuvertrauen. Ich bin so offen und so verletzlich, wenn ich mich selbst ganz hingebe.

> Ich hatte Angst davor, meinem Partner zu gestatten, einen Orgasmus aus meinem Körper herauszuholen. Hatte Angst, ich würde vielleicht hinterher nicht mehr vorhanden sein. Es kam mir vor, als wäre am anderen Ende ein schwarzes Loch. Wenn man zu weit hineingerät, dann weiß man vielleicht nicht mehr, wie man wieder rauskommt.

Loslassen, sich gehenlassen bedeutet Vertrauen zu haben und die Kontrolle aufzugeben:

> Ich war immer sehr leicht zum Orgasmus gekommen, aber dann habe ich in einer Beziehung ganz üble Erfahrungen gemacht. Ich bekam richtig Angst, es würde etwas Schreckliches passieren, wenn ich mein wahres Selbst nach außen kehrte. Ich mußte dann bei meinem Mann erst wieder Vertrauen gewinnen, um mich gehenlassen zu können und meine Empfindungen zu spüren. Vertrauen spielt eine große Rolle. In anderen Bereichen meines Lebens habe ich mich gut unter Kontrolle. Aber beim Sex arbeite ich irgendwie geradezu daraufhin, diese Kontrolle aufzugeben und zuzulassen, daß es passiert. Beim Orgasmus ist es sehr angenehm, die Kontrolle

aufzugeben. Vertrauen können mußt du und relaxen, sonst erstarrt alles. Wenn ich komme, gebe ich jegliche Kontrolle auf und laß' meinen Partner alles machen.

Sich gehenlassen ist ein »Akt des Bewußtseins«, der einen Anflug von Konzentration erfordert:

Ich konzentriere mich auf die Empfindungen, manchmal auch auf die meines Partners, und bleibe ganz im Hier und Jetzt.

Ich spüre, wie sich der Körper meines Partners auf mir anfühlt, konzentriere mich darauf, wie gut das tut, wie schön es ist, wenn er in mich eindringt – die starken Empfindungen und Phantasien.

Ich denke an die sexuell empfänglichen Körperteile: an die Brüste, die ganz prall sind vor Erregung, und wie sich die Scheide anfühlt, wenn er drin ist...

Ich konzentriere mich darauf, zum Gipfel zu kommen, spüre die steigende Hitze in meinem Körper, das Gefühl, fast zu bersten.

Sich gehenlassen heißt auch »empfänglich« sein für etwas und sich selbst zu gestatten, sich zu verströmen, sich ganz den Empfindungen hinzugeben:

Ich schwebe dahin, achte nur auf meine Gefühle.

Man muß relaxen, tun, was sich gut anfühlt, seinen Körper ganz den Empfindungen hingeben und sich selbst die Freiheit nehmen, alles in den Bewegungen auszudrücken.

Es ist die vollkommene Entspannung, alle Hemmungen verlieren, loslassen, sich gehenlassen und voll den Emotionen hingeben. Die Empfindungen wogen über dich hinweg, laß es geschehen, laß dich einfach hinwegtragen.

Für viele der leicht orgasmusfähigen Frauen bedeutet Sich-Gehenlassen ausgeliefert sein:

> Es ist die totale Preisgabe, ein Gefühl von Gefangensein im Geben.
>
> Ich konzentriere mich ausschließlich auf die Berührung. Man muß sich seinen Gefühlen hingeben.
>
> Beim Orgasmus stülpe ich mich sozusagen nach außen und gehe aus mir heraus. Welche Stimulation dich auch immer an diesen Punkt gebracht haben mag, mach weiter damit! Gib dich voll dem Gefühl hin!
>
> Kann sein, daß du dich bis zum Orgasmus noch irgendwie zurückhältst, aber schließlich mußt du einfach das Gefühl zulassen. Das ist der Augenblick des Ausgeliefertseins.
>
> Du lieferst beim Orgasmus deinen Körper dem Partner aus. Das ist genauso, wenn eine Frau den Mann zum Orgasmus bringt: Sie hat dann die Macht über ihn. Ich bin sicher, das empfinden die Männer ebenso. Es ist ein Akt der Unterwerfung.
>
> Ich versuche, mich in die richtige Stimmung zu versetzen und die Bereitwilligkeit zu haben, meinen Körper allem Möglichen auszuliefern.

Natürlich entsteht die Fähigkeit, sich gehenzulassen, oft aus einer Mischung all dieser verschiedenen Ansätze: Konzentration, nachlassende Kontrolle, Hingabe und Auslieferung.

Individuelle Verhaltensmuster 3

Ich lernte zu akzeptieren, daß ich es auf meine Weise tun mußte. *Nora*

Nora ist eine alleinlebende Frau Anfang 30. Sie hat eine eher schmächtige Figur, ist aber zäh und hat ein natürliches Erzähltalent. Sie unterrichtet jetzt geistig Behinderte, nachdem sie eine besondere Ausbildung dafür gemacht hat. Noras Vater starb, als sie etwa zehn Jahre alt war. Er hinterließ eine Frau mit fünf Kindern; Nora war das drittälteste. Ihre Motivation, an unserem Forschungsprojekt teilzunehmen, kam dadurch zustande, daß eine Freundin ihr vor kurzem gestand, trotz einer sehr liebevollen Beziehung in den 17 Jahren ihrer Ehe nie einen Orgasmus gehabt zu haben.

Noras früheste Vorstellungen über Sexualität prägten die Nonnen der katholischen Schule. (Man bittet den Lieben Gott darum, daß einem ein Kind geschenkt wird!) Als sie ihre erste Periode hatte, nahm ihre Mutter das zum Anlaß, sie aufzuklären. Nora erinnert sich: »Zu diesem Zeitpunkt sprach sie erstmals mit mir darüber: ›Ich glaube, ich sollte dir jetzt etwas über Sex erzählen. Du weißt, Jungen haben einen Penis . . .‹ Und sie erklärte sehr vereinfacht, wie die Sache läuft. ›Also, der Mann steckt den Penis in die Frau rein, das ist der Liebesakt.‹ Und das war's dann. Ich schaute sie an und sagte: ›Das glaube ich dir nicht.‹ Darauf sie: ›Es ist aber so.‹ Wieder ich: ›Ich kann mir nicht vorstellen, daß jemand so etwas tut!‹ Ich glaube, ich war vor allem schockiert, daß ich schon so alt war und noch nie etwas davon gehört hatte. Aber in der Art, wie sie es mir sagte, vermittelte sie mir dennoch eine positive Einstellung, als sei das alles völlig normal.«

Wenn auch »normal«, so war der Geschlechtsverkehr doch nur in der Ehe erlaubt. Daher konzentrierte Nora ihre Kontakte zu Jungen auf freundschaftliche und intellektuelle Bereiche. Ihren ersten Kuß bekam sie an ihrem 16. Geburtstag.

Sie beschreibt sich als sehr rational im Umgang mit Sex: Anfang 20 beschloß sie, falls sie mit 25 nicht verheiratet wäre, würde sie dann auf jeden Fall mit jemandem schlafen. Mit 23 masturbierte sie zum erstenmal: »Es war ein wunderbares Gefühl, und dazu kam noch die Faszination, zu entdecken, daß so etwas in meinem eigenen Körper drinsteckte und ich bisher noch nie davon Gebrauch gemacht hatte – Wow!«

Kurz vor ihrem 25. Geburtstag verstärkte sich Noras Vermutung, daß der Wert der Jungfräulichkeit ein weit überschätztes Vergnügen sein könnte. »Ich war entschlossen, nun endlich mit jemandem zu schlafen. Ich überredete eine Freundin, mir ein Rezept für die Anti-Baby-Pille zu überlassen, um rechtzeitig zu Silvester mit der Verhütung zu beginnen. Für diesen Tag hatte ich mich mit einem Jungen verabredet, den ich sehr mochte – ein lieber Kerl und ein guter Freund. Ich wußte, daß er es versuchen würde. Nur konnte der arme Mann nicht wissen, daß ich entschlossen war, ihn auch gewähren zu lassen! In dem Augenblick, als er in mich eindrang, brach ich in Tränen aus, und er fragte ängstlich: ›Was ist, was ist los?‹ ›Jetzt hast du mich entjungfert‹, schluchzte ich. Und er: ›O nein, nein, Nora! Wieso hast du mich das tun lassen?‹ Da sagte ich ihm, daß ich es so gewollt hatte. Na ja, so hatte ich dann schließlich meinen ersten Geschlechtsverkehr erlebt. Ich würde jedem raten, genau wie ich, so lange zu warten, bis man wirklich entschlossen und bereit dazu ist. Ich habe mich nicht dazu gezwungen gefühlt, und ich habe keine Schuldgefühle gehabt.

Mein Körper reagiert extrem stark während des Orgasmus. Doch Männer setzen stillschweigend voraus, ich würde auf eine bestimmte Art zum Höhepunkt kommen – wenn ich meine Beine hoch habe. Nur ist das weder die Stellung, die mir liegt, noch bringt sie mir was. Aber ich hab's ein oder zwei Jahre so probiert, bis ich endgültig entschieden habe: So nicht. Es verunsicherte mich, daß mir die Lust verging, wenn ich es auf die

Weise machte, die von mir ›erwartet‹ wurde. Ich glaube, es ist für Frauen eine recht bedeutsame Angelegenheit, denn ich habe inzwischen mehrere kennengelernt, die vergleichbare Erfahrungen gemacht haben. Ich würde allen raten: ›Ihr müßt eurem Partner erklären, wie es euch am meisten Spaß und Lust bringt. Er muß es euch einfach auf *eure Art* machen lassen.

Wenn ich während des Geschlechtsverkehrs einen Orgasmus erreichen will, dann muß ich es selbst in die Hand nehmen, indem ich mich in meine spezielle Position bringe – meist liege ich auf dem Rücken und dirigiere meinen Partner irgendwie so hin, daß es angenehm ist und mir guttut. Ich kann mir nicht vorstellen, jemanden einfach in mich reinzulassen und mit mir zu schlafen, so wie er es für sich gerade mag, und selber überhaupt nichts dazuzutun. Wahrscheinlich würde ich dann nicht fertig werden. Aber wenn ich erst mal kurz vorm Höhepunkt bin, dann brauche ich mich nur einfach gehenzulassen. Manchmal bin ich so gut drauf, daß ich leicht und schnell zwei, drei Orgasmen hintereinander habe, oder mehr.«

Man kann wohl sagen, daß Nora recht rational damit umgegangen ist, aber auch flexibel. An ihrem 25. Geburtstag hatte sie ihren ersten Orgasmus mit einem Partner – also auf den Tag genau.

Ihre Geschichte widerlegt auch die alte vielzitierte Mär, Männer würden oft die Bedürfnisse der Frauen viel besser kennen als sie selber. Dazu sagt eine andere Frau:

> Ich habe festgestellt, daß die meisten Männer eine vorgefaßte Meinung haben, was Frauen mögen. Und das wollen sie dann auch mit dir machen, ob du's nun willst oder nicht. Es macht mich wild, daß sie sich nie die Zeit nehmen, festzustellen, wie verschieden Frauen sind und welche unterschiedlichen Sachen sie mögen. Vielleicht hat etwas das eine oder andere Mal die eine oder andere scharf gemacht, aber für mich ist es trotzdem einfach nicht das Richtige – es törnt mich ab. Wenn so etwas passiert, dann denke ich: »Gut, gut, damit hast du wohl 'ne andere Frau anheizen können, aber nicht mich, Junge!«

Sexuelle Vorlieben

Es ist für eine Frau sehr wichtig, ihre eigenen sexuellen Verhaltensweisen zu entdecken und zu akzeptieren. Jede Frau hat ihre ganz eigenen Vorstellungen und Erfahrungen, welche emotionalen, mentalen und körperlichen Stimulationen sie in ästhetischer Hinsicht bevorzugt, weil diese sie am sichersten zum Orgasmus bringen.

Die Sexualität besteht aus ständig sich verändernden Erfahrungen. Zu Zeiten unserer Umfrage waren nur wenige Frauen während der letzten drei bis fünf Jahre in ihrem Sexualverhalten unverändert »gleich« geblieben. Viele hatten auch Erwartungen und Pläne für die Zukunft, sie wollten »offener« werden, experimentierfreudiger, mehr über die eigenen Wunschvorstellungen und Phantasien herausfinden, die Sexualität in einer festen Partnerschaft befriedigender ausleben.

Auch die sexuellen Vorlieben können bei einer Frau wechseln. Veränderungen in diesem Bereich finden allmählich statt, manchmal in monatlichen oder jährlichen Zyklen. Eine Frau erklärt zu diesem Thema:

> Man ändert sich noch. Bei mir war alles anders, bevor ich schwanger war, wieder anders nach der Schwangerschaft, noch anders, als ich dick war oder wieder dünn. Mein Körpergefühl wechselt, und auch meine erogenen Zonen bleiben nicht gleich.

Eine Frau, die verschiedene Partner hat:

> Bei manchen Männern bin ich in der Stimmung, Spiele zu spielen. Bei anderen wiederum möchte ich auf dem schnellsten Wege zum Orgasmus kommen und nehme nur meine Phantasie zu Hilfe.

Auch beim selben Partner kann sich von Mal zu Mal etwas ändern:

> Manchmal brauche ich sehr viel Druck, ein andermal mag ich es, wenn er ganz sanft mit mir umgeht.

Im Verlauf einer Begegnung:

> Du mußt deine unterschiedlichen Stimmungen ausdrücken und deinen momentanen sexuellen Bedürfnissen nachgehen.

Eine Frau, die leicht zum Orgasmus gelangt, erkennt und akzeptiert aber nicht nur ihre allgemeinen – oder auch nur augenblicklichen sexuellen Vorlieben, sondern findet meist auch Mittel und Wege, ihrem Partner solche veränderten Bedürfnisse mitzuteilen. Dennoch muß sie nicht unbedingt *alle* Aspekte ihrer Sexualpraktiken preisgeben, speziell nicht die sich im geistigen Bereich abspielenden Dinge. Ausreichende Kommunikation ist eine Notwendigkeit, aber sie unterliegt auch den Gesetzen der Diskretion und des guten Geschmacks.

In manchen Fällen widerspricht das, was eine Frau über sich selbst erfahren hat, den vorherrschenden Vorstellungen. Doch Frauen mit der Fähigkeit, leicht zum Orgasmus zu kommen, haben gelernt, ihren *eigenen* Wahrnehmungen zu vertrauen, allerdings manchmal auch nicht ganz ohne eine zeitweilige Verunsicherung. Zu diesem Thema zwei Aussagen:

> Eine Sache, die mich durcheinanderbrachte, als ich versuchte, mit einiger Regelmäßigkeit Orgasmen zu erreichen, war die Behauptung, die ich in vielen Büchern gelesen hatte, daß alle Stimulierung nur über die Klitoris ginge und man sich nur einbilden würde, daß auch in der Scheide etwas passiert. Nachdem ich ein bißchen mehr Erfahrung hatte, kam ich zu dem Schluß, daß da lauter Unfug geschrieben wurde.

> Ich verstand nicht, wieso ich meine Orgasmen auch vaginal erlebte, denn in fast allen Büchern, die ich gelesen hatte, werden sie ausschließlich klitoral ausgelöst. Und ich dachte mir: Vielleicht bin ich falsch konstruiert.

Lisa ist eine schicke, dynamische junge Frau Mitte 20. Am treffendsten charakterisiert man sie wohl, wenn man sie als intelligente schwarze Schönheit bezeichnet. Sie ist Dokumentarfilmregisseurin und hat den Ehrgeiz, eines Tages Live-Reportagen fürs Fernsehen zu machen. Vielleicht wird man sie also eines Tages auf der Mattscheibe sehen können.

Lisa ist die mittlere von fünf Geschwistern. Sie wuchs sehr selbständig auf; sowohl in der Familie als auch in der Schule wirkte sie als Leitfigur und Vorbild. Auch die älteren Geschwister und Freunde fragten sie oft um Rat und Hilfe. Die Einstellung ihrer Mutter gegenüber Sexualität bezeichnet Lisa als »positiv, aber verschlossen«. Die sexuelle Aufklärung erfolgte hauptsächlich durch den Vater: »Er hätte zwar nie gesagt: ›Nun versammelt euch mal alle, wir wollen über Sex reden.‹ Aber wenn wir etwas im Fernsehen sahen oder bei irgendeiner anderen Gelegenheit, schnitt er ganz allmählich das Thema Sexualität an, und wir redeten dann darüber, daß auch Teenager sich schon für Sex interessieren, ob die Eltern das nun wahrhaben wollten oder nicht. Ich hatte ja ältere Geschwister, und ich mag vielleicht fünf gewesen sein, wenn ich mich recht erinnere, als zum erstenmal so ein Gespräch stattfand. Ich denke, es war ziemlich gut und ziemlich normal, wenn Vater auch manchmal ein bißchen zu freizügig war. Er sagte jedoch immer, jeder müsse nach seinem Gewissen handeln. Als ich dann später – so etwa mit zwölf oder dreizehn – etwas wissen wollte, war es wirklich prima, daß er einfach alle meine Fragen beantwortete. Und ohne dieses: ›Aha, soso, du willst jetzt also mit dem Ausprobieren anfangen, wie?‹«

Ihren ersten Geschlechtsverkehr hatte Lisa mit 15, und mit demselben Jungen erlebte sie vier Monate später ihren ersten Orgasmus. Ähnlich wie bei einigen anderen Frauen aus unserer Studie, war ihr Freund vor dem Beisammensein aus der Stadt fortgezogen. Lisa hatte sich vom Kopf her und auch körperlich vorprogrammiert. »Ich verlor mich wirklich so etwas in diese Liebesbeziehung. Wenn du nicht mehr achtgeben mußt, ob vielleicht jemand kommt und dich stört und unterbricht, dann ist das plötzlich ein völlig anderes, neuartiges Gefühl. Ich habe nie viel geredet beim Sex, außer vielleicht: ›Ich liebe dich.‹ Aber jetzt fing ich an, außer Rand und Band zu geraten und etwas in der Art zu sagen, wenn er mich je verließe, dann würde ich ihn umbringen. Und ich spürte diese ungeheure Energie, die er hatte, in mir drin, so daß ich anfing zu heulen.«

Das Ereignis führte sie in einen emotionalen Konflikt. »Nachdem ich mich so offen gezeigt hatte, fühlte ich mich irgendwie entblößt, und das gefiel mir in gewisser Hinsicht ganz und gar nicht. Ich glaubte, eine coole und vernünftige Person zu sein, aber wie ich mich jetzt verhielt, das erschien mir völlig irrational. Ich mochte dieses Geschreie und Gestöhne nicht und glaubte, er könnte vielleicht denken: ›Olala, die ist wirklich verrückt nach mir. Da habe ich ja die Chance, sie fest an mich zu binden.‹ Ja, so empfand ich damals, und es war nicht einfach nur ein sexuelles Vergnügen.«

Als die Beziehung vorbei war, ging es Lisa wiederum ähnlich wie anderen Frauen auch, so daß hier eine Art Muster zu erkennen ist: Lisa glaubte fest daran, ihre Chancen, auch künftig zum Orgasmus zu kommen, seien verspielt, da sie die bisherigen Erfolge nur der Geschicklichkeit ihre Partners zu verdanken gehabt hätte, mit dem sie »einmalige sexuelle Übereinstimmung« zu haben glaubte. Innerhalb der folgenden zwei Jahre begegnete sie ihrem zukünftigen Ehemann, und mit ihm erst entwickelte sie eine wirklich beständige Orgasmusfähigkeit.

Seien es Tage, Stunden oder Minuten vor einem sexuellen Zusammentreffen, immer stellt sich Lisa in Gedanken vorher darauf ein. »Im Laufe der Zeit habe ich gelernt, daß es sehr nützlich für mich ist, mir den Akt des Beisammenseins vorher auszumalen. Wenn ich nicht darauf vorbereitet bin, kann mein Partner noch so geschickt sein – es spielt sich nichts ab. Und auch, nachdem ich nun schon so lange immer denselben Partner habe – nämlich fast sieben Jahre, die Zeit vor der Heirat mitgerechnet, was für mich sehr lange ist –, ist es besonders wichtig, daß ich mich einstimme und darauf konzentriere. Wir müssen beide etwas dafür tun, einander anzumachen und zu erregen.«

Wie sie das machen, darüber berichtet Lisa detailliert in einem späteren Kapitel. Für den Moment genügt es, zu erwähnen, daß Lisa während des Liebesakts im Geist immer kurze Imaginationen vom Zusammensein mit ihrem Mann entwickelt und dann zur Abwechslung »Nahaufnahmen« ihres eigenen Körpers. Sie benutzt eine Vielfalt von Phantasien, die auch Dinge beinhalten, »die ich nicht wirklich zu tun bereit wäre«. Dazu kommen Spiele, die zum Teil ausagiert werden, zum Teil aber nur in der Vorstellung existieren.

Über ihren ganz persönlichen Sexualstil sagt sie: »Grundsätzlich und unabhängig davon, wie mein Verhalten tatsächlich sein mag, welche Rolle ich spiele, wie außergewöhnlich oder konservativ oder sonstwie ich handle – sage ich mir tief in meinem Inneren stets: ›Es ist gut so, es ist natürlich und richtig. Es ist ein tolles Gefühl, also kann es nur richtig sein.‹ Und es ist auch tatsächlich richtig. Es kann mir völlig schnuppe sein, was andere darüber denken! *Alles, was mir gefällt, ist absolut richtig.*«

Tun Sie etwas, um sich selbst zu erregen!

Ist es normal oder eher abartig, wenn im Kopf einer Frau während des Liebesakts mit einem Partner zusätzlich erotische Vorstellungen ablaufen? Bis vor einigen Jahren stammte der größte Teil der populärwissenschaftlichen Feststellungen über die erotischen Phantasien von Frauen von Therapeuten, von Männern also, die sich mit den psychologischen Schwierigkeiten von Frauen befaßten. Freud behauptete, daß glückliche Menschen nie irgendwelche Phantasievorstellungen heranziehen müßten, sondern nur unbefriedigte. Und andere Psychoanalytiker meinten beispielsweise, daß Frauen – möglicherweise aufgrund des Penisneids – solche Phantasien benutzten, um sich so von ihren Partnern zu distanzieren. Kaum verwunderlich, daß sie daher als negativ angesehen wurden; insbesondere als herauskam, daß Frauen in Gedanken während des Geschlechtsverkehrs mit dem Partner abschweiften, weil sie im allgemeinen unter Beziehungsproblemen litten. Wir wissen heute, daß die meisten gesunden Frauen während des Sexualaktes Phantasien oder andere geistige Vorstellungen entwickeln.

In den letzten Jahren sind die Programme der Sexualtherapeuten, die Frauen helfen sollen, orgasmusfähig zu werden, darauf ausgerichtet, die Vorstellungen abzubauen, solche mentalen Aktivitäten wären unheilvoll. Die Frauen werden ermutigt, ihren Phantasien freien Lauf zu lassen und auch jede andere Möglichkeit der geistig-erotischen Anregung zu nutzen, um ihre sexuellen Lustgefühle zu steigern.

Hier in unserer Studie handelt es sich nun um eine besondere Gruppe von Frauen – um Frauen, die leicht zum Orgasmus gelangen. Und diese entwickeln alle vor und während der sexuellen Betätigung *ein verblüffendes Ausmaß besonders eindringlicher erotischer Phantasien.* Aus den Ergebnissen unserer Studie läßt sich ableiten, daß Frauen, die auch während des Geschlechtsverkehrs mit einem Partner in Gedanken erotisch aktiv sind, nicht nur gesund und normal, sondern auch noch besonders orgasmusfähig sind.

Selbstverständlich haben solche gedanklichen erotischen Aktivitäten für die Frau einen bestimmten Zweck. Sie sind natürlich darauf ausgerichtet, die eigene Erregbarkeit zu verstärken und voranzutreiben und so den Orgasmus zu erleichtern.

»Etwas tun für die eigene Erregung« heißt aber nicht, daß sich die Frau dabei »abkapselt«. Frauen, die leicht zum Orgasmus kommen, sind ganz im Gegenteil während des Liebesakts total bei der Sache und nehmen alle Regungen ihres Partners detailliert wahr, seine Lust und seine Reaktionen. Dennoch sollten Frauen die *Freiheit* haben, sowohl physisch als auch psychisch ihre eigene sexuelle Erregung zu steuern und zu steigern.

Frauen akzeptieren ihre erotischen Gedanken während des Liebesakts als Ausdruck ihrer innersten Sexualität und genießen sie bewußt oder entwickeln sie weiter, so lange sie in Gedanken Spaß daran haben. Wenn eine Frau etwas ausprobiert und es gefällt ihr nicht, dann kann sie es leicht im nächsten Moment wieder abbrechen.

In jüngster Zeit konnten die Techniken, mit denen man die sexuelle Erregbarkeit und die Fähigkeit zum Orgasmus erforscht, entscheidend verbessert werden. Beispielsweise können in die Scheide eingeführte Sensoren jetzt genau messen, welche physiologischen Veränderungen stattfinden – z. B. erhöhter Blutandrang in der Vagina oder in den Schamlippen, andere vaginale Impulse und Kontraktionen. Eine Unmenge von Studien zeigen, daß sich durch geistige Anregung auch die physiologischen Vorgänge verändern. Das heißt, auch Frauen lassen sich durch erotische Texte, Videos, Filme, aber auch durch selbsterzeugte erotische Phantasien sexuell anregen. An Frauen, die mit Biofeedback arbeiteten und die Anweisung bekamen »sich so stark wie möglich erregen zu lassen und dabei auch erotische Vorstellungen anzuwenden, falls ihnen das Spaß macht«, wurde beobachtet, daß einige – wann immer sie wollten – sexuelle Reaktionen in Gang setzen konnten. Dazu einige typische Kommentare von teilnehmenden Frauen:

Und ob ich mich selber antörne!

Was sich im Kopf abspielt, ist das allerwichtigste.

Mein Orgasmus läßt sich durch die Gedanken steuern. Und je älter ich werde, umso besser funktioniert es.

Ich törne mich selbst an, aber die *Intensität* des Orgasmus hängt davon ab, wie weit ich gefühlsmäßig beteiligt bin.

Dieser letzte Kommentar berührt einen wesentlichen Punkt: Wieso stellt man sich nicht immer seinen Partner vor und denkt einfach daran, wie sehr man ihn liebt und wie wunderbar und segensreich vor allem die Bande der Zusammengehörigkeit sind? Würde das nicht genau unseren Moralvorstellungen entsprechen und dem Bild, das in der westlichen Literatur über die »romantische Liebe« entwickelt wird?

Zwar sind auch bei den leicht zum Orgasmus kommenden Frauen Gedanken über die Liebe und das Interesse am eigenen Partner als Auslöser der Erregung allgemein vorhanden, aber sie sind nur *eine* von vielen Möglichkeiten, die ihre sexuelle Bereitschaft vergrößern. Hinzu kommt, daß im täglichen Leben derartige Gedanken nicht immer der Wahrheit entsprechen und daher nicht immer überzeugen. So gut kann eine Beziehung gar nicht sein, daß es nicht doch ein gewisses Auf und Ab des gegenseitigen Interesses gäbe. Der Mensch hat nun einmal das Bedürfnis nach Abwechslung, nach etwas Neuem, nach Abenteuer und Risiko. Im Laufe eines jahrelangen Zusammenlebens können die Partner einerseits feststellen, daß die Liebe zueinander immer noch wächst. Sie merken aber auf der anderen Seite – und sei es nur zeitweise – wie manches zur Gewohnheit wird und so auch der Sex zur Routine verkommen kann. Benutzt eine Frau aus freien Stücken Körper und Geist, um ihre sexuelle Lust zu steigern, dann ist das weder »unmoralisch« noch »unromantisch«, sondern vielmehr die beste Voraussetzung dafür, ein liebevolles, inspiriertes Leben zu führen und mit einem anderen zu teilen.

Ein Porträt der Frau als Künstlerin

Besonders orgasmusfähige Frauen sind wie kreative Künstlerinnen. Selbst, wenn es nur auf die wenigen Momente des Liebesakts mit dem Partner zutreffen mag, sind sie doch in der Lage, mit ihrem Körper und ihrer Seele eine Art Zauber zu entfesseln und sich dadurch ein höchst lustvolles Erlebnis zu verschaffen.

Kristin ist Psychotherapeutin, Anfang 30 und arbeitet in einer Privatklinik als Patientenberaterin. Sie hat das freundliche Gesicht der Eurasierinnen. Ihre grauen Mandelaugen sind halbgeschlossen, wenn sie lächelt, ihre Figur ist eher grobknochig, sportlich. Sie kennt ihre Schwachstellen: »Ich hatte immer Probleme mit meinem Körper, wenn es um Akzeptanz und Selbstliebe ging. Ich habe eine genaue Vorstellung, wie ich mich schön fände, aber diesen Vorstellungen entspreche ich ganz und gar nicht. Dazu müßte ich viel mehr Busen haben, längere Beine, müßte schlanker sein, kleiner und zierlicher.«

Sie hat jahrelang in Europa gelebt, spricht mit leichtem englischen Akzent. In England hat sie ihr Diplom in Psychologie erworben, dann mehrere Jahre als Gruppentherapeutin und Studentenberaterin gearbeitet, ehe sie ihren Ehemann kennenlernte, von dem sie zur Zeit getrennt lebt. Sie hat zwei Kinder.

»Ich bin strenggläubig (presbyterianisch) erzogen worden. Es gab eindeutige Regeln, was man tut und was nicht. Daß man vor der Ehe mit jemandem schlief, kam nicht in Frage. Ich fühlte mich meiner Mutter sehr nahe, auch wenn wir nicht wirklich gut miteinander reden konnten. Mit meinem Vater geriet ich schon mal aneinander, obwohl er eher ein ruhiger Mensch war. Ich war sowohl selbständig als auch abhängig, manchmal auch ein bißchen rebellisch. Mag sein, daß ich mir die Hörner abgestoßen hatte, bevor ich es überhaupt merkte. Mit 18 ging ich ins Ausland, um zu studieren. Zuerst war ich etwas ängstlich, konnte mich aber schnell zurechtfinden.

Mein erster Liebhaber war ein Italiener. Ich traf ihn im Zug, als ich von Ischia zurück nach London fahren wollte. Er war ein gutaussehender Medizinstudent. Als der Zug in Florenz hielt, fragte er, ob ich mit ihm nach Bologna fahren und in seine Wohnung kommen wollte. Es war alles sehr romantisch und schön, genau wie ich es mir immer vorgestellt hatte. Er war sehr liebevoll, kümmerte sich um mich, wußte, was er tun mußte, und ich fühlte mich auch menschlich sehr zu ihm hingezogen. In dieser Nacht, vielleicht auch am nächsten Tag, auf jeden Fall innerhalb der nächsten acht Stunden, nachdem wir angefangen hatte, miteinander zu schlafen, hatte ich meinen ersten Orgasmus. Wir hielten Kontakt während der nächsten zwei, drei Jahre, trafen uns manchmal in England oder Italien und verlebten immer wieder einige gemeinsame Tage. Er war wohl mein wichtigster Sexualpartner, so erfahren wie er war, und Mediziner dazu. Ich wußte, er würde mich nicht verletzen, und vertraute ihm hundertprozentig. In kurzer Zeit habe ich alles durchgehabt – orale Praktiken, Analverkehr und auch körperliche Kontakte mit Frauen.

Ich bin eine große Leseratte, und als ich anfing, sexuell aktiv zu werden, machte ich mich gleichzeitig auch daran, alles zu lesen, was ich zu diesem Thema nur fand, denn ich wollte gern gut sein im Bett. Ich wollte wissen, was ich zu tun hätte und was nicht, denn meine Mutter hatte mir natürlich nichts über orale und anale Praktiken erzählt. So erfuhr ich einiges, und praktizierte es auch mit meinen Partnern. Als ich geübter wurde und mich immer wohler dabei fühlte, wuchs selbstverständlich auch meine Orgasmusfähigkeit. Besonders, als ich spürte, daß ich nicht nur empfangen, sondern auch etwas geben konnte, merkte ich, wie auch meine Genußfähigkeit größer wurde. Mag sein, daß ich eine Menge Energie darauf verwandt habe, erfolgreich zum Orgasmus zu kommen, aber ich dachte nicht so recht darüber nach und plante es auch nicht so zielgerichtet. Dennoch geht jetzt alles leichter, einfach weil ich es entspannter treibe.

Wenn ich mich wirklich für jemanden interessiere, wenn ich etwas für ihn empfinde, dann bin ich sehr ›orgasmisch‹, selbst wenn er in sexueller Hinsicht nicht besonders geübt ist. Wenn andererseits jemand besonders geschickt ist, gilt das ebenso, auch wenn ich nicht so viel für ihn empfinde. Aber ich muß dann viel mehr eigene Kreativität einsetzen, um Lustgefühle zu entwickeln. Doch in all meinen Verbindungen mit irgendwelchen Partnern hatte ich immer selber die Möglichkeit, jene besondere Mischung von gedanklichen und körperlichen Reizwirkungen zu kreieren, mit denen ich zum Orgasmus komme, wenn ich es will.«

Mimi ist knapp 30, Opernsängerin und Musikpädagogin. Sie strahlt Energie, Wärme und Stärke aus. Es umgibt sie aber auch ein Hauch von »Glamour«.

»Ich bin die älteste von drei Schwestern, verstehe mich als praktizierende Jüdin. Ich bewunderte und vergötterte meinen Vater – wollte immer einen Freund, der so ist wie er. Meine Mutter ist sehr erdhaft. Er ist große Klasse – so eine Art zerstreuter Professor –, und er ist tatsächlich auch Professor von Beruf, eine bekannte Koryphäe in russischer Geschichte. Mutter ist Geschäftsfrau. Sie hat eine eigene, extrem gut laufende Galerie, und arbeitet auch als Agentin für verschiedene Maler. Sie sind beide sehr kreativ, emotional offen, relaxt und zärtlich. Sie haben damals von sich aus angefangen, über Sex zu reden. ›Du solltest sicher sein, daß er dir etwas bedeutet‹, sagte Mutter. Und Vater hat einmal gesagt: ›Sex gehört zum Leben. Also sollte man nur ins Bett gehen, wenn man wirklich scharf drauf ist.‹ Sie setzten immer voraus, daß wir unabhängig sein wollten, und ließen uns tun, was wir wollten. Ich lernte früh, selbst Entscheidungen zu treffen und sie dann auch auszuführen.

Meine Pubertät stürzte mich dennoch in Verwirrung, der sprießende Busen, die Periode, alles erschreckte mich. Wahrscheinlich hatte ich Angst davor, eine *Frau zu sein.* Das dauerte noch bis zur College-Zeit. Und ich hatte wohl auch so etwas wie einen Ödipus-Komplex. Meine Mutter hat mir erst kürzlich eine kleine Episode erzählt, an die ich mich gar nicht mehr erinnern konnte – außer vielleicht tief in meinem Unterbewußtsein. Ich bin wohl mal reingeplatzt, als meine Eltern gerade miteinander schliefen. Mami ist immer recht geräuschvoll beim Sex, und sie sagte mir, ich hätte damals angenommen, mein Vater würde ihr wehtun. Obwohl ich mit mir selber rumgespielt hatte, als ich klein war, erinnere ich mich nicht daran, bewußt masturbiert zu haben. Und ich ging während der Highschool-Zeit auch nie mit Jungen oder schmuste gar mit jemandem herum. Meine Musik füllte mich ganz aus, versperrte mir vielleicht sogar irgendwelche andere Gelegenheiten. Alle meine Freunde waren völlig ›ungefährlich‹ – männliche Geschwister, Intellektuelle, selbstverständlich Juden.

Der erste Mann, der mir auf dem College begegnete, wurde dann mein Liebhaber. Es war vergeudete Zeit. Meine körperlichen Reaktionen waren irrsinnig, und je stärker mein Körper reagierte, umso mehr erschrak er. Er fand es widerlich und schweinisch, es auf ›französisch‹ zu machen und ließ mich seine Genitalien nicht mal anfassen. Ich hatte beim Gedanken an Geschlechtsverkehr nie Schuldgefühle gehabt, aber er war so verklemmt und ängstlich, daß ich mir ganz unanständig vorkam, verwirrt war und mich schämte, weil irgendwas Schreckliches mit mir los sein mußte. Ich war fast zwei Jahre mit ihm zusammen, hatte nie einen Orgasmus, entwickelte aber schreckliche Ängste: Immer wenn ich sehr – vielleicht zu sehr – erregt war, würden die Männer vor mir zurückschrecken, sich abwenden. Schließlich trennte ich mich von ihm wegen eines anderen, sehr attraktiven Mannes. Doch ich fand bald heraus, daß beide – mein erster und mein zweiter Liebhaber – auch mit meiner Zimmergenossin geschlafen hatten. Sie war eine von der Sorte, die unbedingt alle mal abhaken mußte.

Danach hatte ich von Männern die Nase voll. Während des Sommers trat ich bei einem Musik-Festival an der Ostküste auf, und noch bevor ich dorthin ging, nahm ich mir vor, etwas mit einer Frau anzufangen. Sie war eine umwerfende, sinnliche Person, schon lesbisch, aber keine von der Art ›kesser Vater‹. Es wurde zu einer der besten Erfahrungen meines Lebens. Die Frau war einfach super. Ihr habe ich zu verdanken, daß ich meine Sinnlichkeit entdeckte, mich toll fühlte. Wir konnten richtig gut miteinander, ergänzten uns in allem – als Frauen, als sexuelle Wesen. Sie war so kreativ, einfach toll – ich vergötterte sie. Wir verkehrten oral miteinander, aber das fand ich ein bißchen widerwärtig. Ich kam immer fast, aber doch nie richtig zum Orgasmus. Wir sind immer noch befreundet, auch nachdem ich beschlossen hatte, mich von ihr zu trennen. Ich hatte nicht wirklich was gegen Männer, wollte lieber nicht als Lesbe leben, sondern heterosexuell sein.

Bald danach fing ich eine Psychotherapie an. Da arbeitete ich erst mal meinen ›Ödipus‹ auf. Es konnte ja sein, daß ich immer noch nicht aus mir herausging, weil ich mit meinem Vaterkomplex nicht fertig werden konnte. Es stellte sich dabei heraus, daß ich eine richtige Orgasmusphobie hatte. Ich fürchtete, es könnte irgend etwas geschehen, ich müßte urinieren oder könnte sonstwie die Kontrolle über meine Körperfunktionen verlieren oder mich für etwas schämen müssen. Also sagte meine Therapeutin zu mir: ›Geh nach Hause und lerne, dich selbst zu befriedigen. So wirst du herausfinden, was dabei geschieht, und dann in deinen Partnerbeziehungen nicht mehr so viel Angst davor haben müssen.‹ Ich war zu Tode erschrocken, aber ich habe immer sehr ernst genommen, was sie mir sagte. Also ging ich nach Hause und versuchte es.

Ich hatte gerade etwas mit einem Mann angefangen, mit dem ich dann eine Zeitlang zusammenzog. Zuerst wollte ich nicht so recht, aber nach einer Weile kam ich bei ihm zum Orgasmus, was mich ein bißchen enttäuschte. Ich hatte erwartet, es würde eine Art ›Knaller‹ werden, eine mordsmäßige Explosion aus meinem Innersten heraus. Statt dessen stellte ich fest, daß es Zuckungen der Beine bewirkte, daß mein Körper sich aufbäumte. Allmählich lernte ich, was mein Körper brauchte – viel, sehr viel klitorale Reizung. Meine Bedürfnisse gab ich ab da auch meinen Partnern zu verstehen. Meine letzten paar Affairen waren sehr in Ordnung, sehr intensiv und mit guten Orgasmen.«

Parallel zu den körperlichen Stimulierungen hat Mimi auch ein ganzes Repertoire gedanklicher Anregungen zu ihrer Verfügung. »Ich sehe und spüre Gott den Allmächtigen. Es klingt vielleicht übertrieben oder auch abartig, aber das ist es nicht. Es ist etwas Faszinierendes, eine Art Schöpfungsidee. Es erscheint mir ziemlich simpel, nur einfach ein sexuelles Erlebnis zu haben, einfach nur eben zu vögeln. Das kann ich schon auch; aber es gibt den Akt des Sexuellen, des Sinnlichseins, der nicht darin besteht, daß du einfach deine Kleider ablegst. Da ist mehr Innerliches, mehr Hinwendung notwendig. Ich möchte mein Leben voll auskosten, daher mag ich keine mittelmäßigen Erlebnisse. Ich möchte Sex nicht trivial sehen, möchte ihn vielmehr zu etwas Besonderem, Aufregendem machen. Man muß tagtäglich etwas Kreatives schaffen in seinem Leben. Energie erzeugt neue Energie. Je leidenschaftlicher du etwas tust, desto leidenschaftlicher fühlst du dich. Nirgendwo fühle ich mich so ganz, so reif wie beim Liebesakt. Es ist ein Erlebnis von Erwachsensein. Ich fühle mich dabei höchst vollkommen, absolut fraulich, weiblich.«

Wenn Frauen ganz aktiv ihre Vorstellungskraft einbeziehen, um ihre sexuelle Erlebnisfähigkeit zu steigern, wenden sie nicht einfach nur mechanisch irgendwelche »Techniken« an, sondern erschaffen sich vielmehr jedesmal eine schöne, eine einmalige Situation. Darin drücken sie ihre eigene Individualität aus, ihre Lebenserfahrungen und ihr Verlangen. Natalie, von der wir anfänglich berichtet bekommen haben, wie sie schließlich die zu enge Bindung an die Mutter überwunden hat, sagt zu diesem Thema:

> Phantasien, die mit Fesselung, Auspeitschen, Lederstiefeln und Ketten zu tun haben, beunruhigen mich nicht, rufen in mir aber das Gefühl hervor: Das bin nicht ich. Bei mir geht es um Spitzen, um Rüschen und Stickereien. Ich mag solche Unterwäsche. Ich steh' auf all diese Dessous, ich kaufe immer wieder neue, mag sie sehr. In meinen Phantasien stelle ich mir Männer vor, die sehr, sehr sanft und behutsam sind. Ich bin romantisch, ja, eine richtige Romantikerin. Sie tun, was ich möchte. Und ich kann bestimmen, ich habe in der Hand, was geschieht. Es ist ja *meine* Wunschvorstellung.

Oft kommen solche kreativen Einfälle ganz spontan, ohne irgendwelche bewußten Anstrengungen:

> Ich fasse nie vorher den Entschluß, mich in Stimmung zu versetzen oder eine Phantasievorstellung zu entwickeln. Ich nehme einfach, was kommt. Wenn ich die Augen zumache und James Taylor taucht auf – dann nehm' ich ihn.

Noch einmal Nora, die schon am Anfang dieses Kapitels erzählte, wie sie lernte, es auf *ihre Weise* zu tun:

> Wenn in meinen Vorstellungen ein Bild auftaucht, in dem ich selbst beim Liebesakt bin, dann ist das nicht etwas, was ich mir absichtlich ausgesucht habe. Es ist einfach da, irgendwas löst es aus, aber es ist überhaupt nicht vorgefaßt. Es ist ein ganz normales, natürliches Zubehör der gemeinsamen Freuden des Liebesspiels.

Nun kommt allmählich der Moment des »Handgreiflichen«.

Vielleicht verwundert es Sie ja zu hören, daß bei den besonders orgasmusfähigen Frauen sexuelle Begegnungen schon lange angefangen haben, noch ehe sich auch nur die Fingerspitzen berühren.

Die Einstimmung – Phase des Warmwerdens 4

An einem Abend, an dem ich aller Wahrscheinlichkeit nach mit jemandem ins Bett gehen werde, mache ich im Geist vorher eine Art Generalprobe. Ich weiß, wohin ich im Endeffekt will: ins Bett, nackt unter die Bettdecke, bei schummrigem Licht. *Rita*

Darcie hat schon berichtet, wie sie mit ihrem Körper klargekommen ist, und es bezieht sich auf ihr Vorbereitungsritual, wenn sie erklärt: »Wenn ich ausgehe, möchte ich immer sinnlich und sexy wirken. Das versetzt mich dann ganz von allein in das richtige Hochgefühl und stimmt mich richtig ein.

Um mich bereit zu machen, versuche ich mich ins Bad oder ins Schlafzimmer zurückzuziehen. Das ist nicht immer leicht, wenn die Kinder im Haus sind, aber ich probier's. Manchmal sind sie auch am Wochenende über Nacht bei meiner Mutter. Als erstes wasch ich mir die Haare, dann lege ich mich schön in die Wanne. Normalerweise denke ich dabei überhaupt nicht an Sex, aber ich weiß, wenn ich fertig bin mit Baden und meine Haare schön frisiert sind, dann kommen die Gedanken allmählich.

Dann mache ich die Schlafzimmertür zu, suche mir eine sanfte Musik, die mir hilft, der Alltagsroutine zu entrinnen. Es ist eine Art Konzentrationsübung, man muß sich dabei schon etwas bemühen. Ich stelle mich ganz nackt vor den Spiegel und überlege mir, was ich anziehe, suche Sachen raus, halte sie mir an oder ziehe sie probeweise über, um zu sehen, wie ich mit dem einen oder anderen Stück aussehe. Ich hole den BH, den ich tragen will, etc. Das macht mich alles schon ganz schön an.

Ich berühre meinen Körper; meine Brüste sind sehr empfindlich, vor allem die Brustwarzen, so daß ich sie nur ganz leicht antippen muß, um mich anzuheizen. Normalerweise masturbiere ich nicht vorher, wenn ich weggehen will, denn ich könnte nicht rechtzeitig aufhören...

Während ich mich anziehe, werde ich richtig aufgeregt. Ich muß mehrmals auf die Toilette. Meine Erwartung wächst. Ich habe dann, wenn ich aus dem Haus gehe, schon alle Stufen durchgedacht und mich in die richtige Stimmung gebracht, die mich den Abend über begleiten wird. Ich bin bereit für eine sexuelle Begegnung.«

Leicht orgasmusfähige Frauen betrachten die Zeit des Zurechtmachens als Phase der Abgeschiedenheit und der Entspannung, in der sie sich auf den Liebesakt einstimmen und konzentrieren. Sie schirmen sich ab von der »Außenwelt«, um ihre Gedanken und Energien auf die Liebesfreuden einzustellen.

Sie beginnen damit, sich auf sich selbst einzustellen, auf ihre Stimmung, ihr Verlangen und die Art von Liebesspiel, die sie am schärfsten, am erregendsten finden.

Sie fangen an, das Vertrauen in ihre Sexualität aufzubauen und die eigene sexuelle Erregbarkeit zu steigern. Tatsächlich beginnt für sie das Liebesspiel schon lange vor dem eigentlichen körperlichen Akt.

Eine Frau sagt dazu: »Während des Zurechtmachens etabliere ich meine Unwiderstehlichkeit.« Andere legen ihr Diaphragma zurecht oder suchen schon am Tag zuvor die Unterwäsche zusammen, wenn sie sexuelle Begegnungen planen. Auch jüngere Frauen, die im allgemeinen eher für Spontaneität zu haben sind, kennen die Bedeutung solcher Vorbereitungen. Hier eine 21jährige Studentin: »Ich mach' nicht bewußt irgendwelche Vorbereitungen. Aber ich weiß, wie ich mich gern fühle, weiß, was mich aufgeschlossener macht. Also trage ich in solchen Situationen nie eine Brille. Und ich ziehe keine Rollis oder Pullover an, wie ich sie in den Vorlesungen trage. Manchmal mag ich ausgeschnittene Blusen, oder leichte Seidensachen, Röcke, hochhakkige Schuhe. Nicht etwa, weil ich sexy aussehen will; ich möchte einfach mehr feminin sein. Wenn ich bei meinem Freund in der Wohnung bin und ein paar Stunden dagesessen und gelernt habe, gehe ich unter die Dusche, wasche und trockne mir die Haare, kämme mich und ziehe dann eines seiner T-Shirts an, zwar ein sehr kurzes, aber nie irgendwelche sexy Nachthemden. Aber auch da möchte ich gern feminin sein.«

Kate ist Verkaufsleiterin bei einer Büroausstattungsfirma. Sie ist Anfang 30, hat kurze dunkle Haare. Ihre Bewegungen sind leicht und behende, sie hat etwas von einer Tänzerin, und das ist sie auch früher einmal gewesen.

»In meiner Jugend gehörte ich einer kirchlichen Vereinigung an: den Baptisten; ein sehr strenger, fundamentalischer Verein. Ich heiratete, als ich 20 war, und zog nach Oklahoma. Mit meinem Ehemann brachte ich nie groß was an Orgasmus zustande. Es gab massenweise Dinge, die ich nie machen wollte. Ich mochte keine oralen Praktiken, hatte Schuldgefühle, wollte nichts ausprobieren – ich war schlicht dumm. Ich wußte nicht mal genau, wo meine Klitoris war, bis ich etwa 29 oder 30 war. Ich meine, ich merkte schon, wie gut es tat, wenn ich mich an ihm rieb oder irgendwie die Gegend berührte, aber mehr war auch nicht! Nach zehn Jahren Ehe gingen wir auseinander. Ich war nicht glücklich, und er hatte eine Freundin. Damals ging ich dann nach Denver und arbeitete eine Zeitlang als Tänzerin. Und ich faßte einen Entschluß: ›Es wird Zeit, daß du deinen Hintern hochkriegst, Kate. Du kannst hier nicht einfach so rumhängen. Mach was aus deinem Leben. Du bist noch jung genug. Du mußt was lernen! Und von da an war es wichtig für mich, bei allem noch etwas dazuzulernen. Ich hatte zwischendrin mal Pause gemacht – na und! Okay, ich hatte Kinder, ein Haus zu versorgen, dieses und jenes zu tun. Aber ich hab' seitdem nie mehr aufgehört, das zu tun, was *mir* wichtig war. Ich habe mich mit vollem Elan daran gemacht, alles mitzukriegen, was nötig war.«

Auch Kate legt besondere Sorgfalt auf ihre Badezimmervorbereitungen. »Wenn ich ausgehen will, dann peppele ich mich richtig auf. Ich genieße den Austausch der Alltagsklamotten, die ich im Büro anhabe. Am aufregendsten finde ich es, wenn die Kinder irgendwo anders schlafen und ich einen besonderen Anlaß habe. Ich lege mich in die Wanne, zünde im Bad Kerzen an, stell' mir ein Glas Wein hin und all diese Kleinigkeiten. Ich bürste mich ab, parfümiere mich von oben bis unten. Ich bearbeite meinen ganzen Körper, mache Gymnastik. Ich genieße es, meinen Körper zu spüren. Wenn dann mein Ausersehener mich abholen kommt, bin ich so gut drauf und kann mich selbst so gut leiden, daß es nicht schlimm wäre, wenn er mich nicht begehrte – ich finde mich ja selber so begehrenswert!«

Und jetzt noch einmal Grace, die Frau, die aus einer wohlhabenden Ostküstenfamilie stammt und mit dem Herzspezialisten verheiratet ist: »Am Mittwoch und natürlich auch an den Wochenenden muß mein Mann keine Praxis machen, und deshalb sind das ganz besondere Tage. Ich versuche dann auch etwas mehr Zeit für mich zu haben. Neben den Fortbildungskursen, der Arbeit und den Kindern bleibt nicht viel Zeit, aber ich mache mir immer eine andere Frisur. Wenn ich nach Hause komme, möchte ich mich gern eine Weile zurückziehen, mich in der Badewanne bei Kerzenlicht entspannen, und höre Musik aus dem Walkman. So komme ich in die richtige relaxte und sinnliche Stimmung.

Ich habe Parfüms für die verschiedenen Stimmungen und kann jeden Tag ein anderes benutzen. Und ich habe auch immer die passenden Seifen und Badezusätze dazu. Es hängt davon ab, wie ich mich gerade fühle, ob ich ›Bal à Versaille‹ oder ›Tabu‹ oder sonst irgendwas mag. Sie sind alle etwas Besonderes, denn mein Mann hat sie mir alle ausgesucht und geschenkt. Ich kaufe mir nie selber Parfüms, aber ich liebe Düfte. Meine Auswahl verrät mir, wie ich mich gerade fühle, und ich glaube, auch er bekommt dadurch bestimmte Hinweise. Genauso ist es mit den Nachtgewändern. Es sind alles Stücke, die speziell für mich in einem Wäschegeschäft angefertigt wurden. Ich suche sie genauso sorgfältig aus wie meine übrige Kleidung, wähle bestimmte Farben und bestimmte Schnitte und Designs. Ich trage nie Nachthemden, die geknöpft werden müssen, weil Knöpfe mich zum Wahnsinn bringen würden. Ich habe lieber ganz tiefe Ausschnitte und Hemden, die leicht zugänglich sind. Also, ziemlich gewagte Dinger. Im Schlafzimmer mache ich gerne Musik an, manchmal auch ein Porno-Video und nur schummriges indirektes rotes Licht ...«

Einige Frauen machen Übungen mit ihren Beckenboden- und Vaginalmuskeln*, wenn ein Sexualkontakt bevorsteht.

> Ich bereite meine Muskulatur darauf vor, indem ich beim Wasserlassen bewußt den Fluß stoppe und wieder laufen lasse. Das ist eine ausgezeichnete Übung für die Beckenbodenmuskulatur. Außerdem macht mich das an, bereitet mich vor auf den Akt. Sie wissen doch, wenn die Gewichtheber sich in Positur stellen und so zur Übung mit den Händen einige Probebewegungen machen und dabei den Atem ausstoßen »sch-sch« – das ist genau das gleiche.

Es gab auch einige Frauen in dieser Studie, die hin und wieder vor einem Beischlaf mit einem Partner masturbieren, solange sie noch allein sind.

> Ich befriedige mich manchmal selber vorher, wenn ich das Gefühl habe, ich würde mit einem Partner nicht zum Orgasmus kommen. Dann bin ich wenigstens hinterher nicht so frustriert, und ich bin schärfer und feinfühliger mit ihm.

> Hin und wieder stimuliere ich mich selber, bevor ich mit ihm schlafe. Ich fühle mich dadurch sehr sexy und sinnlich. Und ich deute das eventuell auch ganz dezent an, so daß mein Mann auf der Fahrt zu mir vielleicht auch daran denkt.

Körperliche Vorbereitungen zum Liebesspiel kann man jederzeit machen. Viele der leicht orgasmischen Frauen sind sowohl an ihrer sexuellen »Fitneß« interessiert als auch generell auf ihre Gesundheit und ihr Wohlbefinden bedacht und tun etwas, um den Körper kräftig und geschmeidig zu halten. Andere achten immer darauf, ihre Beckenbodenmuskeln zu trainieren, manche haben aber auch täglich ein paar Übungen zur allgemeinen Luststeigerung im Programm. So Michelle, die einzige Frau in unserer Studie, die verwitwet ist. Sie ist gerade 40 geworden: »Ich

* Anmerkung der Übersetzerin:
Die Amerikanerinnen nennen diese Muskeln die »PC's«. Es sind die Muskeln, die etwa im inneren Drittel der Scheide einen Ring bilden. Die Übungen sind bei uns auch als Kegel-Übungen bekannt.

habe festgestellt, daß sich gewisse Stoffe, die ich trage, angenehm anfühlen, andere wieder nicht so, was aber auch seinen Reiz haben kann. Ich probiere jetzt Materialien mit unterschiedlichen Strukturen und Oberflächen aus und berühre meinen Körper damit, meine Brüste und auch mein Gesicht. Ich schließe die Augen, um sie wirklich zu spüren. Ich möchte dadurch meine Sensibilität wachhalten.«

Die Kleidung kann verschiedene erotische und sexuelle Absichten kundtun. Aber das geschieht nicht nur, um damit einen Partner anzulocken – oder auch auf Distanz zu halten –, durch die Wahl der Bekleidung kann man auch selber etwas über die eigene Stimmung erfahren; es kann sich darin etwas ausdrükken oder herauskristallisieren. Iris, die etwas rebellische Person, die mit zwölf ihren ersten Geschlechtsverkehr hatte, sagt dazu: »Meine schwarzen Lederstiefel zusammen mit dem Lederrock zeigen an, daß ich in einer animierten Stimmung bin. Ich fühle mich dann auch so, wie ich es durch die Kleidung ausdrücke, und benehme mich dementsprechend. Im Sommer trage ich gern ganz leichte, feminine Sachen. Ich weiß noch, wie ich eines Morgens zu einem Mann nach Hause gegangen bin in der Erwartung, mit ihm zu schlafen. Da war mir so richtig sommerlich wohl zumute in meinem leichten geblümten Kleid und mit nichts darunter. Aber häufig, wenn ich meine Ledersachen anziehe, trage ich darunter besonders feminine Unterwäsche. Als wollte ich damit sagen: ›Ich will dich an der Nase rumführen.‹«

Es gibt auch noch andere Kommentare zur Alltagskleidung: Eine der Frauen bezeichnet sie im Gegensatz zum verführerischen »Kampfanzug« als »zivilisierte« Bekleidung:

> Es gibt ganz bestimmte Unterschiede in dem, wie man sich anzieht. Wenn ich keinerlei sexuelle Annäherung an jemanden beabsichtige, trage ich die entsprechenden Sachen; will ich aber etwas von jemandem, dann ziehe ich ganz etwas anderes an.

> Wenn ich mit jemanden ausgehe, dann weiß ich durch die Art der Unterwäsche, die ich angezogen habe, in welcher Verfassung ich bin, und ich bevorzuge offene Hemden oder einen

engen Rollkragenpulli. Wenn ich mich sexy fühle, dann macht mich das selber an.

Ich ziehe mich an, um mich selber anzuheizen. Wenn ich Strapse, dünne Strümpfe und hochhackige Schuhe zur Arbeit anziehe, dann bringt mich das in Stimmung, und ich fühle mich den ganzen Tag über sexy.

An ganz normalen Arbeitstagen und wenn die Kinder in der Nähe sind, so daß ich nicht irgendwelche exotische oder spezielle Sexkleidung anziehen kann, dann versuche ich zumindest, daß ich mich in den »zivilisierten« Sachen, die ich anhabe, sexy und begehrenswert fühle.

Sexuelle Anregungen

Viele Frauen aus unserer Studie haben Spaß an den verschiedenen Arten der erotischen Unterhaltung, und um sich sexuell erregen zu lassen, schauen sie allein oder zusammen mit dem Partner entsprechende Bücher oder Bilder an. Manchmal werden sie einfach scharf, wenn sie etwas lesen, oder sie sehen sich absichtlich kurz vor dem Geschlechtsverkehr aufgeilende Fotos an. Andere Frauen lesen auch gern an denTagen oder am Tag vor dem Ereignis bestimmte Liebesromane, die sie auf sinnliche Gedanken bringen, ohne jedoch zu sehr ins Detail zu gehen.

Einige Frauen haben Spaß daran, sich auch eindeutigere Bücher und Magazine, wie etwa *Playboy* oder *Penthouse* anzuschauen. Oder sie lesen sexuell ausgerichtete Geschichten, die ihre Vorstellungskraft reizen, sowie auch spezielle Bücher über Sexualität. Besonders genießen sie es, wenn die Publikationen Bilder enthalten. Einigen Frauen gefällt es, direkt während des Liebesspiels derartige Hefte zur Hand zu haben, oder zumindest kurz zuvor. »Ich stelle mir vor, daß ich diese nackte, wollüstige Frau sein könnte.« Allerdings funktioniert das nicht mit jeder Art von Aktfotos: Abstoßende Obszönitäten, extreme Gewalt und Sadismus werden fast immer als widerwärtig empfunden und wirken auf Frauen eher lusttötend. Es gibt jedoch auch Ausnahmen: »Wenn sie nicht zu grob sind, heizen mich gerade Darstellungen von Gewalttätigkeiten gegen Frauen auch an.«

Eine größere Anzahl von Frauen lassen sich durch romantische oder erotisch-sinnliche Episoden oder Handlungen erregen, wie sie in normalen Filmen oder Fernsehsendungen vorkommen. Eine zahlenmäßige Minderheit berichtet, auch Pornofilme oder schlüpfrige Videos könnten sie sexuell erregen und sie würden sie manchmal erfolgreich zu diesem Zweck einsetzen. »Es erregt mich, so etwas anzuschauen; ich merke es daran, daß ich schnell feucht werde.« »Wenn ich solche Filme sehe, stelle ich mir immer vor, was sie wohl dabei empfinden.« Häufig gibt es aber auch Vorbehalte:

> Ich würde so etwas mögen, wenn die Handlung und die Situation gut sind, aber in den Pornofilmen ist das selten der Fall.
>
> Ich mag Soft-Pornos, die erotisch sind, aber nicht diese Gewaltszenen. Ein Film, in dem zwei Frauen es miteinander treiben, regt mich eventuell auf – aber ich brauche einen Mann.
>
> Manchmal gefällt es mir, Porno-Videos anzuschauen. Aber die Erregungsmomente nutzen sich schnell ab. Allerdings kenne ich ein paar Szenen, die so knisternd erotisch sind, daß ich sie mir immer wieder ins Gedächtnis zurückrufe.

Medien, wie »heiße« Filme oder TV-Shows unterhalten durch ihre Unmittelbarkeit und Lebendigkeit, obwohl sie vorgefertigte Bilder liefern. Frauen sind in der Lage, diese Vorstellungen und Bilder kreativ umzusetzen, sich selber als Akteure und Mitspielerinnen in die Handlung hineinzuprojizieren und sie entsprechend ihren bevorzugten Phantasien zu verändern. Im großen und ganzen ziehen die meisten Frauen aber selbsterdachte Geschichten vor.

Bernadette hat gerade erst geheiratet und wuchs in der Nähe von Chicago auf. Sie ist eine große Frau von fast ein Meter achtzig, hat ein ausgeglichenes, heiteres Wesen. Sie war eine Zeitlang im Kloster. »Als ich 19 war, hat meine Mutter zu mir gesagt: ›Geh ins Kloster und werde Nonne, denn wenn du heiratest, will dein Mann mit dir schlafen.‹ Bis ich 24 war, habe ich Nonnentracht getragen, aber dann war mir klar, daß ich keine wirkliche Berufung verspürte, sondern lieber Kinder haben wollte und einen Mann.« Was pornographische Filme anbetrifft, stellt Bernadette fest: »Ich mag solche Filme hin und wieder, aber irgendwie verderben sie einem auch die eigene Spontaneität und stören die eigenen Vorstellungen.« Sie meint damit, wie wir später noch sehen werden, daß die viel erregenderen Vorstellungen in der eigenen Phantasie entwickelt werden.

Vorbereitende Kommunikation

Mitteilungen über sexuelle Absichten können schon lange vor der körperlichen Begegnung gemacht werden – durch einen Brief, einen Anruf, einen Blick.

»Wenn ich aus dem Haus muß, hinterlasse ich ihm häufig kleine Botschaften. Manchmal nur so etwas wie ›Sei heute abend auf etwas gefaßt.‹ Ich parfümiere den Zettel oder auch ein Blatt von einem Rezeptblock mit dem Aufdruck ›Die beste Medizin‹ und zeichne ein kleines Bildchen von einem Mann und einer Frau, die sich gerade lieben. Manchmal lassen wir auch unser Sexualanleitungsbuch aufgeschlagen im Bad oder auf dem Bett liegen oder markieren eine bestimmte Stellung mit einem Zettel, auf dem steht: ›Wollen wir das heute nacht ausprobieren?‹«

Solche kleinen Mitteilungen sind dazu da, daß sich eine Frau in einer Art freudiger Erwartung auf die sexuelle Begegnung vorbereitet, sich auf ihr Verlangen und ihre Lust konzentriert und sich schon im Vorfeld selber scharfmacht. Durch die Mitteilung ihrer *eigenen Absichten* und in der Gewißheit, die Erregung ihres Partners dadurch zu entfachen, wird sie selber auch bestens stimuliert. »Manchmal rufe ich ihn im Büro an und sage: ›Ich bringe jetzt die Kleine ins Bett. Also, denk dran! Wenn du gleich nach Hause kommst, mußt du dich auf etwas gefaßt machen.‹ Dann kann ich ziemlich sicher sein, daß unser Essen mit der Nachspeise beginnt.«

Eine andere Frau sagt: »Normalerweise trage ich unter meinen Strumpfhosen keine Unterwäsche. Manchmal, wenn ich verliebter Stimmung bin oder mich sexy fühle, denke ich plötzlich daran. Und je nachdem, mit wem ich gerade zusammen bin, flüstere ich ihm vielleicht beim Essen oder beim Tanzen ins Ohr: ›Ich hab' nichts drunter außer meinen Strümpfen.‹ Er wird anfangen zu träumen, und ich versuche mir vorzustellen, wie sehr uns das vielleicht später an diesem Abend noch erregt.«

Kate, die Frau vom Anfang dieses Kapitels findet: »Durch Blicke kann man so unglaublich viel ausdrücken. Wenn mich jemand gut versteht oder schon lange genug kennt, dann weiß er, daß meine Augen alles über mich verraten. Oder meine Körpersprache. Ich mache absichtlich kleine Gesten – beim Autofahren zum Beispiel hin und wieder eine Berührung, ein bißchen Antippen. Oder ich zeige ein Stück Bein, mach' einen Knopf an der Bluse auf. Ich war mal zwei Jahre lang mit einem Mann zusammen, den das richtig verrückt gemacht hat. Und weil es ihn erregte, hat es mich auch scharf gemacht.«

Constance, die im Kapitel 2 über ihre Angst vorm Orgasmus berichtete, sagt: »Indem ich einen Partner in Stimmung zu bringen versuche, bekomme ich selbst richtig Lust. Sexy Nachtgewänder, Bikinihöschen, ein fast offener Reißverschluß, der gerade ahnen läßt, was drunter ist, ohne gleich alles zu enthüllen. Und das alles im Zusammenhang mit Blicken und Augen- und Körpersprache, einem deutlich einladenden Verhalten ...«

Alle oben angeführten Beispiele sind eher unausgesprochene, »nonverbale« Hinweise; die sexuellen Absichten werden mit nur wenigen Worten oder ganz ohne kundgetan. Aber meistens ist es doch ein Gespräch, das sexuelle Kontakte eröffnet.

Unter Liebespaaren ist es natürlich ohne weiteres möglich, »Liebling, ich liebe dich. Schlaf mit mir!« zu sagen. Aber manchmal muß man sich auch schnell in Stimmung bringen. Dazu Ursula, die 59jährige Farmerstochter aus Kansas: »Bevor wir uns lieben, bringen wir uns durch eine nette, leichte Unterhaltung in eine angenehme Stimmung. Nichts Tiefschürfendes oder gar Problematisches. Ich gebe meinem Mann das Gefühl, er sei für mich das einzige begehrenswerte männliche Wesen auf dieser Welt. Ich sage ihm, wie toll ich ihn finde und wie ich dies und jenes an ihm mag. Wir necken uns gegenseitig ein wenig. Und er genießt es sehr, wenn ich ihm Komplimente mache – so sehr, daß er vergißt, wie groggy er eigentlich ist. Ein bißchen schwindeln kann nicht schaden.«

Gewöhnlich ist ein solches Gespräch viel eindeutiger sexuell ausgerichtet, und die Dinge werden direkt beim Namen genannt:

> Ich sage ihm, daß ich gleich nach Hause komme und es ganz wild mit ihm treiben will. Oder ich kündige irgendwelche neuen und verrückten Sachen an, die ich mit ihm machen werde, so daß wir beide daran denken. Vor der Liebe über Sex zu reden genieße ich sehr.

> »Komm nachher ins Schlafzimmer rauf. Du kannst mir helfen, die neuen Kleider anzuprobieren, die ich gekauft habe. Und vielleicht führe ich dir auch meine neue Unterwäsche vor.«

> Ich liebe es, darüber zu reden, wie wir es beim nächsten Mal miteinander treiben. Oder ich sage ihm, daß ich neue Platten gekauft habe und daß mein Schlafzimmer voller Blumen ist. Oder einer von uns sagt: »Ich habe gerade wunderschöne seidene Bänder besorgt. Was glaubst du, was wir damit anfangen könnten?«

Und nun zu den Berührungen. Am besten drückt man den Wunsch nach Zärtlichkeiten und Sex natürlich durch Berührungen aus. Was könnte sexuelle Absichten besser vermitteln?

> Macht nichts, wenn er sich noch ein Fußballspiel anschaut. Ich setze mich bei ihm auf den Schoß und drücke ihn ein bißchen.

> Wir berühren uns gegenseitig. Ich streife ihn nur ganz leicht im Vorbeigehen, er tätschelt meinen Po oder auch mal den Busen.

> Ich nehme ihn in den Arm oder berühre ihn irgendwo körperlich, um ihm etwas mitzuteilen.

Wenn er nach Hause kommt und ich stehe gerade am Waschbecken, dann packt er von hinten meine Brüste, ich lehne mich rückwärts an ihn und kann es kaum erwarten ...

Ich versuche immer, einen Mann schon vorher zu berühren. Das versetzt einen in Kontaktstimmung. Dann kann ich mich auch besser auf meinen eigenen Körper und meine Empfindungen einstellen.

Vorbereitende Vorstellungen

Für Frauen, die leicht zum Orgasmus kommen, beginnen die Vorbereitungen auf das Liebesspiel meist mit erotischen Gedanken.

Früher wurden solche erotischen Gedankenspiele meist als Einzelerscheinungen und Ausnahmen angesehen und als »Phantasien« bezeichnet. Aber mit geistigen Betätigungen ist es so wie mit der Musik oder Kunst. Es gibt unzählige Arten und Abarten. Musik reicht von Hardrock über Discosound, romantische Balladen und Jazz bis hin zu klassischer Musik – um nur einige Varianten zu nennen. Sie alle unterscheiden sich in Rhythmus, Stimmungen und Klangfarbe, in der Orchestrierung, in Volumen und Tiefe, an Kraft und im Schwierigkeitsgrad. Dennoch ist das alles Musik. Darüber hinaus gibt es aber auch noch innerhalb jeder Sparte dieser Musikarten Unterschiede: Chopins Nocturnes, Beethovens Neunte und der Bolero von Ravel gehören in die gleiche Kategorie! Dementsprechend wollen wir auch die unterschiedlichen Töne der einzelnen Frauen herauszuhören versuchen. Das klingt etwa so:

Ich bringe meine Gedanken und Gefühle in Gang, indem ich mir die positiven Eigenschaften meines Mannes vorstelle.

Bevor ich ausgehe, lasse ich manchmal bewußt »Lady Chatterley« vor meinen Augen Revue passieren. Ich will damit meine Empfindungen schärfen.

Manchmal rufe ich mir, bevor ich mit jemandem ins Bett gehe, Bilder davon ins Gedächtnis, wie ich einmal auf den Bahamas am Strand gelegen und mich ganz entspannt und wohlig warm gefühlt habe. Ich versuche, mir diese entspannte Atmosphäre wieder vorzustellen.

Hin und wieder denke ich an andere Männer, bevor ich mit meinem Mann schlafe – wie es mit ihnen war und so. Das macht mich dann auf ihn scharf.

Ich stelle mir vor, wie es war, und bekomme sofort die gleichen Sensationen. Ich werde richtig geil dabei ... und ganz naß, nur weil ich daran denke.

Ich sehe immer eine Situation zwischen meinem Mann und mir vor meinem inneren Auge, wie wir es einmal früher miteinander getrieben haben. Und normalerweise reagiert mein Körper dann meinen damaligen Empfindungen gemäß.

Natalie, die lieber an Spitzen denkt als an Fesseln und Ketten, hat folgende Phantasien:

Für mich spielen Hände eine große Rolle. Manchmal, wenn ich mit jemandem nur so dasitze und rede, und er hat schöne Hände, dann überfällt mich blitzartig die Vorstellung, daß diese Hände meinen Körper streicheln und liebkosen.

Und Mimi, die Opernsängerin, sagt:

Wenn ich das Gefühl habe, daß ich wahrscheinlich mit jemandem schlafen werde, dann stelle ich mir schon den ganzen Tag lang vor, was ich am Abend anziehen möchte und was ich dann gerne tun würde. Ich gehe das in Gedanken immer wieder durch, damit ich mich dann ganz ungehemmt fühle, wenn ich es wirklich tue. Oder ich beschließe: »Mimi, das und das wirst du unbedingt tun«, so daß ich dann gar nicht mehr zurück kann.

Meredith, jene Frau, die erst immer eine Stunde brauchte, um in Fahrt zu kommen, dann aber herausfand, wie sie sich selbst in wenigen Minuten antörnen konnte:

> Ich sehe es regelmäßig ganz bildhaft vor mir, sowohl vor als auch während des Liebesakts. So ähnlich, wie wenn man bei einem Film mehrere Bilder gleichzeitig eingeblendet sieht. Ich sehe immer Schwänze. Sie schweben zuerst nur so herum, dann werden sie deutlich und konkret und ich kann sie *spüren*. Nicht »einen Mann«, nein, nur eine Empfindung, das Gefühl. Und auch die Bewegung dabei, den Rhythmus – raus und rein ... Und all das bevor er in mich eingedrungen ist.

Frauen, die leicht zum Orgasmus kommen, lassen sich also Tage, Stunden oder Minuten vor dem Liebesakt bestimmte Gedanken durch den Kopf gehen, irgendwelche vagen Empfindungen und Vorstellungen, ohne damit bewußte, ganz spezifische begriffliche oder bildliche Phantasien zu verbinden. Im allgemeinen sind solche Gedanken positiver Natur und unterstützen die sexuelle Bereitschaft dadurch, daß sie die als angenehm und erfreulich empfundenen Aspekte der Partnerschaft oder der Situation hervorheben. »Ich vergegenwärtige mir, weshalb ich Vertrauen zu ihm habe, und versuche dann, mich positiv auf ihn einzustellen.«

Dennoch sind solche »Gedanken« in Wirklichkeit geistige Vorstellungen und Bilder oder haben den Effekt, solche hervorzurufen. Eine Frau erklärte: »Wenn ich hier Gedanken sage, meine ich ›gedachte Bilder‹, die ich mir im Geiste erschaffe.«

Die meisten von uns gehen üblicherweise davon aus, daß diese gedanklichen Vorstellungen visuell erfahren werden. Aber solche Imaginationen können sich auch im Bereich des Hörens und als körperlich spürbare Berührungen äußern, also indem man sich Geräusche und Worte in Erinnerung zurückruft oder vorstellt, oder auch Berührungen, Bewegungen, körperliche Empfindungen, Eindrücke. Wir wollen solche Aktivitäten in diesem Buch als *Imaginationen* bezeichnen. Vorbereitende Imaginationen finden statt, noch bevor eine Frau mit ihrem Partner in körperlichen Kontakt getreten ist, manchmal auch während der Anfangsphase des Liebesspiels.

Solche Vorstellungen müssen nicht immer ausgesprochen sexuell ausgerichtet sein. Manchmal sind es einfach Bilder, die sich auf genußvolle, erfreuliche oder entspannende Erlebnisse beziehen, die geeignet sind, ein Gefühl von Entspannung oder von Zusammengehörigkeit und Liebe hervorzurufen:

> Ich denke an ihn, wie ich ihn auf unserer Hochzeitsreise erlebt habe. Ich lag am Strand und sah, wie er auf mich zukam. Himmel, er sah so fabelhaft aus! Ich könnte schwören, daß ich dieses Bild, wie er da auf mich zukam, so braun und attraktiv und stark, mein Lebtag nicht vergessen werde. Das sitzt tief in mir drin, ich spür's wie meinen Atem, ein tiefes »Ah«!

Mit diesem Bild ruft die Frau gleichzeitig starke körperliche Empfindungen hervor. Sie hat ähnliche Glücksgefühle, auch wenn sie sich ihren Mann beim liebevollen Umhertollen mit ihrem Hündchen vorstellt. Allerdings berichtet sie, daß diese Imaginationen nie während des tatsächlichen Geschlechtsakts vorkommen. Dann hat sie keinerlei visuelle Phantasien, sondern nur »Gedanken« oder körperlich spürbare Sensationen, die irgendwelchen früher empfundenen Regungen entsprechen.

Häufig sind aber die vorbereitenden Imaginationen deutlich sexuell bezogen. Visuelle Vorstellungen von früheren Geschlechtsakten kommen sehr oft darin vor. Frauen denken dabei meist an den Partner, mit dem sie gerne zusammen wären:

> Ich sehe frühere Situationen mit meinem Mann. Die aufregendsten Momente früherer Liebesakte: zum Beispiel im Wochenendhaus meiner Eltern oder eine Situation, bei der wir von jemandem überrascht wurden.

> Ich lasse im Zeitraffer einen ganzen Abend vor meinem inneren Auge ablaufen: Wie wundervoll es war mit meinem Liebhaber; die Verführung, die Entspannung hinterher. Dann bin ich wirklich erregt, wenn es Zeit ist, zum Orgasmus zu kommen.

Andere vorbereitende Imaginationen können auch darin bestehen, sich ein vergangenes Ereignis mit einem anderen Partner in Erinnerung zu rufen.

> Manchmal male ich mir aus, wie es früher war, in den schönsten Momenten. Das kommt mir einfach so in den Sinn, ich mache es nicht vorsätzlich.

Dieser letzte Satz betont einen Aspekt, der vermuten läßt, daß vorbereitende Vorstellungen – vielleicht sogar jegliche Imaginationen – nicht immer absichtlich von den Frauen herbeigeführt werden, sondern ihnen eher zufällig in den Sinn kommen.

Wir reden auch immer wieder von »Phantasien«, aber wir benutzen diesen Begriff in einem ganz spezifischen Sinn, nämlich für eine Art von psychischen Vorstellungen, in denen eine Frau sehr ausgedehnte innere Imaginationen von sich selber und/oder anderen Personen entwickelt, die mit irgendwelchen bestimmten Dingen zu tun haben. Solche Phantasien können rein sexuelle Aktivitäten beinhalten (also klar und deutlich zwei nackte Körper beim Liebesakt darstellen) oder auch eher romantisch sein, wobei dann auch die Umgebung eine Rolle spielt und einbezogen ist.

»Wenn ich wirklich eine Phantasie heraufbeschwöre und wie in einem Film ablaufen lasse, dann stelle ich mir vor, wie mein Mann und ich etwas zusammen tun. Es ist eher eine romantische Situation, keineswegs die pure Sexualität. Wir spielen diese Rollen auch durch, dann wird es ein richtig anregender Film. Wir haben tatsächlich ein paar obszöne Filme an einem Pornoabend an der Uni angeschaut: ›Deep Throat‹, ›Der Teufel in Miss Jones‹ und ›Hinter der grünen Tür‹. Stimmt zwar, daß manche Stellen in diesen Filmen eher dünn und lachhaft sind, aber ich fand sie zu großen Teilen sehr unterhaltsam. Als ich hinterher nach Hause kam und manchmal auch noch Monate später, habe ich mich selbst in solche Szenen hineinprojiziert, manchmal zur Einstimmung und auch während des Liebesakts. Das gleiche gilt für Bücher. Auch wenn sie nicht eindeutig sexy sind, können mich Bücher sehr antörnen. Bei Büchern projiziere ich mich zwar nicht so richtig in die Handlung hinein, aber ich werde erregt und übertrage dann die Situation auf mich.« Diese Stellungnahme stammt von Meredith. Sie kann präzise ausdrücken, was sie empfindet und ist sich ihrer Phantasievorstellungen genau bewußt. Wir haben sie aber zitiert, um noch einen anderen Gesichtspunkt hervorzuheben: Viele der Frauen, die leicht zum Orgasmus gelangen, haben eine große Bandbreite von Vorstellungsmöglichkeiten zur Verfügung, und sie suchen sich entsprechend ihrer jeweiligen Situation und ihrer sich ändernden Vorlieben und Stimmungen die gerade jeweils passende heraus.

Wendy, die schon von ihrem Schlüsselerlebnis mit Zarek erzählt hat, nennt ihre vorbereitenden Phantasien die »Was wäre wenn«-Vorstellungen. »Aber sicher, ich habe solche Phantasien. Ich stelle mir vor, wie überrascht ein Mann mich anschaut, wenn ich anfange, meine Kleider auszuziehen. Und als nächstes kommt dann die Szene, wie wir's auf der Couch oder sonstwo miteinander treiben. Ich nehme an, Männer machen es ebenso. Sie stellen sich vor ›Was wäre, wenn ...?‹«

In ihrem Report über das sexuelle Verhalten der Frauen fanden Alfred Kinsey und seine Kollegen heraus, Frauen hätten im Durchschnitt weniger sexuelle Phantasievorstellungen – also nicht zwangsläufig auf den Geschlechtsakt bezogene Phantasien – als Männer. Es wurde gemutmaßt, das könnte auf die Tatsache zurückzuführen sein, daß Männer im allgemeinen immer schon mehr erregt sind, »bevor ein sexuelles Beisammensein beginnt und bevor sie mit dem weiblichen Partner körperliche Kontakte irgendeiner Art ausgetauscht haben«. Kinsey hat in seinen Untersuchungen aber keinerlei psychische Aktivitäten während der sexuellen Beziehungen untersucht.

Wir haben nun herausgefunden, daß unsere Test-Teilnehmerinnen speziell während eines Sexualkontakts, aber auch schon davor, eine stark ausgeprägte, wenn nicht sogar extreme Neigung zu sexuellen Phantasien entwickeln oder, ganz allgemein, über eine enorme erotische Vorstellungskraft verfügen. Von den 60 Frauen, die an unserer Studie teilnahmen, berichteten 56, daß sie zumindest hin und wieder bewußte Vorbereitungen auf einen Sexualkontakt betreiben – sowohl im ›körperlichen‹ als auch im psychischen Sinn. Körperliche Vorbereitungen führen ganz natürlich auch zur psychischen Erregung. Wenn also Darcie, Kate oder Grace sich äußerlich auf einen bevorstehenden Sexualakt vorbereiten und konzentrieren, dann betreiben sie damit auch gleichzeitig eine psychische Einstimmung. Es war interessant zu hören, daß jene vier Frauen, die berichteten, sie würden keinerlei bewußte Vorbereitungen auf ihre sexuellen Begegnungen treffen, an anderen Stellen der Befragung dennoch vorbereitende Imaginationen und Gedanken beschrieben haben. Die grundsätzliche Bereitschaft, sich selbst in Stimmung zu bringen, könnte in der Tat eines der Charakteristika sein, das leicht zum Orgasmus kommende Frauen von den weniger orgasmischen unterscheidet.

Dazu noch eine einschränkende Bemerkung: Zwei Frauen erwähnten, ein Zuviel an Vorausplanung und Vorbereitung könne zu einer Art Schuß nach hinten werden, weil es Enttäuschung und Unbehagen zur Folge haben könnte, falls sich die Erwartungen nicht erfüllen. Mehrere Frauen sagten auch, sie würden zwar hin und wieder auch Vorbereitungen treffen, aber spontane Entwicklungen bevorzugen.

Auf alle Fälle dienen alle Vorbereitungen auf sexuelle Kontakte – physisch sowohl als auch mental, konzentrationsfördernd als auch entspannend – nur einem ganz natürlichen Zweck – unabhängig davon, ob sie nun dazu beitragen, daß eine Frau ihr Selbstvertrauen in ihre sexuellen Fähigkeiten dadurch aufrecht erhält oder ob sie sich damit bis kurz vor dem Höhepunkt stimuliert –: Auf diese Weise ist die Frau von vornherein ›angeheizt‹. Und das erhöht die Wahrscheinlichkeit, daß sie Spaß hat an ihrer sexuellen Begegnung und mit dem Partner auch zum Orgasmus kommt.

Generalprobe

Viele Frauen, die leicht zum Orgasmus kommen, machen im Geist eine Art Probelauf, wenn eine sexuelle Begegnung bevorsteht.

Rita ist Anfang 30, eine attraktive Fau aus einer jüdischen Familie, die man etwa im Grenzbereich zwischen orthodoxem und normal/konservativem Judentum ansiedeln kann. Sie ist zur Zeit Einkäuferin einer großen Abteilung eines Kaufhauses, hat lange kastanienbraune Haare und die Zähigkeit der hageren Langstreckenläuferin, die – um Aggressionen abzubauen –

regelmäßig ihre zehn Kilometer läuft. Sie kommt aus der Gegend von L. A.

»Meine Mutter hat wohl immer geglaubt, wenn ich während meiner Highschoolzeit zu einer Party mit irgendwelchen Jungen verabredet war, daß alles ganz brav vor sich ging: helles Licht, ein bißchen Getanze und die jeweiligen Mütter wären dabei und tischten uns Hot-Dogs auf. Na ja, Mutter war so eine Art Traumtänzerin.

Tatsächlich war es meistens so, daß irgendein älterer Bruder uns Bier oder billigen Whisky besorgte und wir dann zu jemandem nach Hause gingen, dessen Eltern gerade verreist oder sonst irgendwie außer Haus waren. Und wir becherten und knutschten und poussierten. Zum einen Teil machte ich zu der Zeit alles, was von mir erwartet wurde, und zum anderen tat ich, was mir richtig und gut erschien.«

Mit 14 schlief Rita zum erstenmal mit einem Jungen. Ihren ersten Orgasmus erlebte sie mit 19. Richtig andauernd orgasmusfähig wurde sie erst mit Ende 20. »Da begann ich mich wirklich zu öffnen und meine Sexualität zu entdecken. Und ich masturbierte immer häufiger. Ich war sehr daran interessiert, zum Orgasmus zu kommen, weil es so ein gutes Gefühl war. Wenn ich festgestellt hätte, ein einarmiger Handstand würde Wunder wirken, dann hätte ich zu meinem Partner gesagt: Sieh mal, Schatz, ich hab' was Neues entdeckt, was wir mal ausprobieren sollten.«

Damals fing Rita auch an, sich auf ihre sexuellen Begegnungen vorzubereiten. »Im Laufe des Tages kommen mir ein paar kleine Phantasievorstellungen, wie es wohl sein könnte, wenn wir miteinander schlafen. Dann denke ich so für mich: Wie werde ich wohl dies oder jenes ansprechen? Ich probiere ein paar Sachen aus, die ich sagen könnte, stelle mir probehalber vor, was er dazu sagt. Durch so 'ne Art Generalprobe weiß ich dann, worauf es hinausläuft und was ich tun werde.

Ich bringe mich in die richtige Verfassung. Wenn es eine sehr lustvolle Angelegenheit zu werden verspricht, kann ich mich durch das, was ich anziehen werde oder was ich vorhabe, in Stimmung versetzen. Es kann sein, daß ich die große Schlampe spiele oder das liebe kleine Mädchen, die viktorianische Prüde oder wonach mir sonst zumute sein mag. Ich denke schon vorher darüber nach – über das Wie und Was –, aber ich mache mir keinen genauen Plan.

Meine Lieblingsrolle nenne ich ›die geheime Femme Fatale‹. Nach außen entspricht diese Rolle dem Wolf im Schafspelz, indem ich den Eindruck erwecke, ich sei die brave kleine Sekretärin im netten Kostümchen mit Brille und hochgestecktem Haar und fein säuberlich bis oben zugeknöpfter Blue. Aber wenn die Haare runtergelassen werden und die Brille abgenommen wird, dann kommt was ganz anderes zum Vorschein. Picobello, aber sexy. Sanft, feminin, trotzdem sexy. Es muß immer alles mit ein bißchen Sex gewürzt sein. Ich kann auch jederzeit andeuten, wenn mir danach zumute ist, dazu muß ich die Sache nur immer im Griff haben. Vielleicht nicht so sehr, daß ich alles steuere und in der Hand habe. Aber in meinem Kopf ist alles voll unter Kontrolle. Ich muß wissen, worauf ich mich geistig einstimmen soll: Einmal bin ich die Schlampe, ein andermal die Naive oder die Intellektuelle. Und dadurch bin ich sicher, daß die Rolle, die ich spiele, von mir ausgeht, daß ich die Sache steuern kann, damit's was wird und klappt. Man baut dadurch das Vertrauen in sich selbst auf, bekommt ein sicheres Gefühl für die eigene Sexualität. Ich merke, daß ich mich in mir selbst wohlfühle, wenn ich zurechtkomme mit dem, was ich anhabe. Wenn ich mich in meinen Gedankenrichtungen auskenne, wenn es mir gefällt, wie der Abend sich entwickelt und daß er mit ziemlicher Sicherheit darin enden wird. Wenn man seiner Sache sicher ist, dann ist man auch nicht so schüchtern. Vertrauen haben in sich selbst, das heißt, man muß sich nicht verstecken, kann sich offen zeigen. Deshalb male ich mir in meinen Gedanken Bilder aus von Dingen, die ich *schon einmal erlebt habe.* Ich weiß, wie ein Orgasmus sich anfühlt. Ich kenne das Gefühl des Enthemmtseins. Ich weiß, wie es ist, wenn man sich bei vollem Tageslicht liebt. Ich kenne mich darin aus, wie es ist, den Körper eines anderen zu entdecken. Ich habe all diese Empfindungen schon erlebt. Wenn ich sie mir bildlich vorstelle, mir in Erinnerung zurückrufe, daß ich sie zustandebringen werde, weil ich sie schon einmal erlebt habe, dann habe ich auch die Gewißheit, daß ich sie wieder erleben werde.

Wenn ich mit einem Mann ins Bett gehe, gibt es vorher immer eine Etappe der Verführung. Den Anfang macht der Flirt, das

Gespräch, das Herantasten aneinander, um zu wissen, wie man sich näherkommen kann. Selbst wenn ich mich zu jemandem nicht extrem hingezogen fühle oder nicht so fürchterlich wild auf ihn bin, weiß ich trotzdem, wie ich mich in Stimmung bringen kann. Ich werde verführerisch sein. Oder spröde. Oder die Femme Fatale spielen. Ich werde kokettieren. Und das heizt mich an. Die körperliche Anziehung, die ein Mann auf mich hat, hängt davon ab, wie orgasmisch ich mit ihm bin. Ich bin entschlossen, nie mehr keine Lust am Sex zu haben. Ich will meinen Spaß haben.«

Rita stellt sich bestimmte Rollen vor und probt sie. Sie überlegt, welche Stimmung und welche Facette ihrer Persönlichkeit sie ausagieren möchte. Indem sie vorher eine bestimmte Situation durchspielt, etabliert sie ihr Selbstvertrauen in ihre Sexualität und steigert ihre sexuelle Erregbarkeit. Nur wenige Frauen an unserer Studie denken ihre sexuellen Begegnungen vorher so ausführlich durch wie Rita. Dennoch sind Rollenspiel und innerliche Generalprobe die geläufigsten vorbereitenden gedanklichen Vorstellungen. Ungefähr ein Drittel aller Teilnehmerinnen berichten von solchen Imaginationen vor sexuellen Begegnungen.

> Ich entwickle bildliche Vorstellungen mit Dialogen und Gesprächen. Dadurch lenke ich meine Gedanken auf Sex.
>
> Je mehr ich darüber nachdenke, desto besser ist es. Ich lasse eine Verführungsszene in meinem Kopf ablaufen und konzentriere mich auf die Empfindungen und Emotionen, die ich dabei verspüre.
>
> Ich mache mir einen Plan, wie ich ihn verführen werde, aber ich bin dabei flexibel. Wenn wir miteinander schlafen, richte ich mich nach meinen eigenen momentanen Bedürfnissen.

Es sieht so aus, als wäre die Verführungsphase eine extrem wichtige Angelegenheit innerhalb der vorbereitenden Durchlaufprobe. Tatsächlich beziehen sich viele Imaginationen nur auf dies eine: die Verführung. Das sollten die Partner in Betracht ziehen und wissen: ein bestimmtes Maß an Verführung und Vorbereitung ist für ein befriedigendes sexuelles Zusammentreffen immer erstrebenswert – manchmal auch absolut unerläßlich.

Erinnern Sie sich noch an Kate, die gern neckisch ein Bein entblößte oder die Bluse aufknöpfte? Vielleicht glauben Sie, das käme auch in ihrer Vorstellung von Verführung vor. Stimmt aber nicht.

»Noch während wir beim Essen sind und reden, ziehe ich ihn im Geiste langsam aus. Ich sehe ihn vor mir ohne Kleidung, stelle mir vor, wie er sich anfühlt, wie seine Haut ist. Ich taste mich an ihn heran. Und mal angenommen, wir waren schon vorher essen, haben uns geküßt, und ich bin sicher, wir werden zusammen ins Bett gehen, dann nehme ich die Sache in die Hand. Ich stelle mir vor, wie es ablaufen soll, wie ich auf ihn reagieren werde, ob ich ins Schlafzimmer gehe und mir schnell etwas Verführerisches anziehe. Oder etwas, das total pervers aussieht, ob ich auf liederlich oder auf unschuldig mache und mich lieber von ihm ausziehen lasse. Es haut fast immer richtig hin. Ich spüre, daß ich die Dinge vollkommen im Griff habe und weiß, was als nächstes passieren wird. Ich weiß, wie ich mich scharfmachen kann. Wenn ein Mann mich mal nicht von sich aus genug erregen mag, dann mach' *ich* es eben selbst.«

Wir sollten allerdings hervorheben, daß Kates Vorbereitungen und ihr Liebesspiel weder mechanisch noch vorkalkuliert sind. Sie ist jederzeit bereit, ihre eigene Erregung selbst voranzutreiben, aber lieber ist es ihr, wenn der Mann es in ausreichender Form von sich aus tut.

Eine Frau erzählt von ihren durchgehend verbalen, akustischen Imaginationen (»Die Worte kommen mir in den Sinn und ich höre sie wirklich: ›Ich bin stark, ich bin sexy, ich bin eine tolle Frau, schwarz, sexy und stark.‹ Damit baue ich mich selber auf.«) und von Phantasien, die ihre sexuellen Vorlieben und Erlebnisse heraufbeschwören: »Ich stelle mir körperliche Berührungen vor. Ich sehe zwei nackte Körper, die sich gegenüberstehen, sich zärtlich aneinander reiben. Das bringt mich in Stimmung und hilft mir, mich scharfzumachen. Das sehe ich immer vor mir, wenn ich an Sex denke. Berührungen sind für mich das wichtigste, am schönsten ist für mich der Moment vor der Penetration. Ich nehme an, solche Bilder symbolisieren insgesamt die Lust an Berührung und am Sex.«

Noch weitere vorbereitende Phantasievorstellungen sind eng verbunden mit lustvollen und erregenden Gefühlen. Nora, die Frau, die von ihrer besonderen Art und Weise des Liebesakts erzählt hat, beschreibt sie wie folgt:

»Es ist keine spezielle Person, sondern ich stelle mir jemanden vor, ohne sein Gesicht zu kennen. Ich mache die Augen zu und warte, was geschieht. Irgendwoher taucht eine mysteriöse Hand auf, berührt mich. Ich kann mich an Zeiten erinnern, als mir dieses Bild immer wieder in den Sinn kam. Es ist wie eine Art ›Déjà vu‹, das mich an etwas erinnern will. Und der Gedanke daran, wie aufregend das wäre, bringt mich schon in Fahrt. Es ist keine Phantasie im eigentlichen Sinne, weil ich nicht versuche, mir ein Gesicht oder eine Situation dazu vorzustellen. Manchmal kann ich die Szene unterbringen, ich erinnere mich an ein entsprechendes sexuelles Erlebnis und kann ihm ein Gesicht geben. Aber dann möchte ich dieses Gesicht doch lieber wieder verschwinden lassen, weil es die Empfindungen schmälert, wenn sie mit einer bestimmten Person verbunden sind. – Wenn ich mit jemandem geschlafen habe, aber an dem Abend nicht zum Orgasmus gekommen bin, weil ich vielleicht zuviel getrunken hatte oder aus anderen Gründen, möchte ich im allgemeinen dringend am nächsten Morgen fertig werden. Ich bin ganz wild darauf, fange an, daran zu denken, wie es ist, wenn es mir kommt, an die Empfindungen, die irre Erregung. Selbst wenn mein Partner noch nicht richtig wach ist, möchte ich, daß er mich streichelt, auf der Stelle damit beginnt. Ich bringe mich in Fahrt, sage mir, wie geil ich bin – das geschieht manchmal fast verbal – und dann stelle ich mir vor, wie aufregend es weitergeht. Ich bilde mir ein, er würde sich mir zuwenden, mich berühren. Zuerst nur ganz wenig, dann werde ich in meinen Vorstellungen detaillierter. Ich stelle mir vor, wie er meine Klitoris berührt, seinen Finger in mich reinsteckt. Ich bilde es mir nur ein, aber wenn er dann nur ein bißchen meine Brüste streichelt, dann geh ich los wie eine Rakete.«

Bühne frei – Vorhang auf

Wenn eine sexuelle Begegnung bevorsteht oder auch während der Frühphase des Liebesspiels, wollen viele der leicht zum Orgasmus kommenden Frauen gern eine erotisch anregende Atmosphäre und Umgebung um sich herum schaffen. Oft wird ein üppiges, wollüstiges oder ein romantisches Umfeld gewünscht:

> Ich liebe es, wenn die Stimmung romantisch ist. Dazu viel samtige Stoffe, Kerzenlicht und Musik. Und vorher ein gemeinsames Bad.

> Wenn ich weiß, er ist auf dem Weg nach Hause, zünde ich Kerzen und Räucherstäbchen an und zieh mich um. Wenn er die Tür aufmacht, weiß er gleich, daß ich ihn schon erwarte.

> Ich bringe uns in die richtige Stimmung. Wir springen schnell in den Pool, dann setzen wir uns an den Kamin, trinken ein Glas. Kaminfeuer ist so romantisch, wenn man auf dem Sofa miteinander schmust. Oder auch einfach am Boden.

Manche Vorbereitungen enthalten Botschaften und Hinweise:

> Wenn mir nach Fesseln zumute ist, dann lasse ich meine Strümpfe einfach auf dem Stuhl oder auf dem Bett liegen.

> Ich liebe die Natur und mag gern im Freien vögeln; im Wald oder auch am Strand. Wenn ich ein Picknick vorschlage oder einen Mondscheinspaziergang und meine kleine Decke einpacke, dann versteht er den Hinweis.

> Ich zeige, daß ich Lust hab', ihn zu verführen, gebe mich mutwillig, indem ich meinen Pelzmantel auf dem Bärenfell ausbreite. Er weiß, daß ich's dort zu gern mit ihm treibe.

Und Frauen, die hin und wieder mal ganz gern irgendwelche Rollen und Phantasien ausagieren möchten, sehen zu, daß die nötigen Accessoires dann auch immer in Griffnähe sind.

Außerdem sei zum Schluß noch einmal erwähnt, daß vor dem körperlichen Kontakt oder in anfänglichen Phasen des Liebesspiels erotische Kleidungsstücke der Einstimmung dienen. Ungefähr die Hälfte der Frauen benutzt gelegentlich oder auch häufig eindeutig erotische und aufreizende Kleidungsstücke, um ihre Partner zu erregen und zu verführen. Aber auch zu ihrem eigenen Vergnügen.

> Ich besitze wundervolle Nachtgewänder, aber es reicht eigentlich, wenn sie sehr einfach und sehr anschmiegsam sind.

> Ich mache die Tür auf – und hab' nur meine Unterwäsche an.

> Ich gehe nackt an die Tür.

> Ich liebe Strumpfgürtel und Strapse. Sie haben so etwas Verruchtes.

> Negligés, Strümpfe und Strapse, darauf steh' ich sehr. Darin fühl' ich mich immer so sexy und weiblich.

> Mein Brautkleid paßt mir zwar nicht mehr allzu gut, aber es ist von oben bis unten geknöpft: also, 60 weiße Knöpfe zum Aufmachen. Ich mag's nicht, wenn man schnurstracks aus der Wäsche springt. Ich finde es wunderbar, langsam Stück um Stück abzulegen ...

> Seidenstrümpfe, hohe Hacken und Strapse, aber auch mein Rock, der bis zur Taille geschlitzt ist – wow! Und Höschen, die in der Mitte offen sind, es macht mir Spaß, sowas anzuziehen. Ich mag es, wie ich darin aussehe, und ich liebe das Gefühl von Seide auf der Haut.

Leicht orgasmische Frauen sind »vorgewärmt«, bevor es losgeht, kennen ihre Stimmungen, haben sexuelles Selbstvertrauen und gehen »angeregt« an den Start ihrer sexuellen Begegnung. Und jetzt geht der Vorhang auf: Für die orgasmische Frau beginnt der Sexualkontakt, wenn sie sagt: Achtung, fertig, los ...

Direkt aufs Ziel zu 5

Wenn ich mit jemandem schlafe, habe ich das Gefühl, mich in eine andere Welt zu begeben. Ich verdränge alles andere um mich herum, außer wo ich momentan gerade bin und was ich tun will. Es gibt für mich dann nichts anderes mehr auf dieser Welt als diesen einen Raum und dieses eine Bett.

Vivian

Alle Frauen haben ohne eine einzige Ausnahme in einem Punkt übereingestimmt: Um mit einem Partner zum Orgasmus zu kommen, müssen sie in Gedanken und psychisch »voll dabei sein« und sich ganz auf den Liebesakt konzentrieren. Sie lösen sich völlig von der Welt »da draußen«, so daß es für sie in dem Moment »nur mehr das eine gibt«.

Darcie:
Ich sage mir: »Heute abend will ich mit ihm schlafen, und ich werde alles andere, soweit es möglich ist, aus meinen Gedanken verbannen.« Ich will mit ihm schlafen, und für den Augenblick kann ich dann an nichts anderes denken als an Sex.

Mimi:
Wenn wir uns lieben, sag' ich dem Rest der Welt Adieu.

Nora:
Wenn ich mich auf Sex einstelle, konzentriere ich mich voll auf die Situation, stelle mich selber psychisch darauf ein und versuche, meinen Liebhaber zu erregen und mit meiner Stimmung anzustecken.

Wendy:

Ich gebe mich ganz hin, wenn ich mit jemandem beisammen bin – selbst, wenn es nur ganz auf die Schnelle ist: Meine ganze Aufmerksamkeit konzentriert sich auf die jeweilige Person, und ich bin voll da.

Andere Frauen sagen:

Ich mache die Augen zu, spüre meine Haut, meine Nerven und beginne, mich auf mich selbst zu konzentrieren – auf meine Person als Ganzes.

Sich aufeinander einstellen und an nichts anderes denken als an den Liebesakt. Eine eigene Welt dafür schaffen.

Konzentration, eine positive, entspannte Haltung – das wirkt Wunder.

Entspannung ist oft die notwendige Voraussetzung für Konzentration. Einige Frauen haben das Glück, schnell vom Alltagsgetriebe auf die Situation des Liebesspiels umschalten zu können, aber die meisten brauchen Zeit zum Abschalten, bevor sie sich konzentrieren können.

Ginger ist eine junge Frau von 21 Jahren, sie hat rötlichblonde lockige lange Haare und kühle, wache grüne Augen. Sie hat zwei kleine Kinder, ist gesellig und gesprächig. Sie hat kaufmännischen Ehrgeiz und hofft, eines Tages ein eigenes Geschäft zu eröffnen. »Wenn ich einen anstrengenden Arbeitstag hinter mir habe, bin ich einfach nicht richtig darauf vorbereitet, um zum Orgasmus zu kommen. Ich muß mich eine Weile zurückziehen können von den Kindern und der Hausarbeit, bevor wir miteinander schlafen. Für gewöhnlich lege ich mich hin und relaxe. Ich verdränge die Kinder aus meinen Gedanken, strecke meinen Körper aus, dann denke ich ganz gezielt an einzelne Teile meines Körpers und entspanne sie einzeln nach und nach. Ein Bad tut gut, auch das Gespräch mit meinem Mann, um die Intimität herzustellen. Wir haben nur begrenzt Zeit füreinander, wir müssen uns also aufeinander einstimmen, um die Zeit gut zu nutzen. Ich brauche nur etwa zehn Minuten am Tag, um mich zu entspannen, eine Zigarette zu rauchen oder ein Glas Wein zu trinken, dann bin ich bereit für den Orgasmus ...«

Durch solche Entspannungsübungen machen sich die Frauen den Kopf frei und schaffen sich den Raum in ihrem psychischen Bewußtsein, den sie für ihre erotische Stimulierung brauchen. Sie richten ihre inneren Energien auf Sex aus, vertreiben Müdigkeit und Anspannung durch ein paar Minuten Ausruhen, ein Bad, Massage oder Gymnastikübungen. Damit erneuern sie ihre Kräfte, stellen sich ein auf ihren Körper und öffnen sich für die Bereitschaft zu lustvollen sexuellen Empfindungen.

Einige Frauen sind in der Lage, vor dem Liebesakt einen inneren Geisteszustand herzustellen, der sich am besten als »Heiterkeit« bezeichnen läßt.

Eve, die single lebt, ist Anfang 20 und arbeitet als Kellnerin, um sich während des Studiums Geld dazu zu verdienen. Sie ist sportlich, begeisterungsfähig und wendig, aber auch zielgerichtet – sanft entschlossen, auf die Dinge zuzugehen. Beim Liebesakt bemüht sich Eve ganz bewußt, sich auf den Augenblick zu konzentrieren. »Ich denke nur an das, was ich gerade tue, an meinen Partner, an seine und meine Reaktionen. Wenn ich feststelle, daß ich nicht richtig scharf bin, weil ich in Gedanken nicht ganz bei der Sache bin, dann versuche ich, mich anzutörnen, indem ich direkt an sexuelle Dinge denke, an Berührungen, an Sachen, die mich anmachen. So bring ich mich wieder ins Hier und Jetzt zurück. In seltenen Fällen rufe ich mir vielleicht auch bewußt irgendwelche Szenen in Erinnerung, die mir in einem Pornofilm gefallen haben, aber für gewöhnlich denke ich daran, was ich mit meinem Partner tue, wie sehr ich es mag, wenn ich ihn berühre, wenn ich seinen Penis anschaue und mir sage ›Ist das nicht ganz phantastisch! Das macht dich doch ganz verrückt, das törnt dich an, das ist wirklich sexy, erregt dich! Geil!‹ Ich bringe mich mit meinen eigenen Gedanken hoch.«

Während des körperlichen Kontakts mit ihrem Partner hat Eve nur selten visuelle Phantasien. Sie mag lieber verbale Stimulierungen oder konzentriert sich in Gedanken auf ihre Empfindungen. Dennoch wendet sie in frühen Phasen des Liebesspiels oder sogar noch davor eine Art »entspannender Phantasievorstellung« an: »Eine meiner Lieblingsvorstellungen ist eine

Art Vision von mir selber. Ich laufe barfuß durch die Felder, trage ein langes Gewand, das zusammen mit meinen offenen Haaren im Wind hinter mir herweht. Dann ›rettet‹ mich ein Ritter in einer schimmernden Rüstung. Natürlich kommt er auf einem Pferd angeritten. Dieser wunderschöne Prinz hebt mich auf sein Roß und reitet mit mir davon. Manchmal kann ich ihn auch dazu bringen, daß er absteigt, mir durch die Felder folgt, sich mit mir ins Gras legt und mich liebt – ganz ruhig, sanft und friedlich . . .«

Eine andere Frau benutzt immer eine ganz bestimmte Vorstellung, um sich zu entspannen: »Ich habe sie von einer Frau gelernt, die psychologisch tätig ist. Und ich wende sie häufig an. Manchmal nur zur Entspannung, ein anderes Mal auch direkt vor dem Sex. Alle Szenendetails bleiben immer total gleich. Ich bin allein, sehe mich allein durch den Wald gehen, dann die Stufen zu einer kleinen Hütte emporsteigen. Die Stufen bestehen aus Eisenbahnschwellen, der Weg ist eingefaßt von Usambaraveilchen, Rhododendronbüschen und Schneeballsträuchern. Alles blüht, und ich schaue mir jeden Blumentopf, jeden Nagel im Holz der Hütte genau an. Drinnen in der Hütte setze ich mich auf eine Bank. Ich kann jemanden herbeirufen, wenn mir nach Reden zumute ist, wenn ich über etwas sprechen will, das mich belastet. Aber ich kann auch einfach allein dasitzen und meditieren, bis mein Körper sich ganz entspannt und ruhig anfühlt. Dann kehre ich um, gehe wieder die Treppen hinunter, nehme wieder jedes Detail wahr, und alles ist angenehm und ruhig . . .«

Entspannung durch Alkohol und Drogen wurde auch angesprochen, wobei die Frauen, die an der Studie teilgenommen haben, bei den Drogen aber fast ausschließlich Kokain und Marihuana erwähnten. Die meisten Frauen mieden exzessiven Gebrauch derartiger Substanzen oder lehnten sie ganz ab, und – soweit es uns möglich war, das zu ermitteln – es war keine der Teilnehmerinnen von irgendwelchen Rauschmitteln abhängig. Unter den Frauen, die sie probiert hatten, sprachen einige von neuartigen oder gesteigerten sexuellen Erlebnissen oder von einer leichten Enthemmung. Aber keine der Frauen konnte bestätigen, daß ihre Orgasmusfähigkeit durch Drogen verbessert worden wäre. Die Mehrzahl der Frauen, die solche Substanzen benutzt hatten

– meist handelte es sich um Alkohol in kleinen Mengen –, hatten es getan, um sich besser entspannen und sexuell einstimmen zu können.

Allerdings waren sich sämtliche Frauen, die jemals irgendeine dieser Drogen ausprobiert hatten, darin einig, daß der übertriebene Genuß leicht dazu führen kann, daß die Orgasmusfähigkeit *leidet.* Und – was vielleicht noch wichtiger ist – den Ablauf von Geben und Nehmen in einer Beziehung stören kann. Sie fanden, Drogen könnten die Sinne abstumpfen, träge machen, die Konzentrationsfähigkeit und Energie schwächen, die Kontrolle der Muskeln stören und das Interesse an der Gemeinsamkeit herabsetzen. Generell wollten die Frauen, die an der Studie beteiligt waren, lieber mit wachen Sinnen »bei der Sache sein«, mit ihrem Körper lustvoll reagieren können und den sexuellen wie zwischenmenschlichen Kontakt mit dem Partner voll auskosten, nicht den Drogenrausch.

Ablenkung ausschließen

Indem sie sich auf eine sexuelle Begegnung vorbereitet und sich entspannt, stellt sich eine Frau langsam auf die zu erwartenden Freuden ein, bis für sie während des Liebesspiels nichts anderes als die momentane Situation mehr existiert. Doch natürlich ist auch mit Störungen während des Liebesspiels zu rechnen: wenn das Telefon klingelt, wenn ein Kind in seinem Bettchen aufwacht und schreit. Oder wenn unangenehme Gedanken im Kopf herumwandern, über irgendwelche beruflichen Probleme, eine nötige Autoreparatur oder finanzielle Sorgen. Auch negative Gedanken, den Partner betreffend, können einem plötzlich in den Sinn kommen, irgendwelche Schwächen, die er gezeigt hat, Erinnerungen an vergangene Konfliktsituationen oder Ärger, der auf anderem Gebiet mit ihm entstanden ist. Wenn Sex im Moment eher lästig ist, dann schweifen die Gedanken schon einmal ab.

Unsere Teilnehmerinnen setzen sich aktiv mit derartigen Ablenkungen auseinander. Sie lieben den Moment des Liebesspiels, und um dabei zum Orgasmus zu kommen, müssen sie alle anderen Gedanken aus ihrem Kopf fernhalten und sich nur auf die Erotik konzentrieren, dessen sind sie sich alle bewußt. Deshalb haben viele von ihnen auch spezielle Techniken entwickelt, die ihnen helfen, sich ganz auf die Liebe zu konzentrieren.

Ehe sie überhaupt mit dem Liebesspiel beginnen, kümmern sich viele der Frauen um die äußeren Belange ihrer Umgebung. Sie sorgen dafür, daß die Kinder gut aufgehoben sind oder zumindest wissen, daß sie in Ruhe gelassen werden wollen. Sie schließen die Schlafzimmertür ab, stöpseln das Telefon aus. Manchmal sind dennoch alle Bemühungen dieser Art umsonst, zum Beispiel, wenn während des Tages die Kinder im Haus sind, wenn jemand krank ist oder sonstige Schwierigkeiten hat, oder wenn ein geschäftlicher Anruf zu erwarten ist. Wann immer es irgendwie möglich ist, versuchen die Frauen jedoch, ihr Umfeld abzuschirmen und Störungen »auszuschließen«, um sich ganz auf den Sex konzentrieren zu können. Einige Frauen, die ihre Neigung zur Ablenkung kennen, kümmern sich nicht nur um ihr direktes räumliches Umfeld, sondern achten auch darauf, daß auch sonst alles im Haus möglichst wohlgeordnet ist: »Ich würde jedem abraten, irgend etwas im Ofen zu haben«, sagt eine. Und: »Manchmal mach' ich das Zimmer vorher sauber oder auch die ganze Wohnung, und sehe zu, daß alles geordnet ist. Dann habe ich einfach ein besseres *Gefühl* und kann mich total auf das andere konzentrieren.«

Doch gleichgültig, wie wohlgeordnet oder schlampig eine Frau auch immer mit ihrem Haushalt umgeht, sie muß auf jeden Fall alle störenden Gedanken beiseite schieben, um wirklich genußvoll das Liebesspiel mit dem Partner genießen zu können. Wenn störende Erinnerungen sich einschleichen wollen, gibt es ein probates Mittel, das zwei Drittel der Frauen bewußt einzusetzen in der Lage sind: Sie konzentrieren sich einfach »noch stärker« auf das Liebesspiel, um dadurch alle Ablenkungen »auszuschließen«. Hierzu Nora:

> Die schönsten Augenblicke des Tages sind für mich die beim Sex. Selbst, wenn ich weiß, ich muß irgendwohin, ich muß etwas erledigen – während dieser fünf Minuten oder auch der Stunde – sind alle meine Sorgen vorbei, wusch, einfach wie weggewischt! Dafür halte ich alle Ablenkungen von mir fern.

Eine andere Frau meint:

Das ist einfach die Zeit, die ich mir für *uns* nehme. Ich schließe alle Ablenkungen aus, nehme mir vor, mich voll auf das zu konzentrieren, was ich tue. Sex ist das einzige in unserer Beziehung, das nur uns beide betrifft. Mit vier Kindern aus zwei Ehen, mit den Ex-Frauen und Ex-Schwiegereltern rundherum habe ich sonst immer so viel um die Ohren, daß man ständig für andere dasein muß. Aber wenn wir uns lieben, kann uns der Rest der Welt einfach gestohlen bleiben. Keiner und nichts kann mir diese Zeit nehmen. Ich lasse einfach alles außen vor.

Andere sagen:

Ganz darauf einstellen, alles andere sausen lassen, auf alle Pflichten und Sorgen pfeifen – Kraft der Gedanken gegen Tatsachen. Den Augenblick genießen.

Ich schalte andere Gedanken aus, befehle meinem Kopf, damit aufzuhören und alles andere auszuradieren.

Ich sage mir einfach: Nichts ist wichtiger als das. Um die anderen Dinge kannst du dich später kümmern. Jetzt mußt du deinen Spaß haben.

Viele Frauen schlaten dadurch jegliche Ablenkung aus, daß sie sexuell stärker aktiv werden. Lisa, die junge Frau, die gern Fernsehreporterin werden möchte, hat folgendes beobachtet:

Hin und wieder kommt dir etwas in den Sinn, was dich ablenkt. Erst denke ich immer: »Jetzt geht's mir aber gut!« Dann schweifen meine Gedanken ab und ich ärgere mich: »Wieso muß ich denn jetzt an die Wäsche denken, die zu waschen ist?« Und auf der Stelle konzentriere ich mich wieder auf den Sex, meist dadurch, daß ich mich aktiver daran beteilige. Ich habe gelernt, wenn meine Gedanken wandern gehen wollen, dann bin ich nicht richtig aktiv an der Sache beteiligt.

Andere Frauen sehen das genauso und versuchen Ablenkungen dadurch auszuschalten, daß sie sich mehr auf ihre Empfindungen konzentrieren:

> Ich versuche, die treibende Kraft zu sein.
>
> Wenn ich passiv bin, dann kann mich ein Geräusch oder ein Gedanke rausbringen, und ich konzentriere mich schnell auf meine körperlichen Empfindungen, übernehme die aktive Rolle. Ich muß körperlich beteiligt sein, um Dinge aus meinem Kopf auszuschalten.
>
> Ich schiebe die ablenkenden Gedanken von mir weg und richte sie auf das, was ich gerade tue. Dazu halte ich mich an meine angenehmen Empfindungen und konzentriere mich darauf – richte meine Gedanken bewußt auf das, was mir Spaß macht.

Eine nicht unwesentliche Anzahl der Frauen – etwa 20 Prozent – setzen Phantasien oder Imaginationen ein, um ablenkenden Gedanken entgegenzuwirken. Natalie nennt es »Wechseln des Themas«. Iris begegnet abschweifenden Gedankengängen mit Phantasien über anale Sexpraktiken oder Beischlaf mit Unbekannten. Andere Frauen sagen:

> Sex bedeutet zwei Dinge zugleich – Bedürfnis und Flucht. Also sollte man da nicht noch andere Dinge mit reinziehen, wenn man gerade damit beschäftigt ist. Wenn sich etwas in die Gedanken einschleichen will, dann brauche ich mir nur bildlich meine Vorstellungen ins Gedächtnis rufen.
>
> Ich sage mir immer wieder, daß diese Zeit mir zusteht und ich an nichts anderes denken will. Und meist hole ich dann eine Phantasievorstellung zu Hilfe.

Einige Frauen überlassen sich auch solchen von außen auf sie eindringenden Anwandlungen und folgen ihrem Ablauf. Andere reden mit ihrem Partner über etwaige Ablenkungen, bis sie vorbei sind, und kehren erst dann zum Sex zurück. Aber es kann selbstverständlich auch passieren, daß eine Frau durch irgendwelche wirklich wichtigen Ereignisse so abgelenkt ist, daß sie weiß, es ist im Moment wohl besser, gar nicht erst an Liebe zu denken.

Sich über Fehler und Konflikte hinwegsetzen

Alleinlebende Frauen ohne feste Bindungen haben auch sexuelle Bedürfnisse und Ansprüche. Zu einem bestimmten Zeitpunkt kann jede Frau Lust haben, ihre Sexualität auszuleben und zu genießen. Wie mehrere Frauen dieser Studie bestätigen, gibt es aber ebenso die Möglichkeit, über kürzere oder längere Perioden freiwillig Abstinenz zu üben. Immer wieder gibt es in solchen Fällen ein erstes Mal mit einem Partner – und die Welt ist voller kleiner Überraschungen. Ganz egal, wie lange man jemanden vorher schon gekannt hat, beim Liebesspiel ergeben sich einzigartige intime Situationen, die ein neues, tieferes Kennenlernen bedeuten und Neuigkeiten enthüllen, die sowohl den Partner betreffen als auch die eigenen Emotionen und die gegenseitige Wertschätzung.

Frauen sind da in einem sehr menschlichen Zwiespalt. Wenn der Mann noch fast ein Fremder für sie ist oder nur ein flüchtiger Bekannter – erst wenn sie mit ihm schläft, wird sie möglicherweise feststellen, daß sie eigentlich keine größere Intimität mit ihm eingehen möchte. Sie spürt vielleicht körperliche Abneigung, weil der unbeschnittene Penis sie abstößt oder die knochigen, ungeschickten Hände ... Und das kann ihr vielleicht so zu schaffen machen, daß es ihr nicht möglich ist, sich weiter zu konzentrieren. Oder der Mann kann sich als unerfahrener oder unfähiger Liebhaber entpuppen. Auf jeden Fall können hin und wieder auch beim Liebesspiel bestimmte unwesentliche Mängel und Schwächen beim Partner bewußt wahrgenommen werden. Wir fragten die Frauen, ob und wie sie mit solchen Situationen umgehen und ob sie trotz solcher Widrigkeiten zum Orgasmus kommen können. Wir vermuteten, daß Frauen, die in der Lage wären, auch unter erschwerten Bedingungen zum Höhepunkt zu gelangen, möglicherweise brauchbare Ratschläge haben könnten für andere, die Schwierigkeiten mit dem Orgasmus haben.

Den weitaus meisten Frauen unserer Studie war es auch in einer derartigen Situation möglich, einen Orgasmus zu erreichen. Grundsätzlich wandten sie etwa die gleichen Strategien an, die ihnen auch bei alltäglichen Ablenkungen helfen konnten: sich der Situation anpassen, das beste draus machen. Beispielsweise gelingt es vielen Frauen, »unerwünschte Aspekte« einfach dadurch zu verdrängen, daß sie selbst sexuell aktiv oder dominant werden und sich auf die eigenen Empfindungen konzentrieren.

Positive Bestätigungen in Worten und Gedanken können der Situation eine kleine Richtungsänderung geben.

> Ich sage mir einfach »Was soll's?« und stelle mir eine frühere Situation vor, in der mein Partner auch nicht so ganz perfekt war, aber alles wunderbar geklappt hat.

> Ich denke: »Das ist doch gut für mich, tut mir wohl«, und halte mir die positiven Seiten des anderen vor Augen, um Gefallen an ihm zu finden.

> Wenn ich schon ein wenig erregt bin, kann ich ihn mir als Mensch so positiv vorstellen, daß ich irgendetwas an ihm finde, das mir gefällt. Zum Beispiel, daß er mich so schön sanft streichelt. Oder ich sage mir: »Er war sicher vorher einfach nicht mit den richtigen Frauen zusammen, und ich bin ja auch nicht vollkommen.«

Manche Frauen können solche Fehler ganz gezielt »umgehen«. Sie steuern die Konversation so, daß die erotischen Vorzüge des Partners deutlich werden, oder sie denken nur an die positiven Aspekte, die Körper und Gesicht des Partners für sie haben. Oder sie begrenzen ihre sexuellen Aktivitäten auf Bereiche, die die Schwächen wieder wettmachen. Einige Frauen gehen dem Problem auch dadurch aus dem Weg, daß sie ihren Partner in ihrer Phantasie mit überdurchschnittlichen Qualitäten ausstatten.

> Ich rufe mir die wundervollen Momente, die ich mit anderen Männern erlebt habe, in Erinnerung zurück, oder gebe mich

einfach meiner bevorzugten Phantasie des lesbischen Liebesspiels hin.

Wenn mein Partner nicht ganz so begehrenswert ist, wie ich es gern hätte, dann helfe ich mit meiner gedanklichen Vorstellungskraft etwas nach. Ich gebe ihm andere Gesichtszüge oder mache einen Bodybuilder aus ihm. Wenn ich ihn mir so spitzenmäßig vorstelle, läuft es natürlich bestens.

Bei verheirateten Frauen oder in langandauernden festen Beziehungen tauchte häufig eine andere Art von Störung auf. Die Beziehung hat immer vorrangige Bedeutung. Nur für einige wenige Frauen – die an der Studie teilgenommen haben – gab es die Sexualität »an sich«; für alle anderen war die Sexualität nicht zu trennen von der emotionalen Bindung an den festen Partner. Aber wie erhält sich eine Frau die Lust auf Liebe, wenn ständig irgendwelche kleinen Ärgernisse und Konflikte auftreten, die in jeder lange bestehenden Beziehung das Verlangen nach Lust und Intimität untergraben? Darüber hinaus stellt sich die Frage, wie kann eine Frau am Geschlechtsverkehr Vergnügen finden und sogar zum Orgasmus kommen, wenn ihr solche Konflikte während des Liebesakts mit dem Partner in den Sinn kommen?

Selbstverständlich können sich ernsthafte Probleme zerrüttend auf das Liebesleben auswirken und die sexuellen Aktivitäten eines Paares manchmal für längere Zeiträume dämpfen. Hier geht es darum, nur die Frage zu klären, wie bei untergeordneten, eher unwesentlichen Konflikten solche seelischen Widerstände überwunden werden können. Alle Frauen haben solche problematischen Situationen schon erlebt und meist gelernt, damit umzugehen.

Etwa 10 Prozent der Frauen schlafen gar nicht erst mit ihren Männern, wenn Zerwürfnisse über einen bestimmten Rahmen hinaus entstanden sind: »Ich gehe nicht mit ihm ins Bett, wenn ich verärgert bin.« »In meiner Ehe hat es so viele Konflikte gegeben. Ich meide jetzt den Sex, wenn es mal wieder soweit ist.« Eine Gruppe von etwa 5 Prozent gibt an, in Konfliktsituationen trotzdem mit dem Partner zu schlafen, aber in solchen Momenten meist keinen Orgasmus zu haben. Die verbleibenden Frauen – also die große Mehrheit – wenden verschiedene Strategien an, um mit Streitigkeiten fertig zu werden und sich auf den Geschlechtsverkehr einzustellen. Und sind dann auch fast immer orgasmusfähig.

Wenn während des Liebesspiels irgendwelche Konflikte auftauchen, unterbrechen viele Frauen den Akt, um die Probleme »auszudiskutieren«. »Wenn mich etwas wirklich bewegt und stört, dann muß ich es auf der Stelle klären. Und im allgemeinen kann es dann so besprochen werden, daß es tatsächlich ausgeräumt ist, wenn wir weitermachen.« »Aufhören und es besprechen. Ich mache erst weiter, wenn unser Gespräch gut gelaufen ist.« Eine beträchtliche Anzahl von Frauen kann den Gedanken an Konflikte aber auch einfach beseite schieben und versucht dann später, sie zu klären.

> Verdrängen, den Augenblick genießen und sich sagen: Morgen ist auch noch ein Tag.

> Ich sage mir, die Sache kann warten und verschiebe es auf später; am besten auf einen anderen Tag.

> Einfach beiseite schieben und sich konzentrieren. Die Dinge auszusprechen würde bedeuten, daß wir beide die Lust verlieren.

Zusätzlich wenden viele Frauen die gleichen Strategien an, mit denen sie auch störende alltägliche Gedanken abtun: Sie aktivieren die eigene sexuelle Betätigung, bringen sich körperlich und emotional in Stimmung und benutzen Phantasievorstellungen. Oder sie richten ihre Gedanken auf positive Aspekte:

> Man muß sich da selbst ein bißchen gut zureden: Schluß damit, wir wollen jetzt unseren Spaß haben. Also, genieß, was du tust.

> Ich sage mir: »Du mußt ihn mitsamt seinen Macken so nehmen, wie er ist. Er ist einfach so!«

> Für mich ist die beste Lösung, mir zu sagen: »Er ist dein

Mann, und er möchte mit dir schlafen. Was gibt es denn noch Schöneres für dich?«

Meredith sagt: »Manchmal, wenn wir nicht richtig bei der Sache sind, ziehen wir es trotzdem durch und schlafen miteinander. Aber das ist dann nicht sehr befriedigend. Ich kann zum Orgasmus kommen, meine Mißstimmung vergeht für einen kurzen Moment, aber es ist nicht wirklich intensiv und gut wie sonst immer. Ich habe mir einen Trick ausgedacht, den ich manchmal anwende: Ich mache mir in meinem Kopf so eine Art Schultafel, die ich einfach abwische und so alles Störende auslösche. Auf dieser Schiefertafel erscheint alles, was mich ablenkt, und ich wische es Punkt für Punkt aus, bis die Tafel wieder sauber ist. Wenn man miteinander schlafen will, ist das nicht der richtige Moment, wichtige oder auch weniger wichtige Dinge zu besprechen – sie werden leicht überproportional bedeutsam. Wenn mir also beim Liebesspiel etwas derartiges in den Sinn kommt, dann projiziere ich es auf die Tafel und lösche es anschließend aus. Ich mache das ganz bewußt, versuche es so loszuwerden.«

Andere Frauen machen ebenfalls irgendwelche Auflistungen, um sich damit auf ihre Begegnung mit dem Partner zu konzentrieren. Hier zwei weitere Variationen:

> Um einen Orgasmus zu haben, um ganz gegenwärtig zu sein, muß ich alle anderen Gedanken beiseite schieben. Aber dabei kommen in mir manchmal Empfindungen hoch, die unsere Beziehung betreffen. Wenn das passiert, während wir miteinander schlafen, denke ich schnell an die erfreulichen Dinge, die uns verbinden. Aber ich setze mich oft auch vorher hin, schreibe einfach alle meine Probleme auf ein Stück Papier und lege diese Liste dann in eine Schublade. So schaffe ich sie mir aus dem Weg und auch aus meinen Gedanken.

> Ich bin Geschäftsführerin bei einer Gewerkschaft und hatte immer den Kopf voll mit meinen täglichen Arbeitsproblemen. Ich war am Abend zu Hause oft richtig ekelhaft. Sie kennen das sicher: »Laß mich zufrieden, faß mich nicht an,

bleib mir vom Leibe ...« Ich kam mit meinem Mann immer weniger zurecht und hatte schlimme Orgasmusschwierigkeiten. Da beschloß ich, einfach im Geist einen Strich zu ziehen und meine Arbeit nicht mehr mit nach Hause zu nehmen. Ich werde Ihnen sagen, wie ich das gemacht habe: Ich richte in meinem Kopf einen kleinen Koffer ein, in den ich meine Probleme hineinpackte – eines nach dem anderen. Den Koffer stellte ich dann in meinen Schrank und sperrte ihn ab. Da blieb er dann, bis ich am nächsten Morgen wieder ins Büro kam. Und dadurch geht's jetzt viel besser. Ich mache das jetzt oft so.

Natürlich gibt es auch Frauen, die das Gefühl haben, sie können ihre Probleme oder Konflikte am besten aus der Welt schaffen, wenn sie mit ihrem Partner in Bett gehen. Ja, solche Situationen steigern sogar ihr Verlangen:

Ursula:
Miteinander zu schlafen ist eine gute Möglichkeit, einen Streit zu vergesen und wiedergutzumachen.

Constanze:
Manchmal sind solche Emotionen ganz gut. Es kann sein, daß ich dadurch mehr erregt werde und aggressiver bin, sexuell mehr Energie habe.

Mimi:
Wenn ich auf jemanden wütend oder ärgerlich bin, möchte ich gern wieder mehr körperliche Nähe und Berührung herstellen.

Nora:
Ich nehme an, nach einem Streit braucht man die Gelegenheit, die Dinge wieder auszubügeln, wieder einig zu werden, zueinander zurückzufinden. Ich habe nicht gern Streit, und im allgemeinen verkrache ich mich mit meinem Partner auch nicht. Das war schon immer so. Sehr oft, wenn mich etwas zornig macht oder aufregt, wende ich mich ihm zu, und noch während wir reden, zieh' ich ganz langsam meine Kleider aus und sage: »Komm, laß uns ins Bett gehen.«

Es gibt eine »ultimative« Form der Konzentration. Einige Frauen können wirklich vollständig abschalten und jegliche Ablenkung vollkommen eliminieren. Dann konzentrieren sie sich ganz bewußt so stark, daß ihr psychischer Zustand einer hypnotischen Trance gleichkommt. Vivian, mit der wir dieses Kapitel begonnen haben und die im ersten Kapitel berichtet hat, daß sie 28 Jahre brauchte, bis sie dauerhaft orgasmusfähig wurde, hat eine Vorliebe für den spontanen Liebesakt. Sie berichtet, daß sie nur minimale Vorbereitungen trifft, wenn man von einigen gelegentlichen vorbereitenden Imaginationen absieht. Wenn sie jedoch bei der Sache ist, wenn sie mit jemandem ins Bett geht, ist ihre Konzentration absolut hundertprozentig. Ihre Trance, ihre Versunkenheit ist tatsächlich so schnell und tief, daß ihr Orgasmus in erster Linie durch hypnotische Suggestion ausgelöst wird.

»Mein Lover ist mir absolut vertraut, ich glaube an ihn. Kann sein, daß es eine Art Autosuggestion ist, aber ich brauche nur seine Stimme, um mich zu erregen. Er hat eine wundervolle Stimme, ganz tief und vertrauenerweckend. Also, folgende Situation, zum Beispiel: Wir fahren im Wagen auf dem Highway. Kann sein, daß ich ein bißchen schläfrig bin und er dann manchmal seine Hand auf meinen Oberschenkel legt. ›Liebes‹, sagt er vielleicht, ›siehst du die Brücke da ganz weit vorn? Wenn wir da durchfahren, wirst du einen Orgasmus gehabt haben.‹ Er redet weiter, während wir fahren, manchmal kichere ich, wenn ich merke, was passiert. Ich konzentriere meinen Blick auf die Brücke. Dann spüre ich etwas in mir, merke wie in meinem Körper alles heiß wird, wie in meinem Bauch alles zu pulsen beginnt. Manchmal lasse ich mich gehen, mache Bewegungen, die mich – sollten wir eventuell gerade einen Lastwagen überholen – ziemlich genieren würden –, aber ich schließe die Augen, bis es vorbei ist, und starre dann wieder auf die Brücke. ›Jetzt sind wir gleich da‹, flüstert er. Wir sind da, wir fahren drunter durch ... und es kommt mir ...

Ich weiß nicht wirklich, was da mit mir passiert und wie ich es mache. Ich lasse nur los, lasse es geschehen, habe nichts anderes mehr im Kopf, nur das ... Für den Augenblick bin ich absolut nur auf diesen Ort konzentriert. Ich kann das auch morgens beim Frühstück machen, oder wenn wir allein mit seinem Privatflugzeug unterwegs sind. Hinterher bin ich meistens etwas schläfrig...«

Es ist bemerkenswert, daß Vivian davon spricht, sie sei meist schläfrig und ganz entspannt, bevor so etwas geschieht. Zusammen mit ihrer inneren Konzentration und der erotischen Stimulation durch die Stimme ihres Liebhabers bedeutet die Entspanntheit auch bestmögliche Offenheit für hypnotische Suggestionen. Sie ist in sich versunken und empfindsam für alle Regungen und Nuancen ihrer inneren Empfindungen. Und durch leichte oder auch stärkere Bewegungen verschafft sie sich zweifellos auch physische und genitale Stimulierung.

Nichtsdestoweniger unterstreichen ihre Erlebnisse speziell den Kernpunkt dieses Kapitels: Frauen, die leicht zum Orgasmus gelangen, konzentrieren sich vollkommen auf den Augenblick des Liebesakts, um zum Höhepunkt zu kommen. Und sie sind – soweit es überhaupt menschenmöglich ist – in der Lage, alle körperlichen und seelisch/geistigen Störungen und Ablenkungen auszuschließen.

Doch nun zu Noras Vorschlag: »Komm, laß uns ins Bett gehen.« Wir wollen die sinnlichen Freuden des Körpers erforschen, wenn er in »voller Aktion« ist.

Wege zum Orgasmus: Das körperliche Verlangen 6

Heutzutage sind die Männer alle völlig fixiert auf die Klitoris, etwa nach dem Motto: »Gott sei Dank, ich habe diesen magischen Punkt gefunden!« Aber hört mal her, Freunde: Es gibt auch rundherum noch viel unbekanntes Land. Und alles ist eng miteinander verbunden! *Carol*

Sex kann ein transzendentales Erlebnis der Verschmelzung zweier Liebender sein, aber Sex bedeutet auch irdisches Vergnügen voller sinnlicher Erfahrungen und Empfindungen. In der weichen, wollüstigen Hitze sexueller Interaktion gibt und erlebt die Frau die Höhepunkte körperlichen Wohlgefühls.

Einerseits können sexuelle Erregung und Orgasmus wild und ganz natürlich sein; andererseits sind es immens komplexe Vorgänge. Um Klarheit zu schaffen, haben wir das Kapitel über den Liebesakt in zwei Abschnitte aufgeteilt. Im einen Teil werden die in erster Linie »körperlichen« Aspekte beschrieben, im anderen Teil die hauptsächlich »psychischen, innerlichen«. In Wirklichkeit gibt es diese Trennung natürlich nicht. Körper und Seele einer Frau sind eins und beim Orgasmus – möglicherweise als »unabdingliche« Voraussetzung dafür – aufs innigste miteinander verschmolzen.

Voraussetzung Nr. 1: Kommunikation

Wenn ein Liebhaber nicht die geringsten Hinweise bekommt, ob das, was er tut, unangenehm oder lustvoll ist, wenn er keine Ahnung hat, was der Frau Spaß macht, wie sie erregbar ist, welche sexuellen Bedürfnisse sie hat, dann ist ein genußvolles Liebeserlebnis wahrscheinlich unmöglich – von einem Orgasmus ganz zu schweigen. Dazu eine Frau: »Wenn keine Kommunikation stattfindet, wozu brauche ich dann überhaupt einen Partner?«

Fast alle Frauen heben hervor, daß Kommunikation ganz obenan steht auf der Liste der Punkte, die dazu beitragen, die Vereinigung mit einem Partner »so orgasmisch wie möglich« zu machen:

> Absolut notwendig. Wie soll er es wissen, wenn man es ihm nicht sagt? Rumsitzen und sich selbst bemitleiden, das bringt nichts. Man muß den Mund aufmachen!

> Selbst wenn es der eigene Ehemann ist, kann man ihm nicht alles anlasten und ihm die Schuld daran geben, wenn wir nicht unsere Befriedigung bekommen. Eine Frau sollte sich immer ihrem Liebhaber offenbaren. Wenn man nichts sagt, glaubt er, was er tut, würde ausreichen, um sie zu befriedigen.

> Bei mir geht es nicht so schnell mit dem Orgasmus. Aber wenn ich meinen Rhythmus nicht übermitteln kann und ihn tun lasse, wie er's für richtig hält, dann würde ich wohl nicht fertig werden. Da ich aber im allgemeinen nicht vorhersagen kann, was richtig für mich ist, sondern erst, wenn ich es mittendrin merke – wie kann er es dann wissen?

> Ich habe festgestellt, daß 75 bis 80 Prozent meiner Partner meine Reaktionen verstehen. Aber manchmal sind sie zwar dicht dran, aber doch daneben. Männer brauchen immer irgendeine Art von Hinweisen.

Zehn Jahre lang bin ich nie zum Orgasmus gekommen, nur weil ich meinen Liebhabern, wenn sie irgendwelche erregenden Punkte oder Zonen berührten, nie gesagt habe, daß sie *weitermachen* sollten. Meinen Ehemann habe ich genau eingeweiht, er weiß, wie er mir Lust bereiten kann.

Es ist sehr wichtig, offen zu sein. Nur du kennst doch deinen Körper. Gib also zu erkennen, was guttut und was nicht, mit Worten oder durch körperliche Reaktionen. Kommunikation bedeutet, sich mitzuteilen, um es für beide Teile so angenehm wie möglich zu gestalten.

Einige Antworten waren einschränkend. Es gab Frauen, die meinten, verbale Hinweise seien nicht notwendig. Wenn man mit dem Liebhaber vertraut genug sei, könne man es seiner Intuition überlassen. »Dann weiß er, worum es geht.« »Bessere Partner scheinen von selber zu wissen, was sie zu tun haben.« Einige glaubten auch, zu viel »Instruktionen« können den Kick des Neuen verderben. »Es ist wichtig, ja, aber nicht immer. Das Unbekannte kann sehr aufregend sein; nicht zu wissen, ob er es richtig machen wird oder was er als nächstes tun wird.«

Verbale Kommunikation bedeutet, in direkten Worten auszudrücken, welche spezifischen Bedürfnisse und Wünsche eine Frau erfüllt haben möchte:

Um beim Geschlechtsverkehr zum Orgasmus zu kommen, brauche ich immer, daß er mich auch mit der Hand berührt, meine Klitoris reizt. Wie kann ich das aber anders sicherstellen, als es ihm direkt und mit den richtigen Worten mitzuteilen?

Ich mag, daß meine Brustwarzen stärker stimuliert werden, je näher ich dem Orgasmus bin. Und das muß ich meinen Liebhabern eben sagen.

Ich glaube nicht, daß es irgendwie unrecht sein kann, einem Mann zu sagen, was er zu tun hat. Erst mal ist es doch dein eigener Körper, und du weißt, wo es angenehm ist, aber er kann es nicht wissen. Das gilt besonders beim Cunnilingus, wo es manchmal sehr schwer ist, den genau richtigen Punkt zu finden, nachdem er seine Zunge ja nicht überall hin ausstrecken kann.

Aber es wird auch Vorsicht empfohlen. Ganze 25 Prozent der Frauen gaben warnende Hinweise und Ratschläge und sprachen über selbsterprobte Methoden bei der unverblümten sexuellen Kommunikation. Die meisten Hinweise bezogen sich auf das männliche Ego:

Nora:
Irgendwie muß man dem Partner schon mitteilen, wie man am besten fertig wird. Aber Männer können auf verbale Vorschläge sehr empfindlich reagieren. Man sollte ihnen nicht zu nahetreten, das kränkt ihr Ego.

Erica:
Lieber freundliche Bitten, etwa: »Leck mich, bitte, leck mich doch!« als Forderungen oder Befehle, wie: »Mach dies!«, und »Laß das!«

Ginger:
Ich mag spontane Handlungen nicht gern unterbrechen, aber dafür reden wir dann hinterher. Männer tun sich schwerer, wenn sie etwas gesagt bekommen, als würde man sie kritisieren.

Wendy:
Frauen müssen den Männern mitteilen, was sie gern hätten – und das fällt oft nicht leicht. Man muß immer Angst haben, einen Mann zu verschrecken, wenn man es nicht mag, wie er einen berührt, oder wenn er die falsche Stelle bearbeitet. Es ist schon eigenartig – als würde man ihnen in Dinge reinreden wollen, die nur sie angehen!

Einige Frauen, z. B. Michelle, deren Mann gestorben ist und die ihre Empfindungsfähigkeit durch Berühren weiterentwickelt, können über ihre Erwartungen reden, bevor sie mit jemandem ins Bett gehen. »Manchmal sage ich: ›Falls es soweit kommt, daß wir miteinander schlafen, wollen wir doch beide etwas davon haben. So sollte es jedenfalls sein. Und ich habe diese und jene Wünsche, aber es könnte ja sein, daß du fertig wirst und ich noch nicht – dann erwarte ich von dir, daß du mir hilfst.‹« Doch Michelle fügt schnell hinzu: »Nur: Vorsicht! Wenn man zuviel sagt, beginnen die Männer an ihren Fähigkeiten zu zweifeln und können dann manchmal nicht.« Ihre Ratschläge beziehen sich auch auf Gespräche, die beim Sex geführt werden: »Bei vielen Partnern habe ich gemerkt, wenn ich Anregungen gebe, Wünsche oder Bitten äußere, wirft sie das ein bißchen zurück. Etwa wenn ich sage: ›Könntest du das ein bißchen fester tun?‹ Danach muß ich wieder von vorn anfangen, weil sie nicht mehr so recht konzentriert sind. Wenn ich mich ihnen mit einer Geste oder einer Andeutung oder einer Bewegung mitteilen kann, würde ich das daher immer zuerst versuchen.«

Einige besonders erfahrene Frauen machen gern indirekte Vorschläge:

> Ich versuche, vorher von meinen Phantasievorstellungen zu reden und hoffe, daß er die Andeutungen versteht.

> Bevor wir miteinander schlafen oder manchmal auch während wir uns lieben, frage ich ihn ganz vorsichtig: »Hast du es schon mal so probiert ...? Magst du das?«

> Ich habe festgestellt, Kommunikation hat eine Menge damit zu tun, daß man sich als Frau fühlt. Man sagt ja nicht trocken – Das mag ich und das mag ich nicht –, sondern fängt es eher verführerisch an. Etwa so: »Wenn du mich so auf die Schulter küßt, dann flipp' ich einfach aus. Also tu das bitte lieber nicht!«

Oder ein leiser, verführerischer Tonfall:

> Man sollte etwas nie schrill oder fordernd sagen. Lieber leise, lasziv, aufreizend.

Oder kleine wollüstige Laute ausstoßen und stöhnen:

»Ah . . . machst du es gut!«

»Ja, weiter, schneller . . .!«

». . . Ja, tiefer, fester!«

»Oh, was für ein himmlisches Gefühl. Bitte, mach weiter so! Ah . . .«

»Oh, ist das toll! Bitte, mach weiter so!«

»Ich komme«

»Was für ein herrliches, irres Gefühl! Hör nicht auf, hör bloß nicht auf!«

Man könnte vielleicht sagen, das seien anspornende Worte. Genau diesen Aspekt findet Carol sehr wichtig. Sie ist geschieden, Mutter von sechs Kindern, ausgebildete Krankenschwester; zur Zeit arbeitet sie auf ihre Promotion in Psychologie hin, um Sexualtherapeutin zu werden. »Ein neuer Partner macht im allgemeinen zunächst eine Rundum-Erkundigung. Wenn er dabei Vorschriften kriegt, prägt das sein zukünftiges Verhalten. Man hat es nicht gerne, erzogen zu werden! Ich gebe immer nur positive Bestätigungen, auf psychologisch richtige Weise. Wenn er von selbst etwas entdeckt, das ich gern habe, dann sag ich: ›Ah, oh! Das ist gut, himmlisch . . .‹«

Körper und Gespräch

Viele Frauen haben eine starke Hemmung, sexuelle Wünsche auszusprechen, und fühlen sich extrem unwohl dabei. Selbst ziemlich unvoreingenommene Frauen können in Situationen geraten, in denen Worte unangemessen wären.

Es fällt mir sehr schwer, etwas für mich selbst zu erbitten. Ich kann es einfach nicht – besonders schwer fällt es mir beim Liebesspiel.

Ich muß mich sehr entspannt und sehr wohl fühlen, um sagen zu können, was ich gern mag. Mit einem neuen Partner ist das nicht so einfach.

Viele Worte zu machen ist nicht meine Sache. Ich möchte, daß mein Mann ein Gespür dafür hat, ob alles richtig ist.

Ich mag beim Orgasmus gern seinen kleinen Finger im Hintern spüren. Sagen Sie das mal einem neuen Liebhaber!

Vielleicht geht es auch Ihnen so wie der Mehrheit der befragten Frauen: Non-verbale Hinweise sind Ihnen als sexuelle Kommunikationsformen am liebsten. Der Körper bietet dazu unbegrenzte Möglichkeiten.

Ich benutze die Körpersprache: Wackeln, Bewegungen...

Mit meiner Vaginalmuskulatur gebe ich den Rhythmus an.

Körpersprache, Gesten, kleine, schnelle Berührungen – damit kann ich ihm andeuten, wie er mich nehmen soll.

Ich lege mich entsprechend hin, je nachdem, ob ich Koitus oder Cunnilingus möchte. Und durch kleine Bewegungen kann ich ihm mitteilen, ob die Intensität richtig ist.

Wenn ich meine Brüste berühre, versteht er gleich und macht es dann für mich. Wenn ich mir an die Klitoris fasse, dann macht er auch dort weiter. Das sind Hinweise für euch, Männer!

Einige Frauen haben Varianten der letzten Hinweis-Technik entwickelt: In der Art, wie sie ihren Partner berühren, deuten sie an, wie sie es selber gern hätten, fordern also damit auf, er möge das gleiche bei ihnen machen oder ihnen auf ähnliche Weise Vergnügen verschaffen. Andere wiederum signalisieren ihre Wünsche viel direkter:

> Ich lege seine Hand auf meine Brust und schiebe seinen Kör per langsam in die Position, die mir angenehm und brauchbar erscheint.

> Wenn ich gern mehr klitorale Stimulation hätte, dann nehme ich seinen Schwanz in die Hand und reibe ihn an meinem Kitzler. Oder ich führe seine Hand an meine Muschi und zeige ihn mit meinen Fingern den Weg.

> Wenn ich ganz große Lust auf Cunnilingus habe, dann schiebe ich seinen Kopf langsam an meinem Körper runter.

Und schließlich sind da auch noch Laute und Geräusche. Schnurren und Stöhnen, selbst ekstatische Schreie sind normale menschliche Reaktionen auf lustvolle sexuelle Betätigung. Und auch sie teilen etwas mit:

> Ich teile mich ihm mit, indem meine Schreie immer stärker werden, je näher ich am Orgasmus bin.

> Ich werde immer lauter, wenn es gut ist: Ich seufze, stöhne, flehe und schreie. Er weiß, wenn ich fast ohnmächtig werde.

> Das ist keine bewußte »Mache«, sondern eine ganz natürliche Reaktion darauf, daß du dich wie im Himmel fühlst. Wenn nicht, dann bin ich weniger laut.

> Lieber Himmel! Wenn man keine Geräusche dabei machen darf, dann käme es mir vor, als würden da zwei Tote liegen!

Überflüssig zu sagen, daß solche Methoden oder Mitteilungen auch ihre Grenzen haben. Es erfordert Geduld und viel Übung, bis zwei Liebende einander gut kennen. Tracy, die in Kapitel 1 über ihren ersten, gut gelungenen Koitus berichtete, meint dazu: »Es ist sehr schwer, jemandem zu erklären, wie er einen klitoral richtig stimuliert, weil es ja ein Spiel mit dem Feuer ist, eine Art Zündeln. Und es ist nicht immer der gleiche Punkt, von dem er annimmt, daß er es ist. Man muß gut über den Körper des anderen, aber auch den eigenen Bescheid wissen, bevor es richtig elektrisch wird.«

Paare, die lange miteinander vertraut sind und keine Hemmungen voreinander haben, entwickeln ein intuitives Kommunikationsvermögen. Aber auch sie benutzen einige dieser spezifischen Methoden und Techniken, um ihre sexuelle Erlebnisfähigkeit zu steigern. Sie können sie auch ausprobieren oder sich eigene ausdenken; auf jeden Fall aber sollten Sie nur die Mittel und Wege wählen, bei denen Sie ein gutes Gefühl haben. Aber vergessen Sie nicht: Begeisterung, Zärtlichkeit, Zuneigung – alle Ihre natürlichen Gaben – können dazu beitragen, Ihre Orgasmusfähigkeit zu steigern, wenn Sie sie zu dem Zweck einsetzen.

Die aktive und die bewußt passive Frau

Erinnern Sie sich an Constanze, die eine echte Partnerschaft zustandegebracht hat? »Mitten beim Geschlechtsverkehr, wenn er oben liegt, lege ich ihm die Hände auf die Schulter und schiebe ihn weg. Oder ich höre auf und sage, es sei genug so. Ich höre auf, ändere die Stellung, gehe über zu oraler Stimulierung oder was ich sonst will. Ich mag es, wenn man immer wieder was anderes macht, wenn es viel Abwechslung gibt. Ich sage auch: ›Mach' das weiter so. Fester. Sanfter. Hör' nicht auf, hör' bitte nicht auf!‹ Und ich stöhne und ächze, das habe ich immer schon getan. Und der andere kann daraus alles ablesen, genauso aus meinen Körperreaktionen. Ich liebe es, so zu stöhnen und zu ächzen. Manchmal schreie ich auch. Ich kratze nicht, aber ich beiße gern. Nicht schlimm, ich hinterlasse keine Spuren, ich knabbere eher ein bißchen. Ich liebkose den Mann auch anal, häufig, indem ich meinen Finger reinstecke oder die Zunge benutze. Das macht mir selber Lust, und ich mag die Reaktionen der Männer spüren. Selbst die normalerweise Stillen fangen an zu stöhnen und zu flehen, da können Sie sicher sein. Auch die ruhigsten Typen fangen an zu reden dabei.«

Bestimmt werden nicht alle Frauen mit so viel Verve wie Constanze ins Liebesspiel einsteigen, aber im allgemeinen sind leicht orgasmusfähige Frauen einfallsreich und aktiv veranlagt. Eine aktive Teilnahme hat offensichtlich auch körperliche Vorteile: »Ich kann die Stellungen und daher auch den Rhythmus bestimmen.« »Ich gebe mit meinem Becken den Rhythmus an.« »Ich möchte die Sache steuern können, also bin ich oben und bringe mich selbst durch Reiben des Körpers zum Höhepunkt.« Ob Frauen nun sehr aktiv sind, eher passiv-empfänglich oder irgendetwas dazwischen – wie immer sie es angehen, das hängt von ihrem Geschmack ab, von ihrem Partner, vom Ort, von der Stimmung und davon, wie wohl sie sich bei allem fühlen. Es ist nicht nötig, daß Frauen wie Vorturnerinnen die Sexualität bestimmen, aber sie sollten sich *offen* und frei entfalten können.

Viele Frauen ergreifen sexuell auch gern die Initiative.

> Die Initiative? Hören Sie: Als ich das erste Mal mit meinem damaligem Ehemann in spe vögeln wollte, da schleppte ich ihn mitten in der Nacht mit auf einen Bauernhof und habe es ihm wahrlich schwergemacht, mir zu widerstehen.

> Ich bin sowohl sehr geradeheraus als auch mutig. Ich muß meinen Mann immer dazu anstacheln, experimentierfreudiger zu sein.

> Ich bin öfter diejenige, die den ersten Schritt tut, den Ton und die Regeln sozusagen vorgibt.

> Als ich das erste Mal gesagt habe: »Ich möchte, daß du mich fesselst«, da protestierte er: »Nein, niemals. Das kann ich nicht.« Inzwischen hat er es schon viele Male gesagt, daß er dies oder jenes nie und nimmer tun würde – aber schließlich hat er dann doch alles mitgemacht!

Obwohl auch viele Frauen gern den aggressiven Part übernehmen – oft sogar sehr dominant sein mögen –, entsteht größtmögliche Übereinstimmung doch durch gemeinsame Vorlieben und gleiche Neigungen. Iris: »Schwächlinge fordern geradezu meine Dominanz heraus, aber ich bin viel schärfer auf aggressive Männer. Sie geben mir das Gefühl, begehrt zu sein, und ich mag gern schmusen, was mir aber oft verwehrt wird, weil ich eine so aggressive Person bin und es schwer ist, einen noch aggressiveren Mann zu finden. Da gibt es so einen Konflikt in mir, denn ich möchte Zuneigung, möchte begehrt werden, möchte geknuddelt werden und mag trotzdem eine gewisse Aggressivität. Es gibt eine Menge Männer, mit denen ich entweder das eine oder das andere haben kann, beides zugleich funktioniert aber nie. Aber ich will beides, ich muß beides haben, es muß sein!« Und sie schlägt mit der Faust auf den Tisch und lacht schallend: »Ich will es, Donnerwetter noch einmal!«

Auch für andere Frauen ist Gegenseitigkeit das Stichwort:

> Ich bin gern aktiv und dominant. Selbst wenn ich gefesselt bin, möchte ich lieber die Hände frei haben. Mal der eine, dann der andere, das finde ich am besten. Ich habe die Sache gern im Griff und massiere und küsse ihn von oben bis unten.

> Wir improvisieren beide, geben gern spontanen Einfällen nach und mögen beide auch die 69er-Stellung. Wenn er mich mit der Zunge an der Klitoris berührt, dann gehe ich mit meiner Zungenspitze an seine Harnröhrenöffnung oder an die obere Wölbung der Eichel, und das ist mir ein dringendes Bedürfnis; eine direkte Antwort auf das, was er bei mir tut.

Viele sexuell aktive Frauen würden gern einen ebenso aktiven Liebhaber haben, fürchten aber, den Mann einzuschüchtern. Rita, die sich selbst als geheime Femme fatale bezeichnet, hat folgendes beobachtet: »Sex ist ein Bereich, in dem ich extrem offensiv vorgehe. Selbst wenn ich etwas eingeschüchtert bin, teile ich dem Mann irgendwie mit, was er tun soll. Ich weiß, was ich will, doch irgendwie schrecke ich die Männer mit meiner Art oft ab. Nur bei einem Mann, dem gegenüber ich aggressiv sein kann, der aber seinerseits auch zupackend ist, funktioniert es wirklich und stimuliert es die sexuelle Beziehung.«

Andere Frauen dazu:

> Ich mag es, offensiv zu sein und die Dinge im Griff zu haben, aber im Verhältnis fifty/fifty. Ich fühle mich zu Männern hingezogen, die meine Halbdominanz akzeptieren.

Ich würde gern aggressiv und dominant sein – *wenn* ein Mann damit umgehen kann.

Ich habe keine Lust mehr, immer alle in Gang zu bringen. Und ich bin zurückhaltender geworden, weil ich zu viele Liebhaber damit abgeschreckt habe. Manchmal habe ich das Gefühl, ich bin einfach in jeder Hinsicht zuviel für sie, auch sexuell. Ich möchte einen Mann, der die Initiative ergreift.

Eine beträchtliche Anzahl vitaler Frauen würde es für wünschenswert halten, wenn die Männer offensiver wären und ihnen darin entgegenkämen. Das bedeutet nicht etwa, daß diese Frauen Grobheiten, ausgesprochene Macho-Allüren oder egoistische Unduldsamkeit von ihren Liebhabern fordern. Sie würden nur einfach gern mehr Initiative, mehr Abwechslung und Aufregung an ihren Männern erleben, möchten das Liebesspiel feuriger, intensiver. Wenn ihr Liebhaber Feuer gefangen hat, fühlt sich eine von Natur aus aktive Frau ganz von selbst besser befähigt zum Orgasmus. »Ich mache alles, bestimme die Stellung, übernehme das Reden, alles, was immer die Situation auch erfordern mag. Aber gelegentlich bin ich auch vollkommen passiv, weil es mir gefällt und weil ich will, daß mein Lover die Führung übernimmt. Und dann komme ich besser zum Orgasmus – viel, viel besser sogar –, wenn ich nicht mehr an alles denken muß, weil mein Geliebter alles für mich tut und ich gar nichts weiter machen muß, als an meinen eigenen Spaß zu denken.«

Damit wären wir bei der ›bewußt passiven‹ Frau angelangt, die zwar gern passiv ist, die Sache aber dennoch nicht dem Zufall überläßt. Möglicherweise verführt sie ihren Partner indirekt oder provoziert ihn richtiggehend dazu, sexuell aggressiv zu sein. Ein paar Frauen haben das Gefühl, sie würden auch dabei insgeheim die Gangart bestimmen. »Tief im Herzen hätten die Männer alle gern Anweisungen, wollen gern gesagt bekommen, wo's hingehen soll. Also tue ich ihnen den Gefallen: Ich zapple und winde mich und stöhne; dabei biete ich ihm meinen Körper an und mache ihn zugänglich für ihn, und zwar in genau der Weise, wie ich es beim Liebesspiel haben will.«

Für Vivian allerdings gibt es nichts Schöneres, als ganz unerwartet überrumpelt zu werden. »Am meisten törnt es mich an, wenn er vollkommen von sich aus entscheidet, was er mit mir anstellen will. Ich liebe es, nicht vorhersehen zu können, was er vorhat, wenn er mich ins Schlafzimmer zerrt, mich aufs Bett wirft, mir die Kleider runterreißt, mich leidenschaftlich küßt und dann an meinem Körper nach unten gleitet... Das ist für mich das Größte!«

Angenehme Empfindungen hervorrufen

Sich zu lieben bedeutet geben und nehmen, und Liebende haben Freude daran, einander gefühlsmäßig zu verwöhnen. Im Wechselspiel der Erregung ist nicht genau einzugrenzen, wo das Vergnügen des einen anfängt und endet, aber es gibt Augenblicke, in denen entweder der eine oder der andere sich sozusagen erotisch in den Mittelpunkt des Geschehens begibt oder gestellt wird. Besonders die leicht zum Orgasmus kommenden Frauen sorgen für solche Momente im vollen Rampenlicht, in denen der Mann all seine Energien darauf richtet, ihnen Wonnen der Lust zu verschaffen.

Obwohl Lust eine komplexe Verflechtung verschiedener Aspekte darstellt, ist es die Absicht dieses Buches, die weibliche Lust in den Mittelpunkt zu stellen. Grundsätzlich – selbst in Untersuchungen, die sich insgesamt mit den sexuellen Freuden von Männern und Frauen befassen – sollte wahrscheinlich dem weiblichen Wohl mehr Aufmerksamkeit geschenkt werden. Sexuell gesehen hat *sie* einfach »mehr« zu bieten – die Mechanismen sind komplizierter und komplexer, der Körper insgesamt ist stärker erogen, das genitale Netzwerk ist weiter verzweigt, vielfältiger und variabler; und das gleiche gilt für die Gedanken und besonders die Gefühlserlebnisse. Im allgemeinen geraten Frauen sexuell nicht so schnell in Erregung wie Männer, und im Idealfall wird daher beim Liebesspiel mehr Zeit zu ihrem Vergnügen aufgewendet. Doch ist sie erst einmal hochgradig erregt, hat sie eine größere Orgasmusfähigkeit als der Mann, denn sie ist von der Natur mit der glücklichen Veranlagung ausgestattet worden, schneller einen weiteren Höhepunkt zu erreichen als er.

Wir haben nicht die Absicht, ein »Sexual-Lexikon« zu verfassen. Wir wollen aber die physischen – und später auch die mentalen – Stimulierungen erläutern, mit denen Frauen ihre Gefühle auf den Orgasmus hin aufzubauen in der Lage sind. Wenn dabei von den körperlichen Aspekten des Liebesakts die Rede ist, dann versuchen Sie sich in Erinnerung zu rufen, wie unglaublich unterschiedlich die atmosphärischen Umstände sein können, die Liebende sich schaffen – ganz sorglos, etwas robust, spirituell oder voller erotischer Sensationen. Benutzen Sie Ihre ganze Vorstellungskraft und alle Ihre Sinne. Die Liebe geht stets einher mit visuellen und hörbaren Eindrücken, mit Duft- und Geschmackssensationen und immer auch mit Berührungen. »Man spürt alles«, sagte eine der Frauen zu uns, »der Körper ist von oben bis unten erotisiert, eine einzige erogene Zone, aber viele Männer haben davon keine Ahnung.« Frauen aber wissen das.

Wenn eine Frau ihre sexuellen Wünsche äußert und ihrem Partner mitteilt, wie ihr Erregungszustand fortschreitet, dann ist es nicht zuviel verlangt, wenn sie erwartet, daß er sich als umsichtiger Liebhaber zeigt. Selbst eine schon von Anfang an »angeheizte« Frau – und sogar besonders orgasmusfähige Frauen – brauchen Zeit, um romantische Gefühle aufzubauen, wollen Zeit fürs Vorspiel und Zeit, um orgasmusbereit zu werden. Für einige Frauen ist das »Vorspiel« – also die genitale Stimulierung mit dem Mund oder mit der Hand – der schönste Teil des Liebesspiels. Und oft auch die einzige Möglichkeit, verläßlich zum Orgasmus zu kommen.

Auch wenn sie nur langsam in Erregung gerieten, bezeichneten 20 Prozent der Frauen in dieser Studie Zärtlichkeiten als die beste Methode, sich anheizen zu lassen. Dazu zählt alles, was nicht mit direkter genitaler Berührung zu tun hat: Ohren, Lippen, Pobacken, Zehen. Auch Küssen bringt sie in Fahrt. »Ich mag keine andere Art des Vorspiels lieber als Küssen.« Ausgesprochen erotisch ist jede Art von Streicheln der Haut, unseres größten Körperorgans. »Ich will seine Hände am ganzen Körper spüren!« »Voller Körperkontakt, das törnt mich an.« »Liebkosungen von unten bis oben.« Streicheln: »An der Innenseite meiner Arme«; »die Schulterblätter, der Bauch, der Venushügel«; »der Hintern, die Kniekehlen, die Innenseite der Schenkel, die Beine«. Küssen, knabbern, saugen und massieren an Ohrläppchen, Halsgrube, Augenlidern, Rücken, Bauch und

Schenkeln sind beliebt, aber auch »überall am Fuß, an den Zehen«. 10 Prozent der Frauen bezeichneten ihre Füße als besonders empfänglich für erotische Stimulationen. Indem sie ihre Partner stimulieren, steigern viele Frauen auch die eigene Erregung: »Alles Körperliche törnt mich an. Ich taste gern seinen Körper von oben bis unten ab.«» »Ich küsse unheimlich gern seine Nippel, berühre seine Hoden – mit den Händen und mit der Zunge.« »Seine Arschbacken, seine Brust, seine Schenkelinnenseiten und wenn ich mit seinem Schwanz überall an meinem Körper entlangfahre – die verschiedenen Strukturen und Berührungen machen mich ganz scharf.«

Ohne, daß die Genitalzone auch nur berührt werden muß, sind Liebkosungen des Körpers für einige Frauen manchmal Auslöser für einen Orgasmus. Eine Frau braucht von ihrem Mann nur in den Arm genommen werden: »Manchmal, wenn es mir schon ein- oder zweimal vorher gekommen war, und er nahm mich nur in den Arm, dann kam es mir noch mal, ohne was anderes dazu zu tun.« Vivian ist es passiert, als ihr Liebhaber ihren Rücken oder ihren Hals geküßt hat, eine andere Frau hat eine bestimmte Stelle an einer Seite des Halses: »Ein Kuß auf die rechte Seite kann manchmal meinen ersten oder auch noch einen weiteren Orgasmus auslösen. Es fängt mit einem Gefühl genau an der Stelle an, dann läuft es kribbelnd zum Nacken und weiter runter über das Becken, bis ich's in der Scheide spüre.«

Einige Frauen erleben Orgasmen einfach dadurch, daß sie eine allgemeine Erregung im ganzen Körper verspüren. Julia, zum Beispiel, während ihr Partner gefesselt ist und stöhnt; Tracy, wenn sie Yoga macht: »Meist passiert es, wenn ich eine Yoga-Stellung mit dem Kopf nach unten und den Beinen in der Luft einnehme. Dann sind alle meine Eingänge geöffnet, und ich brauche keine besondere Berührung. Es blubbert einfach so aus meinem Körper heraus.« Kristin, die Gruppentherapeutin, berichtet davon, daß sie bei einer Gruppenfeier so erregt war, daß sie zum Orgasmus gekommen ist: »Manchmal entwickeln sich Energien, die voller Liebe und Fürsorge sind. Und ein anderes Mal sind sie rein sexuell. Einmal, im Sommer in Kalifornien, da hatte unsere Gruppe ein Fest – Tanzen, Singen, Dasitzen und uns an den Händen halten. Ich bekam einen Orgasmus, einfach so durch die entstandene Energie – die Nähe, die Hitze, es schüttelte mich, war wirklich eine körperliche Reaktion.« Der Körper ist ein Ganzes – »alles hängt zusammen«. Ein liebevoller Partner nimmt sich Zeit, setzt all seine Erfahrung ein und erforscht in Ruhe alle Möglichkeiten sinnlicher körperlicher Empfindungen einer Frau. Er begreift die Zusammenhänge zwischen ihren Emotionen und den körperlichen Empfindungen. Er kann ihr helfen, zum Orgasmus zu kommen, indem er beim Liebesspiel seine Abenteuerlust geschickt mit fürsorglicher Zuwendung verbindet.

Der Busen

Die meisten Männer haben viel Sinn für die weibliche Brust, und glücklicherweise mögen auch die meisten Frauen es, wenn ihr Busen liebkost und geküßt wird. »Die Brüste sind sehr empfindlich und sinnlich. Ich brauche dringend, daß sie angefaßt, geküßt und geknetet werden.« »Die ganze Brust umfassen ist gut, aber am meisten törnt es mich an, wenn jemand nur die äußersten Konturen berührt!« »Ich streichle während des Orgasmus meine Brüste gern selber, aber noch lieber wäre es mir, wenn Männer es tun würden.«

Viele der Frauen, die die Stimulation der Brüste höchst erregend finden, empfinden den stärksten Reiz an der Brustwarze. »Das Umrunden der Brustspitze und des Warzenhofs ist das erotischste Vorspiel überhaupt!« »Meine steifen Brustwarzen sind unglaublich empfindlich.« »Wenn er sanft an den Nippeln saugt, dann geht mir das durch und durch im ganzen Körper.« Kleine Vorsichtsmaßregeln gibt es aber auch, da einige Frauen finden, ihre Brustwarzen seien *zu* empfindlich, besonders kurz nach einem Orgasmus, und sie dann lieber nicht berührt werden sollten. Darüber hinaus gibt es auch Frauen, die es einfach nicht mögen, daß man ihre Brüste oder Brustwarzen stimuliert. Oder es hängt sehr von der ›Art der Berührung‹ ab, ob sie es genießen oder nicht. Manchmal scheinen auch die Partner die Sache etwas zu übertreiben und so ausdauernd daran herumzuspielen, daß der ganze Bereich entweder unempfindlich wird oder sogar Schmerzen verursacht. Erste Versuche sollten in abwechselnder Berührung mit dem Mund, der Zunge, den Fingern ausprobiert werden und nur in leichtem Antippen, Streicheln oder Umkreisen bestehen, eventuell etwas gesteigert werden, wenn es auf den Orgasmus zugeht. Es sei denn, die Partner wissen schon genauer, was gut tut. 20 Prozent der Frauen, die an der Studie teilnahmen, konnten allein durch Stimulierung der Brüste zum Orgasmus kommen. »Hin und wieder merke ich, daß ich voll darauf abfahre, und dann sage ich meinem Partner, er soll weitermachen, nicht aufhören mit seinem Geknabber, mit den kleinen Bissen und den Liebkosungen, solange, bis ich fertig werde.« »Kurz bevor es mir kommt, richte ich all meine Gedanken auf meinen Vaginalbereich, auch wenn es eigentlich durch die Brustwarzen ausgelöst wurde.« Und Michelle sagt: »Mir gefällt sowohl ein etwas härterer als auch ein ganz sanfter Druck auf die gesamte Brust oder auch nur auf die Nippel. Und manchmal habe ich das Gefühl, als gäbe es einen direkten Draht von da aus geradewegs in die Vagina. Wie eine Verkabelung, bei der ich an der einen Stelle berührt werde und die Empfindungen sind an der anderen zu spüren. So kann ich zum Orgasmus kommen. Ich bin sehr ruhig, total relaxt, konzentriere mich auf meine Empfindungen. Und dann, ganz plötzlich schüttelt es meinen ganzen Körper von Kopf bis Fuß richtig durch, ohne daß ich was dagegen tun kann: Wallungen, Schauer und Zittern . . .«

Der Intimbereich

Bei vielen Frauen sind die inneren und äußeren Schamlippen von extremer Empfindsamkeit. Sie sollten daher immer einbezogen werden, wenn der Partner die Klitoris stimuliert. Einige Frauen sagen, daß sie hauptsächlich durch Berührung der Schamlippen und mit ein klein wenig zusätzlicher klitoraler Stimulation zum Höhepunkt gelangen. Ingrid, die Frau, die in Kapitel 2 vom gemeinsamen Durchziehen sprach, hat festgestellt, daß sie bei oraler Stimulierung allein durch die Empfindungen im Labialbereich zum Orgasmus kommt.

90 Prozent der Frauen gaben an, durch manuelle Stimulierung der Geschlechtsteile zum Orgasmus zu gelangen. Das kann auf sehr unterschiedliche Weise geschehen. Ginger: »Ich brauche die hauptsächliche Berührung an den Schamlippen. Und dann

tief drinnen in der Scheide.« Andere Frauen mögen es, wenn der gesamte Bereich mit der Handfläche gedrückt und gepreßt wird. »Alles auf einmal – klitoral, vaginal und anal.« »Ich mag Finger innen drin in mir spüren, nicht so sehr an der Klitoris.« »Ich mag den vaginalen und den klitoralen Kick, aber auch der Schamhügel ist empfänglich.« »Die Scheide – rein und raus, die Klitoris – hin und her – und am liebsten: Rein mit der Zunge!« Rufen wir uns Carols Worte ins Gedächtnis, mit denen dieses Kapitel eröffnet wurde: »Heutzutage sind die Männer alle völlig fixiert auf die Klitoris.« Dabei sind viele Frauen bei der Stimulierung mit der Hand mehr interessiert am Vaginalbereich oder an einer Kombination von klitoraler und vaginaler Stimulierung. Oder sie mögen es, wenn der Partner gleichzeitig den Mund, die Finger und andere Gliedmaßen einsetzt, am besten, indem die ganze Zeit alle empfindsamen Stellen des ganzen Körpers berührt und liebkost werden.

Während eines sexuellen Beisammenseins streichelt die Frau meist auch das mehr oder weniger steife Glied ihres Partners. Obwohl viele Frauen eindeutig Gefallen finden am Berühren des pulsierenden Penis und an dessen Beschaffenheit, tragen doch hauptsächlich die Reaktionen und Lustgefühle, die sie dadurch beim Partner hervorruft, zur Steigerung ihrer Erregung bei. Gelegentlich empfinden Frauen selber eine emotionale Befriedigung, wenn sie ihren Partner so zum Orgasmus bringen können. Das ist aber im allgemeinen innerhalb eines längeren Beisammenseins der Fall oder erst, nachdem die Frau voll und ganz auf ihre Kosten gekommen ist und den Wunsch hat, dann auch seine Bedürfnisse zu befriedigen.

84 Prozent aller Frauen kommen durch Cunnilingus zum Orgasmus – also durch orale Stimulierung ihres Genitals. Einige weitere, die zwar keinen Orgasmus dabei erreichen, genießen dennoch die Sache an sich. Einige Frauen sind der Meinung, genitale Küsse seien die optimale Erregungsmöglichkeit schlechthin. Eine Frau meint dazu: »Ich kann durch alles mögliche zum Orgasmus kommen, aber wenn ich mich entscheiden und entweder auf den Koitus oder auf Cunnilingus verzichten müßte, dann würde ich eher den Geschlechtsverkehr aufgeben.« Für andere bedeutet der Oralverkehr den Kulminationspunkt der gegensei-

tigen Annäherung. Erica, die Bildhauerin, meint: »Ich würde zwar nie darum bitten. Aber wenn ein Mann es mir nicht von sich aus mit dem Mund macht, dann fange ich bei ihm damit an. Falls er dann immer noch nicht begreift, daß er es auch bei mir machen soll, werde ich etwas ärgerlich. Kann sein, ich sage dann freundlich was in der Richtung oder ich lege mich einfach so hin, daß mein Körper ihn geradezu herausfordern muß, und hoffe, daß er von allein draufkommt. Ich habe schon die verschiedensten Nuancen erlebt, wenn aber einer überhaupt keine Anstalten macht, es wenigstens mal zu versuchen, bin ich ziemlich enttäuscht und komme mir benutzt vor. Ich hätte dann den Eindruck, er will mich gar nicht wirklich und geht aus irgendwelchen Gründen nicht richtig auf mich ein. Ekelt er sich vielleicht vor mir? Sind Frauen etwa nicht schön? Ich mag es wirklich, und es ist für mich der entscheidende Punkt des gegenseitigen Austausches.«

Viel Zeit und viel Erfahrung sind erforderlich, bis eine Frau den Cunnilingus wirklich entspannt und von ganzem Herzen genießen kann. Ingrid: »Ich kann sowohl bei manuellen als auch bei oralen Praktiken immer zum Orgasmus kommen. Dennoch ist es irgendwie anders, wenn es dir einer mit dem Mund macht. Zum einen denke ich immer, ich müßte dann auch bei ihm dasselbe machen. Aber ich mag es nicht, wenn er in meinen Mund spritzt. Daher habe ich wohl auch immer gedacht – obwohl ich es unsinnig fand – ich dürfte beim Oralverkehr eigentlich keinen Orgasmus haben. Ich hatte einfach immer Schuldgefühle, wenn das doch passierte. Ich glaubte eine Zeitlang, ich müßte meinen Partner unbedingt darauf hinweisen, daß ich kurz vor der Klimax wäre, damit er aufhören und zum richtigen Geschlechtsverkehr übergehen könnte. Aber scheinbar legte niemals jemand Wert darauf, also sagte ich auch nie etwas.«

Und Constance: »Am Anfang fühlte ich mich nicht wohl dabei, konnte mich nicht wirklich entspannen und mich meiner Lust richtig hingeben. Dann hatte ich einen ungeheuer rücksichtsvollen Liebhaber. Der ließ mich spüren, wie sehr er es genoß. Außerdem sagte er, er würde Cunnilingus nie mit irgendwelchen oberflächlichen Bekanntschaften machen. Das schmeichelt einem dann natürlich, wenn ein Mann einer Frau auf diese Weise seine Intimität zu verstehen gibt, und wirklich beabsichtigt, sie glücklich zu machen. Er war bereit, sich bis zu einer Stunde nur oral mit mir zu beschäftigen, um mich zum Orgasmus zu bringen. Dadurch habe ich gelernt, ganz entspannt zu sein dabei, und wurde immer leichter und schneller fertig – wirklich ganz leicht, ohne Probleme. Jetzt genügt es manchmal schon, wenn mich nur jemand an den Schenkeln küßt...«

Doch es gibt auch Frauen, die weiterhin schwerwiegende Vorbehalte gegen den oralen Sex beibehalten, selbst wenn sie dadurch schon zum Orgasmus gekommen sind. Denken wir nur an Emily, die immer erst duschen muß, wenn sie annimmt, es könnte zum Cunnilingus kommen. Andere Bedenken äußert eine Frau, die aus streng christlichen Verhältnissen stammt: »Ich nehme an, es hat damit zu tun, daß wir häufig beigebracht bekommen haben, unsere Geschlechtsteile als etwas Schmutziges anzusehen. Lange Zeit wollte ich es einfach nicht glauben, daß jemand, der mich mit dem Mund stimuliert, die Sache wirklich auch für sich selber als lustvoll empfinden kann. Erst als ich das schließlich doch begriff, konnte auch ich Genuß daran haben; aber ich habe immer noch Schwierigkeiten, so zum Orgasmus zu kommen.«

Weitere Einwände:

> Mein Mann hat mehr Spaß daran als ich. Ich mag es lieber, ihn direkt von Angesicht zu Angesicht zu haben.
>
> Ich kann's einfach nicht ändern. Ich habe Spaß am Analverkehr, aber sein Mund an meiner Muschi, das kommt mir immer unanständig vor!
>
> Die Stimulation ist zu intensiv. Außerdem wissen Männer nicht so genau, wie sie es machen müssen.
>
> Nach einer Weile ist die Stimulierung nicht mehr *stark genug*, auch der Druck und die Empfindungen an den äußeren Geschlechtsorganen, in der Vagina, an den Schamlippen und Schenkeln – und überall im Körper – sind nicht mehr stark genug.

Wir haben diese Einwände hier aufgeführt, um eines damit klarzumachen: Es gibt einfach einige Frauen, die am Oralverkehr kein Vergnügen haben, und deshalb sollten sie sich von ihren Partnern auch nicht dazu zwingen lassen. Viele Frauen sehen den Oralverkehr allerdings als den Gipfel der Intimität an, intimer noch als den Koitus. Deshalb wollen sie ihn auch nicht mit jedem praktizieren. Außerdem hat es was mit Gegenseitigkeit zu tun: Muß eine Frau, wenn sie die genitalen Küsse ihres Partners lustvoll genießt, nicht auch bereit sein, seinen Penis in den Mund zu nehmen? Und darüber hinaus auch seinen Samen schlucken? Hinzu kommt, daß der Grat zwischen Erregung und Überreizung oft sehr schmal ist. Die Partner müssen sich freimütig darüber aussprechen und sich gegenseitig genug Zeit zugestehen, bevor sie auf diesem Gebiet zu einem beiderseitig akzeptablen Agreement kommen.

Nachdem wir all diese Bedenken angeführt haben, wollen wir jetzt noch schnell versichern, daß die überwiegende Mehrheit der Frauen in unserer Studie oralen Sex ausgesprochen aufregend findet.

> Ich fahre voll darauf ab, aber die Männer sollten lernen, daß es nicht allein die Klitoris gibt, sondern auch das Innere und Äußere der Vagina, die Schamlippen, die Schenkel, der Bauch ... Alles, was weich und feucht ist, will geküßt werden.

> Wie wunderbar, wenn er meine Muschi schleckt und alles drumherum. Dann bleibt auch die Klitoris immer schön feucht.

> Phantastisch, das alles! Ich wünsche nur, meine Partner würden noch mehr in der Richtung tun.

> Wirklich wahnsinnig! Ich steh' auf 69, aber oft werde ich dabei so wild, daß ich ihn ganz vergesse und mich nur meinen eigenen Empfindungen hingebe ...

Wie kann es anders sein: Körper und Seele sind eine Einheit, und für viele Frauen vermischen sich Empfindungen und Imaginationen über sich selbst. Kate, die Frau aus Kapitel 4, die im Geist immer ihre Partner entkleidet, bevor sie sich entschließt, mit ihnen ins Bett zu gehen, beschreibt ein weitverbreitetes Phänomen: »Wenn jemand mich leckt, sehe ich manchmal im Geist ganz deutlich, wie meine Klitoris größer wird. Ich kann spüren, wie sie sich steif aufrichtet und denke: ›Himmel, das ist ja genau wie beim männlichen Glied.‹ Ich kann richtig fühlen, wie sie da raussteht. Und ich sehe und spüre die Steifheit, wenn er sie mit den Lippen berührt.«

Noch eine letzte Anmerkung: Frauen, die sich nur schwer oder einfach nur langsam erregen lassen, bezeichnen orale Stimulierung meist als die beste und sicherste körperliche Stimulierungsmethode.

Die Kunst, angenehme klitorale Empfindungen hervorzurufen

Die manuelle und die orale Stimulation der Klitoris ist eine Kunst, die ein besonderes Einfühlungsvermögen des Partners erfordert. Dennoch wird auch bei intuititv begabten oder sehr erfahrenen Liebhabern der Erfolg bestenfalls zum Zufallstreffer, wenn die Frau kein Feedback gibt. Wie Tracy früher bereits sagte: Der zentrale Punkt des Lustempfindens ist nicht gleichbleibend, es ist ein »bewegliches heißes Ziel«, das von einem zum anderen Moment unterschiedlich sein kann und von Frau zu Frau verschieden ist. Selbstverständlich gibt es viele unsensible Männer, die davon ausgehen, alle Frauen wären gleich. Oder sie wissen auch grundsätzlich nicht, wie Frauen beschaffen sind. Dorothy, der peppige Rotschopf aus Kapitel 2, bestätigt das: »Ich merke sofort den Unterschied, ob einer ein guter oder ein schlechter Liebhaber ist. Wenn er dich lecken will und dabei als allererstes auf den Kitzler lossteuert und daran zutzelt, dann hat er keine Ahnung. Mit der Zunge ganz leicht daran herumspielen, das wäre alles, was er tun sollte. Aus unverständlichen Gründen wollen die meisten gern dran saugen. Als ob eine Frau beim Fellatio auch nur das tun würde! Keine macht das, denn wir wissen ja, was gut ist! Anders ist es, wenn man kurz vorm

Orgasmus ist. Dann kann er ruhig ein bißchen saugen. Aber vorher ist es nur irritierend.«

Etwa die Hälfte der Frauen bevorzugt eine eher ›indirekte‹ klitorale Stimulierung, die anderen wollen ›direkt‹ stimuliert werden. Direkt heißt in diesem Fall an der Spitze der Klitoris, wo die Eichel aus der sie umgebenden Haube herausragt. Unter indirekter Stimulierung verstehen wir die seitliche oder auch obere Berührung der von der Hautkappe bedeckten Klitoris und des oberen Bereichs der Haube, wo sie in Richtung Schambein zum Körper hin samt der Wurzel der Klitoris ins Körpergewebe übergeht.

Hier einige Beispiele, weshalb die indirekte Stimulierung bevorzugt wird, wobei im allgemeinen auch die Berührung mit der Hand einbezogen wird:

> Ich mag die Berührung an den Seiten der Haube, aber auch zu den Schamlippen hin. Die Eichel und der obere Bereich, wo die Hautkappe in die Schamlippen übergeht, sind immer viel zu empfindlich.

> Ich mag leichten Druck über eine größere Fläche, etwa durch eine kreisende Bewegung des Handtellers. Die meisten Männer machen es zu direkt und zu intensiv.

> Berührung im gesamten Bereich, in großen, weit gezogenen Kreisbewegungen.

> Am liebsten habe ich es, wenn er mit zwei oder drei Fingern leicht die Oberfläche und die Seiten der Hautkappe berührt. An der Spitze direkt ist die Berührung viel zu stark, zumindest zu Beginn. Wenn ich aber schon stark erregt bin, vertrage ich auch ein bißchen direktere Stimulierung.

Der Bereich am oberen Teil der Haube, dort, wo die Klitoris in den Schamhügel mündet, ist oft extrem empfindlich. Viele Frauen sagen, es sei zu erregend und kaum auszuhalten, dennoch gibt es eine Minderheit, die – besonders kurz vor dem Orgasmus – gerade die Stimulierung dieser Stelle als Auslöser für multiple Orgasmen ansehen.

Hier einige Beispiele, in denen eine direkte Stimulierung bevorzugt wird – im allgemeinen durch orale Praktiken.

> Die Zunge, wenn sie direkt die Eichel berührt und die Haube zurückgeschoben ist, kann jederzeit den Orgasmus hervorbringen.
>
> Ganz direkt, aber mit gleichzeitigem Druck auf den gesamten Bereich. Ich liebe es, wenn er mit der Zunge von hinten nach vorn gleitet – vom Arschloch durch die Muschi bis zur Spitze und zum oberen Endpunkt des Kitzlers.
>
> Nach einer Weile will ich alles auf einmal: direktes Lecken und vibrierende Auf- und Abbewegungen mit der ganzen Zunge, dann festes Saugen an der Klitoris.
>
> Ganz direkter, ziemlich fester Druck an der Spitze der Klitoris. Zunächst ist das fast schmerzhaft, aber ich mag es trotzdem.

Natürlich mögen viele Frauen sowohl direkte als auch indirekte Stimulierung. Es zeichnet sich dabei ein bestimmter Trend ab: Fast alle Frauen, die beides mögen, wollen gern am Anfang leichtere, indirekte Berührungsreize und dann allmählich mehr Direktheit, größere Intensität und vor allem stärkeren Druck, wenn sie kurz vor dem Orgasmus sind. »Erst leichte, kreisende Druckbewegungen, doch später, beim Orgasmus mag ich auch direkt an der Eichel richtig andauernden Druck. Und wie!« »Vor und zurück, mal leicht über die Klitoris drüber und auch an den Innenseiten der Beine. Aber kurz vorm Orgasmus brauche ich Druck direkt an der Spitze.« Zwar eher als Ausnahme denn als Regel kommt auch genau das Gegenteil vor: »Ich mag den Reiz direkt oben auf der Kappe und an den Seiten und richtig feste kreisende Bewegungen. Aber dicht vorm Orgasmus mag ich's lieber indirekt, wenn der gesamte Bereich der Vulva einbezogen wird.«

Der richtige Augenblick und die richtige Art der Berührung sind also entscheidend. Wenn ein Liebhaber zu lange immer nur an derselben Stelle bleibt oder zu schnell wieder darauf zurückkommt und zu früh mit zu großer Intensität loslegt, dann wird ein anfänglich lustvolles Empfinden bald zum Ärgernis oder zur Qual. »Ich mag es sehr fest, mag auch direkt unter der kleinen Haube berührt werden. Aber selbstverständlich nicht pausenlos am selben Fleck!« »Ich mag eine ganz direkte Stimulation, doch nach einem starken Höhepunkt möchte ich die nächsten fünf Minuten am liebsten überhaupt nicht angefaßt werden.« »Die Art der Berührung und die Stellen müssen wechseln. Dazu braucht man Bewegung und viel Einfühlungskraft...«

Fellatio als Mittel zur eigenen Erregung

Eine überwiegende Mehrheit – 85 Prozent – der Frauen in dieser Studie hat Vergnügen an aktiven oralen Sexpraktiken, also Fellatio, mit dem Partner. Viele empfinden eine starke Erregung, während sie Fellatio machen, aber oft sind besondere Bedingungen und Situationen als Begleitumstände erforderlich, damit eine Frau wirklich Spaß daran haben kann. Da Frauen den Akt als extrem intim ansehen, suchen sie sich den Partner, mit dem sie oralen Sex praktizieren wollen, meist besonders sorgfältig aus. Der eigene Genuß wird im allgemeinen erst nach und nach erlernt. Doch selbst entdeckungsfreudige und sinnliche Frauen können sich manchmal nicht besonders dafür begeistern.

Besonders orgasmusfähige Frauen sind in der Lage, körperliche und psychische Erregungszustände miteinander zu verschmelzen; das wird nirgendwo deutlicher als an dem offensichtlichen Vergnügen, mit dem Frauen Fellatio betreiben. Sie integrieren die taktilen, körperlich spürbaren Empfindungen und die gedanklichen Lustreize, die sie durch die Erregung des Partners empfangen. Und hinzu kommen auch noch die eigenen lustvollen psychischen Eindrücke. Tina ist Verkaufsleiterin, Ende 30, Mutter von zwei Kindern. Sie hat ihren Schulabschluß an einem Internat für begabte katholische Mädchen gemacht. Sie ist groß, schlank und hat ihren eigenen Stil, was sich auch in ihrer bestimmten Art zu reden zeigt. »Wenn ich einen Mann mit dem Mund befriedige, dann fühle ich mich sehr eins mit ihm; ich werde zu einem Teil seines Penis. Auch wenn wir uns beide gegenseitig oral berühren, habe ich immer diese Empfindung.

Es ist nicht wirklich ein Gedanke, sondern ein Gefühl der Verschmelzung. Wenn ich in ihn eindringe, steigert das meine Erregung noch mehr, und erst wenn er kommt, dann ist das ausschließlich seine eigene Sensation, und ich bin nicht mehr einbezogen. Es gibt Momente, da habe ich das Gefühl, in seinem Penis drin zu sein. Ich komme mir vor, wie in einer Röhre und kann richtig sehen, wenn es ihm kommt. Es fängt an, wenn er kurz davor ist, und steigert sich, als hätte ich die Kontrolle über mein Hirn und meine Empfindungen aufgegeben. Und dann verliert auch er die Kontrolle, und wir können es beide nicht mehr länger zurückhalten. In meinen Vorstellungen kommt es dann oben herausgesprudelt wie ein kleiner klebrig-warmer Springbrunnen . . .«

Im allgemeinen betreiben Frauen Fellatio – auch wenn sie Spaß daran haben – in erster Linie als Vorspiel. Kurz vor dem Orgasmus des Partners wollen sie meist doch lieber zur engeren Vereinigung des Koitus übergehen. Ob eine Frau aber nun überhaupt Gefallen findet und erregt wird, wenn sie Fellatio macht, ob sie den Samen des Mannes in ihren Mund aufnehmen mag, den Geschmack und das Runterschlucken genießen kann – das alles sind absolut persönliche Entscheidungen. Sie sind von Frau zu Frau sehr unterschiedlich und auch je nach Partner und Situation verschieden. Es bleibt eine Angelegenheit, die jede Frau selbst zu entscheiden hat und offen ansprechen muß. Der allgemeine Anstand verlangt, daß der Partner nie darauf bestehen darf, nie Zwang ausüben sollte und eine Frau nicht einmal dazu überreden sollte, seinen Penis in den Mund zu nehmen oder den Samen zu schlucken, wenn ihr das nicht angenehm ist. Zwang, Überredung und unvorhersehbare Überraschungen unterbrechen ihre Erregungsphase, zerstören das Vertrauen zu ihm und können ihr eventuell sogar insgesamt den Spaß an der sexuellen Beziehung verderben.

Sich selbst eine Freude machen

Etwa die Hälfte der Frauen in unserer Studie berühren und streicheln frei und ungehemmt den eigenen Körper während des Liebesakts – die Haut, die Brüste und auch das Genital. Viele erfahrene Liebhaber finden das höchst erotisch. Einem experimentierfreudigen und einsichtigen Partner zeigt diese Eigenstimulierung der Frau möglicherweise auch an, daß sie die »Kontrolle aufgibt«, daß sie von Leidenschaft überwältigt, von ihrer Lust hingerissen wird.

Doch die andere Hälfte der Frauen berühren sich selten bis nie während des Liebesspiels mit dem Partner. Die Gründe dafür sind sehr verschieden. Manch eine Frau ist der Meinung, daß Körperberührungen ausschließlich Aufgabe des Partners sind. Und viele haben Hemmungen, verspüren – wie sie häufig sagen – eine ›Scheu‹ davor. Wieder andere haben das Gefühl, es würde ihrer sinnlichen Ausstrahlung Abbruch tun, wenn sie sich selber streicheln. »Manchmal würde ich es gern tun, aber ich schäme mich und habe eventuell sogar das Gefühl, ich würde dadurch an Anziehungskraft verlieren.« Andere Frauen bekümmern vor allem die ablehnenden Reaktionen des Partners. »Ich habe Angst, es könnte ihn erschrecken, weil er vielleicht annimmt, es bedeutet, daß er es nicht gut genug gemacht hat.« »Ich fürchte, er denkt, ich sei pervers oder mehr an mir selbst interessiert als an ihm.« Eine Frau, die niemals masturbiert, wird wahrscheinlich auch zusammen mit einem Mann kaum jemals ihre Klitoris berühren, wobei dieselbe Frau ohne weiteres sehr liebevoll die eigenen Brüste streicheln mag.

Frauen werden aber sehr oft einfach stark erregt, wenn sie ihre Haut und bestimmte Stellen des Körpers berühren. Speziell Koitus-Stellungen, bei denen er von hinten in sie eindringt oder wenn sie zusätzliche klitorale Berührung braucht, um beim Geschlechtsverkehr zum Orgasmus zu kommen, der Partner aber ablehnend oder zu ungeschickt ist, um es zu tun, erfordern bei der Frau die zusätzliche Eigen-Stimulation, damit sie lustvoll genießen kann.

> Manchmal mache ich es, indem ich meine Hand über seine lege, wenn er meine Vulva berührt, oder seine Hand mit den Fingern bewege. Oder ich spiele auch mit meinen Brüsten, während er es tut. Es erregt Männer, wenn man so heiß ist, daß man sich einfach selber berühren und masturbieren muß.

Wenn er mit seiner Zunge in meine Scheide eindringt oder an den Schamlippen oder der Innenseite der Schenkel spielt, liebe ich es sehr, selber meine Klitoris zu streicheln. Wenn er mich von hinten nimmt, dann drücke ich von vorn mit beiden Händen, um dadurch mehr Stimulierung zu bekommen.

Ich gehe sehr frei damit um. Ich berühre mich sogar selbst, wenn ich auf ihm drauf bin, denn ich brauche viel Feuchtigkeit und auch klitorale Reizung. Ich habe keine Scheu davor, meinem Partner dabei behilflich zu sein, daß es mir kommt. Er hat doch selber Genuß daran, daß es mir Lust macht. Die meisten Männer mögen das. Ich habe festgestellt, daß es manche ganz wild machen kann. Aber – offen gesagt –, auch wenn sie es nicht mögen, wäre es mir ziemlich egal.

Kate sagt, sie hätte dabei das Gefühl von völligem Dabeisein. »Es ist so aufregend, die Lust am eigenen Körper zu verspüren, während man gleichzeitig den Körper des anderen genießt. Meine Beine, die Innenseiten der Schenkel, das ist alles so empfindlich ... Wenn er mich mit dem Mund befriedigen will, dann ist es ein absolut scharfes Gefühl zu wissen, daß ich mit den Fingern da bin, wo auch seine Lippen sind. Und es stimuliert ihn ebenso, wenn ich mich daran beteilige. Der Gedanke und die Emotionen und die eigenen Empfindungen sind alle zusammen das Höchste an Erregung.«

Anale Liebkosungen

Der After oder Anus liegt in so unmittelbarer Nähe der Geschlechtsteile, daß er selbst eine zentrale Zone für hocherotische Sensationen ist, genau wie die Pobacken und die empfindsame Haut der inneren Schenkelseiten. Eine Stimulierung der Muskeln des Afterringes überträgt die Reize auch auf die angrenzenden Bereiche. Die vordere Rektalwand grenzt an die Vagina, und die anale Muskulatur kontraktiert normalerweise mit, wenn eine Frau einen Orgasmus erlebt. Die ganze Region hängt zusammen und ist insgesamt erotisch höchst reizbar. Und dennoch wird der Analbereich als verbotene Zone empfunden und mit Beschränkungen belegt, die sowohl emotional begründet sein können als auch ästhetisch oder aus hygienischen Gründen oder wegen früherer unangenehmer Erfahrungen.

Zunächst muß eine praktische Vorsichtsmaßnahme auch hier noch einmal wiederholt werden: Der Anus ist voll von nicht immer harmlosen Keimen und Bakterien. Um möglichst zu vermeiden, daß diese in die Scheide eindringen und dort Infektionen hervorrufen, sollte jede Frau (und jeder verantwortliche Partner) nie direkt von der analen Stimulierung dazu übergehen, die Schleimhäute des Genitalbereichs zu berühren. Selbst, wenn die Berührung nur äußerlich war und die Frau sich vorher sorgfältig gewaschen hat, ist Vorsicht angesagt. Nach einem Kontakt mit der Analzone sollte der Partner grundsätzlich erst seine Hände waschen und – wenn es notwendig ist – auch gründlich den Penis reinigen. Auch eine Frau muß, sollte sie den Mann anal berührt haben, unbedingt vorsichtig sein, wenn sie sich anschließend selbst am Genital anfaßt. Also, wer sich dadurch nicht abschrecken läßt, den wird wahrscheinlich auch sonst nichts davon abhalten können.

Viele, sonst sehr abenteuerlustige und höchst lustvolle Frauen verabscheuen anale Praktiken. »Total indiskutabel – pfui!« »Ich ekle mich davor. Es ist das einzige, was ich meinem Mann verbiete.« Carol, eine angestellte Krankenschwester, hat keinerlei Spaß daran finden können, »wegen der ästhetischen und der gesundheitlichen Aspekte«.

Eine andere Frau befürchtet eine Verschlimmerung ihrer sowieso schon schmerzhaften Hämorrhoiden. Auch Julia, die wir schon als an Sklavenspielen interessierte Swingerin kennengelernt haben, die in ihren lustvollen Aktivitäten zu reichlich häufigen Orgasmen fähig ist, lassen Praktiken dieser Art völlig kalt: »Er braucht nur irgendwelche analen Dinge zu erwähnen, schon törnt mich das ab; ebenso stört mich auch schon die geringste Berührung mit dem Finger. Es bringt mich so raus, daß allein schon dadurch, daß es überhaupt angeklungen ist, meine Orgasmusfähigkeit schwer angeschlagen ist.« Die Konsequenz daraus ist, daß Frauen ganz deutlich – in Worten und durch Körperreaktionen – mitteilen sollten, was sie von analer Stimulierung halten. Und der Partner sollte sich dann entsprechend den von der Frau geäußerten Wünschen verhalten. Nichts kann so schnell die Lust verderben wie eine unerwünschte anale Berührung.

Nachdem nun so unerbittlich dieser Standpunkt vertreten worden ist, wollen wir doch langsam auch die andere Seite der Erfahrungen hören, die von der Mehrzahl der Frauen dieser Untersuchung angeführt werden. Mehr als zwei Drittel der Frauen haben hin und wieder Spaß an analen Liebkosungen als Teil einer Liebessequenz. Die Betonung liegt dabei auf dem gelegentlichen Vergnügen, da anale Stimulierung sehr widersprüchliche Empfindungen auslösen kann. »Seltsam, manchmal erregt es mich, und manchmal stößt es mich ab.« »Gelegentlich bringt ein Finger im After den richtigen Auslöser zum Orgasmus, aber ein andermal lenkt er mich ab.« »Es ist unterschiedlich, manchmal macht es mich scharf, manchmal nicht. Der Bereich ist sehr empfindlich, und ich mag die Sache gern steuern, nicht aber einem anderen überlassen, was da geschieht.« Ob eine Frau an der analen Stimulierung Spaß hat, hängt sehr oft vom Partner ab, von ihrer Stimmung, von der Situation und vom Stadium der Erregung – vielleicht sogar vom Stand des Mondes. Einfühlsame Partner respektieren solche Entscheidungen.

Anales Petting umfaßt eine Vielzahl verschiedener Stimulationsmöglichkeiten, vom leichten äußerlichen Liebkosen und Streicheln zur leichten Penetration mit einem Finger oder mit der Zunge bis zum tieferen Eindringen des Fingers. Wie schon oben erwähnt, können die Bedürfnisse einer Frau sehr unterschiedlich sein. Wie die Stimulierung immer sein mag, in diesem Buch geht es erklärtermaßen um die Luststeigerung der Frau und nicht um ihre Willfährigkeit gegenüber einem Partner. Manche Männer haben Phantasien über tiefe anale Penetration, um so einer Frau gegenüber ihre endgültige Dominanz zu zeigen und ihre absolute Aufgabe, ihre absichtliche und demütige Unterwerfung zu spüren. Doch solche Vorstellungen sind wohl kaum geeignet, den meisten Frauen den Orgasmus zu erleichtern.

In allen Fällen, in denen Frauen anale Stimulierung mögen, geschieht es in Kombination mit anderen Praktiken oder hauptsächlich als letzter Kick an der Schwelle zur Klimax:

Natürlich mag ich die äußere Berührung. Sie gehört zum Liebesakt dazu und bedeutet einen angenehmen zusätzlichen Stimulus. Ich tue es auch bei ihm.

Nichts dagegen, aber tiefes Eindringen kann zuerst unangenehm sein, bevor man sich dran gewöhnt hat. Und dann ist es ganz phantastisch; vor allem in Kombination mit tiefen Zungenküssen.

Da ein Finger drin – das ist schon ein starker Kick zur Steigerung der sexuellen Begierde. Ich habe ganz besondere Orgasmen, wenn er es kurz vorm Ende des Koitus macht. Ich werde dadurch so weit geöffnet, daß mein Körper einfach losläßt und es kommen läßt.

Die Gegenseitigkeit macht das Spiel noch erregender. Ein Drittel der Frauen, die ihre Partner anal berühren, wenden verschiedene Techniken an. Vom leichten äußerlichen Umkreisen bis zur tiefen Penetration mit dem Finger empfinden es die verschiedenen Frauen höchst lustvoll, es zu tun. »Ich stehe auf Männerpos, und es erregt mich sehr, sie zu liebkosen! Ich lasse mich selbst gern anal berühren und möchte es auch bei ihm tun. Ich habe ihm versichert, daß er sich daran gewöhnen würde, und ich schwöre, genau das hat er jetzt getan.« Oft erfolgt anales Petting der Frau als natürliche Reaktion auf die Liebkosung, die von ihm kommt. »Wenn wir 69 machen und er berührt mich anal, dann machen meine Finger ganz automatisch das gleiche bei ihm.« Einige Frauen, die die männliche Prostata entdeckt haben, wenden es manchmal an, um seinem Orgasmus noch den letzten Anschub zu geben. »Aber ja, ein tiefes Eindringen mit dem Finger kann manchmal die Intensität seines Orgasmus ganz zum Schluß richtig hochbringen und seine Ejakulation verlängern und verstärken.« Einige Frauen geben zu bedenken, daß auch Männer anal mit Vorsicht zu behandeln sind. »Er mag es gar nicht, wenn ich in ihn eindringe.« »Wenn ich ganz scharf bin, dann macht es mir Spaß, sowohl mit der Zunge als auch mit dem Finger meinen Partner anal zu liebkosen. Aber manche Männer ziehen nicht mit, man sollte es erst vorher andeuten.«

Die Entscheidung, ob sie es tun will oder nicht, liegt einzig und allein bei der Frau. Doch falls sie Spaß daran hat, gibt es keinen Grund, deswegen Schuldgefühle zu haben. Viele der leicht zum Orgasmus kommenden Frauen bezeichnen es als ausgesprochenen Lustgewinn.

Analverkehr

Hier sei noch einmal darauf hingewiesen, daß die Frauen dieser Studie alles andere als durchschnittlich sind. Wahrscheinlich sind sie alle miteinander sexuell weitaus aufgeschlossener als die durchschnittliche Mehrheit der Bevölkerung.

Für viele Frauen ist allein schon der Gedanke an Analverkehr von vornherein eher unangenehm oder gar abstoßend. Ihre grundsätzliche Abneigung drückt sich meist so aus: »Niemals! Sowas würde ich nie mitmachen!« Einige Frauen haben es mal probiert, möchten die Erfahrungen aber nicht wiederholen: »Einmal und nie wieder!« »Grauenvoll – ich würde es nicht noch einmal machen!« Doch mehr als die Hälfte unserer Teilnehmerinnen haben zumindest den Analverkehr versucht, und ein Drittel kann sich gelegentlich dafür begeistern.

Häufigkeit und Grad des Interesses sind äußerst unterschiedlich. Einige Frauen machen es hauptsächlich aus Gefälligkeit gegenüber ihren Partnern. Andere tun es sehr selten, weil es ihnen Unbehagen verursacht. »Ich habe zwar hin und wieder Spaß daran, aber es ist immer ein bißchen schmerzhaft.« »Ich mag die Empfindungen zwar, aber es bringt mein Inneres jedesmal für eine ganze Woche durcheinander. Vielleicht einmal im Jahr finde ich's akzeptabel.«

Mehrere Frauen haben es ausprobiert und Vergnügen daran gefunden, die Sache aber aus gesundheitlichen und medizinischen Erwägungen wieder aufgegeben, wobei in jüngster Zeit AIDS eine wachsende Bedeutung bekommt. Frauen sollten auf jeden Fall volles Vertrauen haben zu ihren Partnern und deren sexuelle Vergangenheit kennen. Darüber hinaus besteht Anlaß zu Befürchtungen, daß möglicherweise durch den Analverkehr und/oder die wiederholte Aufnahme des Ejakulats das körpereigene Immunsystem geschädigt werden könnte. Deshalb sollte der Mann beim Analverkehr grundsätzlich Kondome benutzen

– zu seinem eigenen Schutz vor Harnwegsinfekten und auch, um die Partnerin zu schützen.

Vorausgesetzt sie erhalten zusätzliche klitorale und sonstige Stimulierung waren 10 Prozent der Frauen auch beim Analverkehr orgasmusfähig. Weitere 10 Prozent berichten, sie kämen zum Orgasmus, auch wenn der Analverkehr die einzige Stimulierung ist.

> Mein Mann wollte es, und ich habe mich damit anfreunden können. In Kombination mit klitoraler Reizung erlebe ich dabei extrem starke Orgasmen.

> Ich mag es als Abwechslung und in vielen verschiedenen Stellungen, z. B. wenn ich auf dem Rücken liege und meine Beine sehr weit hochziehe. Oder ich liege auf dem Bauch oder wir machen es in der Hunde-Stellung. Vaginal finde ich zwar immer besser, aber er spürt mehr bei meinen analen Kontraktionen.

> Wenn einer keinen allzugroßen Penis hat und ich bin in der »richtigen« Stimmung dafür, also richtig gierig scharf und »high«, dann kann mich überhaupt nichts rausbringen. Ich signalisiere, daß ich es will, indem ich meinen Körper in der richtigen Position anbiete. Er muß mich nehmen, ich bin der passive Teil. Analverkehr, manuelle vaginale Stimulierung mit den Fingern, die Klitoris, meine Nippel, die Brüste – er kann mit mir machen, was er will.

Vor jeder Art von analer Penetration sollte die Frau weitgehendst erregt und vor allem sehr feucht sein. Das Eindringen muß sehr vorsichtig geschehen. Sanft und zögernd, ein langsames Hineingleiten, bei dem der Druck immer wieder unterbrochen wird, sogar das Herausziehen kann ihr helfen, sich daran zu gewöhnen. Der After ist nicht wie die Scheide, und alle Vorstellungen von Stoßen sollten auf der Stelle wieder verworfen werden. Im allgemeinen ist es ratsam, nicht sehr tief einzudringen, denn im Normalzustand sind die analen Muskeln fest zusammengezogen und daher ist das Rektum nicht auf plötzliche Stoßbewegungen vorbereitet. Die Frau braucht Zeit, die Muskulatur zu entspannen und etwaiges Schmerzempfinden durch die wachsenden erotischen Reize zu überspielen. Ja, es schmerzt. Fast alle Frauen – selbst solche, die beim Analverkehr zum Orgasmus kommen konnten, mußten erst Unbehagen und Schmerzen überwinden, bevor sie Gefallen daran fanden.

Für viele Frauen ist der Analverkehr nur eine erregende Phantasievorstellung, was die Männer nicht als Anlaß nehmen sollten, es auch tatsächlich zu tun. Nur wenige Frauen empfinden das Eindringen des Penis wirklich als lustvoll, und wenn das der Fall ist, brauchen sie vorher unbedingt ein hohes Maß an vorbereitender sexueller Erregung, wenn nicht sogar ein oder zwei Orgasmen.

Eine Frau, die zum Orgasmus kommen will, sollte nie etwas mitmachen, das sie sexuell abstößt, und sich auch von ihrem Partner nicht dazu überreden lassen. Die meisten Frauen empfinden den Analverkehr eher in dieser Richtung. Wenn es Sie jedoch reizt, dann möchten Sie die Sache vielleicht ausprobieren. Aus hygienischen und anderen Gründen spülen erfahrene Frauen, bevor sie analen Verkehr zulassen, ihr Rektum gründlich durch. Neulinge sollten auf jeden Fall sicherstellen, daß genügend Gleitfähigkeit durch entsprechende Substanzen vorhanden ist.

Wenn die vorher erwähnten Vorsichtsmaßnahmen getroffen sind, kann für einige Frauen der Analverkehr hin und wieder zu einem zusätzlichen lustvollen Erlebnis werden.

Orgasmus beim Geschlechtsverkehr 7

Um beim Geschlechtsverkehr einen Orgasmus zu bekommen, mußt du in der Lage sein, die Sache ein bißchen zu steuern – nur gerade so viel, daß du deinen Vorteil wahrnehmen kannst und dir holst, was dich abfahren läßt. *Tamara*

Wenn wir uns eine sexuelle Beziehung zwischen Mann und Frau vorstellen, kommt uns ganz selbstverständlich der übliche vaginale Geschlechtsverkehr in den Sinn. Für die meisten von uns bedeutet der Liebesakt die totale Vereinigung, Ausdruck einer wundervollen Kombination von inniger Liebe und Sexualität. Der Geschlechtsakt scheint die Erfüllung beiderseitigen Vergnügens zu sein, gegenseitigen liebevollen Interesses und überwältigender Gefühle. Dennoch stellen viele Frauen fest, daß sie während des Geschlechtsverkehrs nur höchst selten zum Orgasmus kommen. Ein Mann – vorausgesetzt, er bekommt erst mal eine Erektion und kann sie dann auch aufrechterhalten – geht normalerweise davon aus, daß er seinen Orgasmus ohne weiteres durch anhaltendes Stoßen und Reiben erreichen kann. Der Geschlechtsakt ist für ihn genau das, was er braucht. Eine Frau ist in ihrer Sexualität ganz anders veranlagt, ist ein sehr viel komplexeres Wesen. Möglicherweise drängt ihr Partner sie zum Geschlechtsverkehr, noch ehe ihr vielschichtiges erotisches System auch nur die Schwelle des Orgasmus erreicht hat, um dann vielleicht auf dem schnellsten Wege seinen Höhepunkt zu erreichen. Selbst, wenn sie durch sein ausdauerndes, aufreizendes Vorspiel höchst erregt ist, kann es passieren, daß der Koitus ihre Erregung eher reduziert als steigert. Bei vielen Frauen ist der Scheideneingang nicht besonders empfindlich, und die Art, wie sich der Partner bewegt, bewirkt häufig nicht gerade den notwendigen Reiz der Klitoris oder den Druck auf die vaginalen Muskelpartien – ganz zu schweigen von dem Druck auf den berühmten, hocherogenen, sehr individuellen »Punkt«, irgendwo in ihrer Vagina. Auch psychologische Umstände können ihren Orgasmus erschweren. Kann sein, das, was sie tut und wie sie stimuliert wird, paßt ganz und gar nicht zu ihren Phantasievorstellungen. Oder die besondere Stimulierung, die sie eigentlich brauchen würde, empfindet sie als »unschicklich« oder »nicht damenhaft«. Vielleicht hat sie auch eine Scheu davor, ihre Gedanken abschweifen und eigene, erregende Wege gehen zu lassen, während ihr Körper völlig andere Erregungen braucht und auch bekommt.

Hauptanliegen dieses Kapitels ist es, Frauen dabei zu helfen, etwaige selbst gestellte Fallen zu meiden, um auch beim Geschlechtsverkehr zum Orgasmus zu kommen.

Gleich zu Beginn soll allerdings einem Mißverständnis vorgebeugt werden: Es steht nirgendwo geschrieben, daß eine Frau beim Geschlechtsverkehr einen Orgasmus haben *muß*. Sie kann ihn vorher oder nachher haben und den Akt dennoch genießen und als Teil ihrer vollkommenen Befriedigung erleben. Zwar waren alle Frauen dieser Studie in der Lage, beim Geschlechtsverkehr zum Orgasmus zu kommen, etwa zehn Prozent benötigen aber immer zusätzliche klitorale Reizung. Was erwartet eine Frau außer der emotionalen Befriedigung beim Geschlechtsverkehr? Zuerst einmal stillt sie ihre körperlichen Bedürfnisse, dann die geistigen. Für ungefähr die Hälfte aller Frauen ist der Druck auf die Klitoris, für die andere Hälfte der Druck in der Vagina wichtig, und nur für eine kleine Zahl der Frauen bedeutet beides zusammen den Himmel auf Erden. Merken Sie sich das Wort »Druck«, denn es wird noch oft auftauchen. Es gibt da auch Ausnahmen (wenn Sie sich als eine solche ansehen, dann bleiben Sie dabei!). Aber, ob nun vaginal oder klitoral, ob der Reiz durch Rubbeln, Stoßen oder durch Strecken und Dehnen ausgelöst wird: Die wichtigste, am meisten erregende, den Orgasmus auslösende Sensation, die eine Frau sich wünscht, kann am besten als »Druck« beschrieben werden, als umfassende, anhaltende und alles beherrschende Empfindung des Drucks auf die Vagina und die Klitoris.

Wie kommt eine leicht orgasmische Frau zu ihrer gewünschten Befriedigung? Normalerweise, wenn sie die für sie wirkungsvollsten Stellungen kennt, und sicherstellen kann, daß die auch irgendwann eingenommen werden.

Nochmals: Wenn Sie diese kurzen Ausführungen lesen, versuchen Sie sich die Atmosphäre, die Sie während eines Liebesaktes umgibt, vorzustellen – das Aufwallen der Gefühle: alles was Sie sehen, hören und fühlen, riechen und tasten können.

Lassen Sie sich von einigen Frauen erzählen:

Lily ist 25 und stammt aus einer sehr religiösen Familie. Sie ist eine attraktive Frau; ihre kurzen braunen Haare betonen die breiten Wangenknochen. Sie hat intensive sexuelle Erfahrungen sowohl mit Männern wie mit Frauen: »Während des Geschlechtsverkehrs gehen mir ständig Phantasievorstellungen durch den Kopf. Ich versuche meine körperlichen Empfindungen zu visualisieren, oder ich überlasse mich meinen Gefühlen. Normalerweise ist das Dominanz; dennoch ist meine Lieblingsposition die Mann-Oben-Stellung. Die mag ich besonders, weil ich dadurch am meisten Druck und Reiz an Vagina und Klitoris verspüre. Ich kann mich auf und ab bewegen, meine Hüften unterstützend anheben und mich an ihn pressen. Aber in anderen Situationen, wenn der Partner meine Körpersprache nicht versteht, ist es mir lieber, oben zu sein, um die Stimulation selber steuern zu können.«

Eine andere Frau: »Ich bin gerne unten, um meine Stimulation selbst regulieren zu können. Ich kann ihn von dieser Position aus viel besser führen und bewegen – es ist aber keine Frage der ›Dominanz‹. Auch wenn der Mann unten ist, kann er mich hin und her bewegen, mit meiner Muschi spielen, mit meinen Titten, Po, Hüften, alles was er will, und dabei ganz schön dominant sein!«

Natalie: »Wenn ich oben bin, kann ich mich an ihn pressen, und meine Klitoris an ihm reiben. Aber wir beide mögen es am liebsten von hinten, wenn ich mich hinknie, mit dem Gesicht nach unten, oder Seite an Seite liegend mit viel Haut- und Körperkontakt. Dabei kann er mit meiner Klitoris spielen, sie sanft streicheln. Ich führe seine Hände dorthin oder mache es mir selbst. Manchmal sprechen wir dabei, dann erzähle ich ihm, daß ich naß bin und von ihm gebumst werden will – die ganze Zeit über wandern meine Gedanken ins Abstrakte, wunderbare Bilder entstehen ...«

Iris: »Ich liebe es, dominant zu sein, aber ich will beim Bumsen auf dem Rücken liegen, die Beine auf seinen Schultern. Das gibt mir ein ganz intensives Gefühl, ich spanne meine Vaginalmuskeln an, kann ihn wegdrücken, wenn mir danach ist, und unsere Hände auf meine Klitoris legen. Aber wenn ich kurz vor dem Orgasmus bin, dann brauche ich das Gefühl ›gefüllt zu sein‹: Ich muß den Druck seines Penis tief nach hinten oben spüren. Ich bin auch manchmal oben, aber das mache ich eigentlich nur ihm zuliebe. Aufrecht auf meinen Knien, wie eine Bauchtänzerin die Hüften drehend, mit angespannter Beckenbodenmuskulatur. Bei der Hundestellung ist es noch wieder was anderes – doch dabei komme ich viel zu schnell. Das ist, als würde er innen in meiner Vagina nur auf einen Knopf drücken.«

Eine andere Frau: »Ich bin gerne passiv. Und worauf ich am meisten steh', ist ein Typ, der mich total geil macht, wenn ich unten liege. Aber ich habe noch nicht so viele Männer gehabt, die sich dabei richtig gut angestellt haben. Wenn ich oben bin, ist für mich die Sache hundertprozentig sicher, deshalb fange ich manchmal so an, nur um mich anzuheizen, wechsle schnell die Stellung und werde dann normalerweise sofort fertig.«

Michelle: »Die Stellung ist mir egal. Ich mag die Abwechslung, und die ist von meiner Stimmung abhängig. Es ist in Ordnung, wenn mein Partner oben ist, ich weiß dann optimal, wie ich's mir einrichten kann. Ich habe kräftige Beine, und wenn es ihn glücklich macht, dann lasse ich ihn in dem Glauben, daß er allein die Sache steuert. Das steigert seine Stimmung, und ich weiß genau, daß ich alles unter Kontrolle habe.«

Rachel ist 21 und hat gerade die High-School abgeschlossen.

Klein und üppig, wie sie ist, vermittelt sie einen Eindruck von Besonderheit, ist dabei sachlich, mit einem kühlen Hauch Pedanterie. Sie selbst beschreibt sich als offen und bestimmend in ihrem täglichen Umgang mit Menschen. Aber beim Liebesakt stellt sie sich immer vor, daß sie von ihrem Liebhaber völlig beherrscht werde. »Ich benütze meine Beckenbodenmuskulatur, um einen Rhythmus zu finden, und dann, kurz vor dem Orgasmus, bin ich so angespannt, daß ich seinen Penis tief in mir spüren will, und zusätzlich einen starken Druck auf Becken, Schambein und Klitoris brauche. Deshalb mag ich es nicht gern, wenn der Partner von hinten in mich eindringt, denn so bekomme ich nicht genug Stimulation. Außerdem will ich sehen, was er mit mir macht und wie er mich körperlich beherrscht. Ich kann auch einen Orgasmus haben, wenn ich oben bin – die Stimulierung ist ausreichend –, aber ich mag es eigentlich nicht. Tatsächlich kann mich der Wechsel nach oben völlig aus dem Rhythmus bringen und den Höhepunkt verzögern, weniger aus körperlichen Gegebenheiten, als wegen der gedanklichen Störung: Es unterbricht meine völlige Hingabe. Deshalb gibt es nichts Besseres, als unten zu liegen – da komme ich in zwei bis drei Minuten.«

Ginger: »Das einzige, was ich überhaupt nicht mag, ist unten zu liegen. Ganz einfach, weil ich die Stimulation meiner Nippel als Vorspiel brauche, und das kann der Mann nicht so gut, wenn ich unter ihm liege. Am besten ist es oben, sozusagen im Sattel zu sitzen, die Beine angezogen, die Füße unter seinem Körper. Ich senke mich herab, mein Unterleib trifft auf ihn, und ich wippe wie auf einem Trampolin hoch und runter. Aber beim Höhepunkt presse ich mich ganz fest gegen ihn: Wenn meine Nippel anfangen, weh zu tun, weiß ich, daß ich gleich zum Orgasmus komme. Dann drücke ich mein Becken nach vorne und spreize meine Schamlippen so auseinander, daß seine Schamhaare meine Klitoris streicheln, dann presse ich mich so fest an ihn, bis sie zittert und pulsiert. Von hinten ist es auch ziemlich gut – das verdoppelt den Spaß sogar manchmal. Zum einen, wenn er meine Nippel und meine Klitoris gleichzeitig streichelt; zum anderen, wenn er mich mit einem Finger anal befriedigt – das ist so erregend, wie das Streicheln der Nippel.«

Sehen Sie, die verschiedenen Aussagen beweisen es: Jede Frau ist anders. Aber lassen Sie uns etwas systematisch vorgehen und ein paar Vorschläge machen, wie Sie Ihre Erregung steigern können.

Steuern Sie Ihre Lustgefühle selbst

Eines der Grundthemen, das in all diesen verschiedenen Beschreibungen der Frauen immer wieder auftauchte, war folgendes: Eine Frau mag vielleicht stundenlang herumspielen und ihren Liebhaber alles tun lassen, was ihn amüsiert und reizt, aber wenn sie dann ihren Orgasmus will, nimmt sie normalerweise die Position ein, von der aus sie ihre Lust am besten steuern kann.

Wenn Sie Ihre Bedürfnisse und Ihren Körper noch nicht so gut kennen, sollten Sie erst mal alle Bemühungen, gemeinsam zum Orgasmus zu kommen, beiseite lassen. Nur wenige Frauen sagen, dies sei für sie ein erstrebenswertes Ziel. Sie sollten kurz vor Ihrer Klimax in erster Linie an sich selbst denken, und wenn Sie dann befriedigt sind, haben Sie genug Zeit und Muße, Ihren Partner zu erfreuen. Wenn Sie kein Geheimnis daraus machen, kann es gut möglich sein, daß Ihr Partner durch Ihren Orgasmus auch seinerseits zum Höhepunkt gelangt. Normalerweise kann die Frau ihre Stimulation besser steuern, wenn sie oben ist. Von oben kann sie das Eindringen des Penis besser steuern (manche Frauen mögen kein extrem tiefes Eindringen) und ihre Empfindungen auf den Orgasmus hin regulieren – aufrechterhalten oder verändern – und die Reibung an der Klitoris variieren. Die letzte, den Orgasmus einleitende Steigerung erreicht sie dann durch flaches Hinlegen, Anspannung der Beinmuskulatur und festes, hartes Reiben an seinem Körper. Es gibt aber auch viele Frauen, die ihren Körper besser beherrschen, wenn sie unten liegen. Sie verspüren – vorausgesetzt der Partner arbeitet ihren Anstrengungen nicht entgegen – von dort aus eine effektivere »Hebelwirkung«, stärkere Anspannung und größeren Druck. Sie können dabei das Tempo bestimmen und ihren Liebhaber dirigieren, wenn Sie Arme, Beine, Vaginalmuskulatur und das Becken wirkungsvoll einsetzen. Das Eindringen des Penis von hinten erfordert von der Frau nur wenig Kontrolle. Dabei ist es wichtig, daß der Mann die besonderen Wünsche seiner Partnerin kennt: Oder sie muß es ihm zeigen, damit sie auch in dieser Stellung zum Orgasmus kommt.

Stellungen, die ganz spezielle Reize hervorbringen

Erforschen Sie Ihren Körper beim Sex, lernen Sie jede Reaktion und jeden außergewöhnlichen Lustreiz kennen, indem sie alle lustversprechenden Stellungen ausprobieren. Wenn Sie die anregendsten herausgefunden haben, gehen Sie kurz vorm Orgasmus dazu über. Bevor Sie nicht wirklich spielerisch die Erreichung des Orgasmus beherrschen, sollten Sie alle Wünsche nach exotischen, gymnastischen Stellungen schnell vergessen. Viele halten nicht, was sie versprechen, und sind zudem nicht geeignet, die notwendigen Reize hervorzubringen. Keine der Frauen hat irgendeine dieser Stellungen als unentbehrlich für ihre Befriedigung angeführt. Heben Sie sie daher lieber auf für spätere spielerische, experimentierfreudige Situationen.

Kurz vor dem Orgasmus wünschen sich viele Frauen einen spürbaren und tiefen vaginalen Druck. Einigen ist deshalb die Position, in der sie unter dem Mann und auf dem Rücken liegen, die liebste. Dabei können sie die Beine spreizen oder die Knie anziehen, die Hüften anheben oder die Beine auf die Schultern des Mannes legen, oder seine Hüften umklammern und ihn mit den Fersen an sich drücken. Ein Vorteil dieser Stellung ist, daß die Bewegung normalerweise mit einem zusätzlichen Reiben der Klitoris verbunden ist. Kurz vor dem Orgasmus kann die Frau ihre Beine strecken und die Vaginalmuskulatur anspannen, um den Druck zu intensivieren; sie kann ihren Partner gegen ihre Vulva pressen oder sich selbst gegen ihn. Sie kann die Beine spreizen, ihn zu sich ziehen, spürt sein Gewicht auf den Oberschenkeln und dem Hinterteil, kann sich unter ihm oder ihn auf sich hin- und hergleiten lassen oder ihn in eine »Hochsitz-Stellung« nach oben schieben, um den reibenden Druck gegen ihre Vaginalmuskulatur und ihre Klitoris zu erhöhen.

Andere Frauen ziehen es vor, ihre Stimulierung voranzutreiben, indem sie den Partner »reiten«. Wenn sie kurz vor dem Höhepunkt tiefen vaginalen Druck brauchen, setzen sie sich einfach fest auf ihn und behalten diese Position bei. Oder sie können sich ganz nach Bedarf auch auf- und abbewegen und dabei Druck und Winkel variieren. Andere bevorzugen noch andere Empfindungen im Bereich der Vagina. Wenn die Frau oben ist, kann sie sich frei nach allen Seiten, vorwärts, rückwärts, oder kreisend bewegen. Wenn sie weiß, daß sie einen ganz bestimmten Druck auf die Klitoris braucht, muß sie in dieser oberen Position gezielter vorgehen. Sie kann sich ganz flach auf ihn legen, den Körper anspannen und ihre Klitoris am Körper des Partners reiben.

Auch in Stellungen, bei denen er von hinten eindringt, wird tiefer vaginaler Druck erzeugt, besonders, wenn sie mit dem Kopf nach unten kniet und der Penis des Partners in einem bestimmten Winkel eindringt; je nachdem, ob sie rektalen Druck möchte oder lieber will, daß die vorderen Scheidenwände berührt werden, wozu er den Penis nach unten drücken muß.

In all diesen Situationen kann sich die leicht orgasmische Frau die spezifischen Stimulanzien, die ihrem Höhepunkt dienen, extrem gut bewußt machen. Wenn sie fühlt, daß der lustvollste Augenblick naht, hat sie die besten Chancen, selbst die Stellung einzunehmen, in der sie den Gipfel der Lust am besten erreicht.

Stellungen, die noch zusätzliche Stimulierung bringen

Viele Frauen bevorzugen bestimmte Stellungen, weil sie noch zusätzliche Stimulierung brauchen. Wenn eine Frau durch den normalen Geschlechtsverkehr zum Höhepunkt kommen möchte, aber zusätzlich eine besondere Stimulierung der Klitoris benötigt, sucht sie sich sicher die dafür richtige Position aus. Wenn sie unten auf dem Rücken liegt, sind die Schwierigkeiten am größten: Die Frau liegt ausgestreckt da, ihr Partner in voller Länge oben drauf, und es ist ihm nur schwer möglich, mit den Händen an ihre Klitoris zu kommen, ohne das Liebesspiel zu unterbrechen. Er kann sich zwar auf die Knie stützen, dabei die Penetration beibehalten, und Brüste und Klitoris der Partnerin streicheln, muß aber den Ganz-Körper-Kontakt auflösen. Besser ist es, wenn sie ihre Beine anzieht oder hochhebt, und bei sich selber Hand anlegt. Wie auch immer, Frauen, die die manuelle Stimulierung der Klitoris während des Geschlechtsverkehrs mögen, bevorzugen Seite-an-Seite-Stellungen, sind gern oben oder wollen das Eindringen von hinten. Eine Mischung von seitlicher und rückwärtiger Stellung, bei der sie ihre Beine mit seinen überkreuzt, ist sehr befriedigend, weil sie erotische Berührung und zugleich auch Stoßen zuläßt. Beide können sich selbst streicheln, ihre Hände auf die des Partners legen, die Hände ruhen lassen oder die des anderen führen, ihm dabei zeigen, wo er die erogenen Zonen findet und die Intensität und das Tempo angeben.

Aber es gibt auch noch andere Stimulierungsmöglichkeiten. Ginger beispielsweise zieht Stellungen vor, bei denen ihre Brüste massiert werden können. Andere Frauen lieben die körperliche Nähe, den Ganzkörperkontakt: Stellungen, bei denen sie sich selbst oder den Partner genau sehen können. Wieder andere mögen die anale Berührung, das Liebkosen der Pobacken, des Bauches, der Innenseiten der Oberschenkel oder auch die Möglichkeit, sich während des Liebesspiels zu küssen.

Wählen Sie Stellungen, die das emotionale Vergnügen steigern

Eine Stellung, die Ihnen Spaß macht, steigert wahrscheinlich auch Ihre Erregung. Sie sollten sie zumindest zeitweise oder ruhig auch während des gesamten Liebesaktes beibehalten; wenn sie auch physische Stimulierungen bietet, ist sie auch zum Erreichen des Orgasmus geeignet. Für einige Frauen spielt die psychologische Komponente eine entscheidende Rolle beim Zustandekommen ihres Höhepunktes. Falls Sie etwa das Gefühl der Unterwerfung sehr erregt, sollten Sie eine dementsprechende Position einnehmen. Wenn Sie lieber dominant oder bestimmend sind, sollten Sie diese Gefühle ausleben. Wobei

Ihnen sicher Stellungen, bei denen Sie oben sind, die optimale Erregung bringen. Phantasien, Rollenspiele und Launen erfordern auch entsprechende Stellungen.

All diese Faktoren, wie Steuerung bestimmter Sinneswahrnehmungen, Beibehaltung spezifischer Stimulierungen bei Hinzufügung zusätzlicher Reize und emotionaler Anregungen führen zu einem optimalen Erlebnis. Stellen Sie sich nur mal vor, was Sie alles tun können: Sie haben unbegrenzte Möglichkeiten! Solange Sie nicht ohne Schwierigkeiten Ihre Klimax erreichen (es sei denn, Sie haben als Auslöser für Ihren Orgasmus einen bestimmten vaginalen Punkt entdeckt), sollten Sie niemals Ihre Klitoris vernachlässigen. Sowohl oben sitzend, als unten oder auf der Seite liegend, sollten Sie Ihr Liebesspiel immer mit einer bestimmten Stellung und Technik beginnen, die »koitusfördernd« ist, bei der aber die klitorale Stimulierung nie vernachlässigt wird.

In den folgenden Kapiteln bestätigen etwa 75 Prozent der befragten Frauen, daß sie einen oder mehrere vaginale Bereiche als besonders erregbar empfinden. Trotzdem sind die meisten von ihnen überzeugt, daß ihr Orgasmus beim Geschlechtsverkehr meistens oder immer von einer kontinuierlichen, mehr oder weniger starken klitoralen Reizung abhängt. Für die überwiegende Mehrheit der Frauen gibt es keine orgasmusauslösenden vaginalen Reize, sondern vaginale und klitorale Empfindungen vermischen sich. Und viele der Frauen, die der Meinung sind, sie seien »ausschließlich« durch vaginale Stimulierung orgasmusfähig, wünschen sich dennoch eine intensive Reizung der Klitoris zum »Aufheizen«. Oder sie stellen fest, daß ein vorangegangener klitoraler Höhepunkt den Orgasmus durch vaginale Stimulation erleichtert. In vielen Fällen hilft die klitorale Stimulierung, die Frau »scharf« zu machen: Es macht ihr »Lust«, indem es die Durchblutung des gesamten Genitalbereichs verbessert.

Natürlich gibt es auch Frauen, die die bloße Reizung der Klitoris, zusammen mit der Stimulation des gesamten Körpers und speziell der Brüste und Nippel, als die einzige Quelle körperlicher Lust empfinden.

Wie Carol schon in einem der vorangegangenen Kapitel sagte, gibt es hier noch viele unerforschte Gebiete.

Tamara ist 30, verheiratet, stammt aus einer jüdischen Familie. Sie ist schüchtern, sehr sportlich und hat vor kurzem die Prüfung zur Gymnastiklehrerin abgelegt: »Ich liebe ein langes Vorspiel. Wir unterhalten uns, spielen und erzählen uns gegenseitig, wie wir es gerne haben, wo wir besonders empfindlich sind und was uns gut tut. Er küßt und streichelt meine Nippel und Brüste, dann meinen Schamlippen, die Klitoris. Wenn ich dann feucht und erregt bin, gleitet er mit seinem Finger in meine Scheide, solange bis ich es nicht mehr aushalte. Ich setze mich auf ihn, richte mich auf und lehne mich so weit zurück, daß er mit seinen Händen meine erogenen Zonen streicheln kann.

Ich streichle mich auch selbst mit seinem Penis. Die Spitze mag ich sehr: Ich stimuliere meine Schamlippen und die Klitoris damit. In meiner Phantasie sehe ich seinen Penis, vor allem die Spitze so genau und deutlich, daß ich ihn zeichnen könnte, nur ein bißchen dicker und länger als in natura. Meistens bin ich oben und spiele mit seinem Penis, das törnt mich total an, dieses Gefühl überschwemmt mich förmlich. Ich sehe seinen Penis größer werden und wieder abschwellen und plötzlich spüre ich ihn in mir. Eine Welle von Gefühlen fließt durch meinen Körper – ein unglaubliches Erlebnis, wenn sein Penis tiefer eindringt und meine Vagina dehnt. Nach einer gewissen Zeit verstärkt sich das noch, ich bewege mich rhythmisch, halte ihn mit meinen Scheidenmuskeln fest, sehe und fühle seinen Penis in mir drin, mit der Spitze auf mich gerichtet …

Dann überwältigt mich alles. Ich presse seinen Schwanz noch tiefer in mich hinein, komme näher und näher, bestimme den langsamen, aber harten Rhythmus und drücke mich gegen sein Schambein. Sein Schwanz bewegt sich dabei rein und raus, mit der Eichel streicht er immer wieder über meine Klitoris. Und wenn er dann meine Brüste berührt, wenn diese Verbindung stattfindet, dann verliere ich völlig die Beherrschung über mich. Diese Stimulation haut mich um, und ich fühle, wie meine Erregung von den Brüsten zur Scheide überspringt: Ich habe in mir die Vorstellung eines lodernden Feuers, kleine Flammen, die wie Impulse meinen Körper entzünden – nur weil er meine Brüste küßt oder berührt. Bilder schießen in meinem Kopf hin und her, aber kurz bevor ich komme, sind all meine Gedanken bei seinem Penis – zusammen mit all meinen Lustgefühlen.

Jetzt bewege ich mich langsamer und fester: Mein ganzer Körper ist spannungsgeladen, alles quillt nach außen, und ich halte ihn einen kurzen Augenblick in mir fest, spanne meine Scheidenmuskulatur an, halte ihn mit den Armen, spüre den Druck auf die Klitoris, den Druck tief in mir drin – und dann wird eine Explosion in mir ausgelöst – harte, zuckende Kontraktionen beginnen in der Scheide und überfluten den gesamten Schambereich, strömen durch den Körper – von innen nach außen ... und alles ist miteinander verbunden.«

Geschlechtsverkehr und Befriedigung

Kann eine Frau sich ohne Geschlechtsverkehr voll befriedigt fühlen? Ja, natürlich! Vorausgesetzt, sie ist durch andere Stimulationen zum Orgasmus gekommen. Ein Drittel aller Frauen fühlten sich befriedigt, auch wenn kein vaginaler Geschlechtsverkehr während eines Liebesakts stattfand. Die Begründungen dafür sind vielfältig: Der körperliche Aspekt (»Wenn ich durch oralen Sex schon zehnmal zum Höhepunkt gekommen war, brauchte ich keinen Geschlechtsverkehr mehr.«); der pragmatische (»Wenn sein Penis zu groß ist, mag ich lieber durch orale Praktiken zum Höhepunkt gebracht werden und erweise ihm dann die gleiche Gefälligkeit.«); der zwischenmenschliche Aspekt (»Es ist sowieso einfacher, mich durch oralen Sex anzutörnen, und ich muß meinen Liebhaber nicht unter Leistungsdruck stellen.«); der emotionale Aspekt (»Ich fühle mich auch ohne Geschlechtsverkehr geliebt.«). Viele Frauen kommen beim Cunnilingus befriedigend zum Orgasmus auch ohne Geschlechtsverkehr.

Einige Frauen wollen »beides«: Orgasmus durch Vorspiel und durch Geschlechtsverkehr. Dieses Verlangen wird als absolut notwendig angesehen (»Ich brauche den Orgasmus durch das Vorspiel, egal ob mit der Hand oder mit dem Mund, bevor ich beim Geschlechtsverkehr zum Orgasmus komme.«), oder als Voraussetzung für eine vollkommene Befriedigung (»Die Reize, die der Oralverkehr auslöst, sind ganz anders als die beim Geschlechtsverkehr, und im allgemeinen brauche ich beides, um mich ganz und gar befriedigt zu fühlen.«).

Zwei Drittel aller Frauen wollen meistens oder immer Geschlechtsverkehr. Hier und da, so stellte sich heraus, aus rein körperlichen Bedürfnissen. Es gibt Frauen, die nur durch den Geschlechtsverkehr zum Orgasmus kommen, oder sie brauchen die vaginalen Empfindungen, um zu einer völligen körperlichen Entspannung zu gelangen. »Ich brauche und will das Gefühl, daß sein Penis in mir ist, weil es bei mir die stärksten Orgasmen hervorruft.« Ob nun beim Geschlechtsverkehr ein Orgasmus erreicht wird oder nicht, die meisten Frauen brauchen den Koitus zu ihrer vollkommenen emotionalen Befriedigung:

> Nichts ist damit vergleichbar! Ich brauche das Gefühl der Penetration und das des »Gefülltseins«. Ich glaube, tief in meinem Unterbewußtsein glaube ich, daß es so sein muß!

> Vielleicht werde ich oral oder sonstwie sogar mehr erregt. Aber der Geschlechtsverkehr ist das einzig Wahre.

> Im Geschlechtsverkehr haben wir das schönste Geschenk Gottes – die Vereinigung. Ich will seine Nähe, ich will ausgefüllt sein, ich will einen Orgasmus und ich will, daß es meinem Mann in mir kommt.

> Ich bekomme auch einen Orgasmus, wenn ich mit mir selbst spiele. Beim Koitus mit dem Partner genieße ich aber die größere körperliche Nähe, das ist für mich das Wesentliche an der Sexualität. Es mag vielleicht lächerlich klingen, aber ich glaube, solange ich mit Männern schlafe, werde ich auch zum Höhepunkt kommen.

> Ich liebe das Gefühl, wenn er in mir ist. Ich muß ihn spüren: Mir fehlt etwas, wenn wir unser Liebesspiel nicht damit beenden, daß wir miteinander schlafen.

Hier sei noch ergänzt, daß viele Frauen, auch wenn sie schon genug Orgasmen erreicht haben und spüren, daß sie wahrscheinlich nicht noch einen bekommen können, dennoch Geschlechtsverkehr haben wollen, um das Gefühl der Nähe zum Partner zu vervollständigen.

Die hundertprozentig sichere Stimulation

Jeder Mann hat diese Situation schon einmal erlebt: Er ist beim Liebesspiel mit einer Frau, und sie kommt einfach nicht in Stimmung. Was soll er denn bloß noch probieren? Wie reagiert eine Frau in solch einem Fall? Wir haben die Frage gestellt: »Wenn Sie Schwierigkeiten haben, in Stimmung zu kommen, gibt es dann vielleicht eine ganz besondere, hundertprozentig verläßliche Stimulierungsmöglichkeit, auf die Sie immer anspringen?«

Geschlechtsverkehr mag befriedigend sein, wenn er als Abrundung das Liebesspiel beendet. Aber wenn eine Frau sehr lange braucht, um angeheizt zu werden, ist gerade der Geschlechtsverkehr am wenigsten geeignet, um sexuelle Erregung zu bewirken. Von all den Frauen, die an dieser Studie teilgenommen haben, gibt es nicht eine, die den Geschlechtsverkehr als wichtigsten und erregendsten Weg zum Orgasmus nennt. Es kommt sogar vor, daß Frauen den Geschlechtsverkehr diskret abbrechen, die Stellung wechseln und nochmals ganz von vorne beginnen, um ihre Spannung aufzubauen.

Diese Spannung erreichen die Frauen meist durch die verschiedensten Formen von Stimulation des Genitalbereichs. Viele bevorzugen Cunnilingus noch mehr als das Streicheln der Klitoris mit der Hand oder die Stimulierung des Scheideneingangs und der Schamlippen. Einige Frauen nannten den Analbereich als besonders empfänglich, andere das Berühren, Streicheln und Massieren der Geschlechtsteile des Partners, wieder andere nannten gegenseitige orale Sexpraktiken oder das Liebkosen des Penis mit den Lippen, den Zähnen und der Zunge. Ein Drittel der Befragten bezogen sich auch auf Körperberührungen außerhalb des Genitalbereichs: das Streicheln des gesamten Körpers – Küssen, Knabbern, Berühren; Massieren der Füße, Beine, Schenkel und Pobacken; Streicheln von Bauch, Brüsten, Rücken, Schultern, Nacken und Augenlidern. Besonders das Saugen und das Berühren der Brustwarzen mit der Zunge gilt allgemein als sehr aufregend.

Für viele Frauen ist die Anregung der Phantasie und der Gefühle ein wesentlicher Auslöser der Erregbarkeit. Eine Frau braucht »zärtliche Worte« von ihrem Liebhaber oder vielleicht auch »obszöne, erniedrigende Beschimpfungen«, andere mögen es »romantisch«. Sie brauchen das Gefühl, daß der Partner aufmerksam und liebevoll auf sie eingeht, sie tätschelt und verwöhnt und sie deutlich spüren läßt, daß er sie leidenschaftlich begehrt. Manchmal hilft eine »Lieblingsphantasie« oder die Vorstellung von »schönen Menschen und Umgebungen«; Frauen können sich auch in die richtige Stimmung versetzen, indem sie sich entweder »unterwürfig« oder »dominant« verhalten. Manchmal wirkt auch das Wissen um die Erregung des Partners als Schlüssel zur eigenen Lust.

Manche Frauen brauchen äußerliche »Hilfsmittel«, zum Beispiel erotische Filme und Bücher, Vibratoren oder Drogen. Eine Minderheit will manchmal lieber in Ruhe gelassen werden: »Wenn ich absolut keine Lust habe, möchte ich auf keinen Fall zu irgend etwas gedrängt werden.« »Besser nicht, denn wenn ich mich groß anstrengen muß, will ich lieber erst gar nicht erregt werden.«

Am schönsten ist natürlich die Kombination von sinnlichen Worten und oralem Sex, oder von phantasievollen Gedankenspielen und gleichzeitigem Nuckeln an den Nippeln, oralem Sex und Streicheln des Genitalbereichs, oder wenn der Partner ihr die Schenkel oder den Nacken massiert und ihr dabei ins Ohr flüstert, wie sehr er sie begehrt.

Einige Probleme müssen noch angedeutet werden: Wenn eine Frau nur äußerst schwer erregbar ist, aber unbedingt zum Höhepunkt kommen möchte, entweder durch eine der angesprochenen Praktiken und Stellungen oder auch durch Geschlechtsverkehr, dann sollte sie einen überstürzten Koitus vermeiden und sich auch durch den Partner niemals dazu drängen lassen.

Viele Frauen haben, wie es Tracy im ersten Kapitel beschreibt, »einen kleinen Trumpf in der Hand«, um ihren Körper in Schwung zu bringen. Wenn die Frau diesen Trumpf kennt und ihn anwenden kann, sollte sie es auch ihrem Partner zu erkennen geben und ihre Karte wirklich ausspielen, wenn sie damit ihre sexuelle Erregung zu steigern vermag. Das letzte hartnäckige Problem betrifft die Gefühle: Hand in Hand mit körperlichen Stimulierungen – Berühren und Küssen der Genitalien, des Busens und des ganzen Körpers – gelten als schönste, sicherste und höchste Luststeigerung liebevolles Interesse aneinander und zärtliche Zuneigung.

Das Zusammenspiel der Gefühle

Für eine orgasmusfähige Frau ist das Liebesspiel ein lustvolles Abenteuer, das ihre Empfindungen zum Orgasmus hin aufbaut. Wir haben uns bislang mehr auf die rein körperlichen Empfindungen konzentriert. Das ist aber noch nicht alles: Die folgenden Kapitel erforschen die Möglichkeiten, wie eine Frau ihre Erregung durch gedankliche erotische Aktivitäten steigern und mit anderen Wahrnehmungen verbinden kann. Um zum Orgasmus zu kommen, brauchen und sehnen sich viele Frauen nach einem Einklang ihrer verschiedenen Empfindungen. Durch richtige Stimulierung werden sie miteinander verbunden und gesteigert. Frauen sind in der Lage, sich mental so intensiv einzustimmen, daß sie eine gewisse Bewußtseins-Schwelle überschreiten können. Wenn man Frauen fragt, welche körperlichen Reize am effektivsten seien, um den Höhepunkt zu erreichen, antworten die meisten, daß sie durch eine Folge oder Kombination von verschiedenen Reizen erregt werden. Zum Beispiel: »Zuerst soll er mich küssen, dann mit der Hand streicheln, dann es mir oral machen, und zum Schluß möchte ich den tiefen vaginalen Geschlechtsverkehr. Wenn er mich dabei noch am ganzen Körper streichelt, bekomme ich die stärksten Orgasmen.« »Wir liebkosen uns gegenseitig, dann machen wir ›69‹, danach Cunnilingus und ein bißchen anale Stimulierung bei mir. Zum Schluß kommt meine Lieblingsstellung, bei der ich ausreichend Druck auf Vagina und Klitoris bekomme. Die Summe der verschiedenen Empfindungen bringt mich zum Höhepunkt.« »Alles gleichzeitig – oral, mit den Händen, Streicheln der Brust und auch anal.« »Geschlechtsverkehr während des intensiven Küssens!« »Er streichelt meine Schenkel und Brüste, und ich bringe den vollen Einsatz meiner Scheidenmuskulatur.« »Oral, mit seinen Händen an meinen Nippeln.« »Geschlechtsverkehr mit Analverkehr – dazu soll er meine Nippel und Brüste küssen und zarten Druck auf die Klitoris geben.«

Aber fallen Sie trotzdem nicht unentwegt in den gleichen Trott! Das eben Beschriebene gilt nicht als einzige Erfolgsformel. Bedürfnisse und Gefühle ändern sich ständig, oftmals von einer Sekunde zur anderen, und das Liebesspiel ist eine Kunst, ist ein Wechselspiel von Offenheit und kreativem Feingefühl.

Kurz vor dem Orgasmus konzentrieren sich die Frauen vor allem auf eine, für sie persönlich wichtige Stimulierung. Einige lieben zum Beispiel als abschließende Steigerung einen letzten gewaltigen Stoß: Nur er macht das Maß endgültig voll und bringt sie zum Orgasmus. Wie auch immer: Die meisten Frauen wissen jedenfalls sehr genau, daß sie ihren Höhepunkt durch das Zusammenspiel verschiedener Sinneswahrnehmungen und Empfindungen erreichen und als ganzheitliche Summierung körperlich außergewöhnlich lustvoller Empfindungen.

Körperliche Vielfalt 8

Es ist erstaunlich: Ich habe oft Mehrfach-Orgasmen, und dann spritzt eine Flüssigkeit aus mir heraus, als würde ein Mann ejakulieren. Aber sowas kann einen auch beunruhigen... Ich habe mich schon oft gefragt, ob ich noch normal bin. *Peg*

Früher oder später fragt sich jede Frau wohl einmal, ob sie, physisch gesehen, sexuell »normal« ist. Ihre Bedenken können von allgemeinen Vorstellungen beeinflußt sein oder durch Erfahrungen und Phantasiegeschichten von Freundinnen oder männlichen Partnern. Oder aber durch landläufige Kenntnisse und Vorstellungen über Sexualität. Sie wird diese oder jene erogene Zone entdecken, ihre Art der Liebe erproben und die Reaktionen ihrer Partner und dabei feststellen, daß ihre körperlichen Besonderheiten und Vorzüge dem herrschenden »Standard« entsprechen.

Jede Frau ist ein Individuum – psychisch natürlich, aber auch physisch. Dieses Kapitel wird einige diesbezügliche Ergebnisse der Sexualkunde vorstellen, und diese Feststellungen sollen zeigen, wie wunderbar vielfältig die weibliche Sexualität ist, und besonders betonen, was alles im Rahmen des sogenannten »Normalen« liegt. Sie werden feststellen, wie auch immer Ihre körperlichen Besonderheiten, Wünsche und Vorlieben aussehen, daß Sie in diese breite Skala der Normalität gehören. Und, daß Sie nicht irgendeine sagenhafte Ausstattung brauchen, um leichter orgasmisch zu werden.

Der G-Punkt ... und die X-, Y-, Z-Punkte

Gibt es bei Frauen Bereiche mit besonderer Empfindlichkeit in der Vagina, die ohne Stimulierung der Klitoris einen Orgasmus auslösen können?

Wir würden uns wahrscheinlich gar nicht mit dieser Frage beschäftigen, wenn Sigmund Freud nicht behauptet hätte, daß der »reife« weibliche Orgasmus nur durch vaginale Stimulation hervorgerufen werde. Zuerst hat Kinsey – später gefolgt von Masters und Johnson – die Aussagen Freuds korrigiert und betont, welche wichtige, wenn nicht ausschließliche Rolle die Klitoris bei der Erregung der Frau und bei der Auslösung des Orgasmus wirklich spielt. Daraufhin begannen viele Frauen, die subjektiv die Empfindung an sich beobachteten, daß sie vaginale Stimulation für den Orgasmus brauchten, an der Normalität ihrer sexuellen Veranlagung zu zweifeln. Aber als dann 1982 das Geheimnis um den G-Punkt gelüftet und bekannt wurde, schlug das Pendel wieder zurück zu einer Betonung des »vaginalen« Orgasmus. Viele Frauen begaben sich daraufhin auf die Suche nach diesem magischen Punkt, und so manch eine mußte feststellen, daß sie einen solchen automatischen Lustauslöser-Bereich nicht besitzt.

Der G-Punkt wurde nach Ernst Grafenberg benannt, der als erster diesen Bereich und seine potentiellen sexuellen Funktionen beschreibt: In wissenschaftlichen Journalen wurden sie schon in den Jahren 1944 und 1950 veröffentlicht. Er beschrieb diesen Punkt in der Vagina als bohnengroßen Bereich in der vorderen Scheidenwand, etwa in der Mitte zwischen Schamhügel und Nabel, Beckenboden und Lendenwirbelsäule. Tiefer, dahinter, entlang der vorderen Scheidenwand liegen dann die Harnröhre und die Blase. Ein Netzwerk von Drüsen und Kanälen, von dem angenommen wird, daß er den verkümmerten, nicht funktionierenden Gegenpart der männlichen Prostata darstellt. Untersuchungen legen die Vermutung nahe, daß der G-Punkt, wenn er durch einen tiefen, festen Druck stimuliert wird, anschwillt und daher die Klimax auslösen könnte. Andere Untersuchungen bestreiten hingegen die Existenz solcher Bereiche in der Vagina, die ohne zusätzliche kontinuierliche Stimulation der Klitoris den Orgasmus hervorrufen können. Wieder andere behaupten, es gäbe viele verschiedene Bereiche im Scheideninnern, die geeignet wären, eine Klimax auszulösen.

Nach unseren Gesprächen mit den Frauen, die besonders leicht ihren Höhepunkt erreichen, haben wir kaum noch Zweifel, daß einige Frauen tatsächlich diesen Bereich äußerster Empfindlichkeit, ähnlich dem beschriebenen »G-Punkt«, besitzen. Ohne den Begriff »G-Punkt« zu benutzen, fragten wir die Frauen, ob sie einen Bereich in ihrer Vagina kennen, der »besonders empfindlich« ist, oder Bereiche, »die besonders aufregende Gefühle« bewirken, oder solche, die sie »zur Stimulierung bevorzugen«. Fünfzehn Prozent der Frauen beschreiben ziemlich orgasmische Körperreaktionen, hervorgerufen durch die Stimulation eines Bereichs, der mit dem G-Punkt übereinstimmt. Weitere fünfzehn Prozent machen ungefähre Angaben über diesen Bereich in der Vagina, dessen Stimulation aber nicht unbedingt den Orgasmus auslösen kann.

Paula hatte noch nie vom G-Punkt gehört. Sie ist Künstlerin, Mitte 30, eine hochgewachsene Frau jüdischer Herkunft: »Oh, ja, ich habe eine wunderbar erogene Zone in mir! Irgendwo da drin – direkt hinter dem Schambein. Wenn ich geil bin und er stößt dagegen, habe ich kleine Vor-Orgasmen. Eigentlich muß er diese Zone nur wenige Male berühren, und es klappt sofort. Manchmal geht es auch, wenn er diesen Bereich mit den Fingern fest reibt, aber besser ist es mit seinem Penis; mit der Spitze des Penis spricht die Stelle sofort an. Dabei muß ich oben sitzen, mich weit nach vorne oder hinten lehnen. Am allerbesten geht es aber in der Hundestellung, von hinten – beim Orgasmus lege ich mich dann flach hin, so daß er tief in mich eindringen kann und genau auf diese Stelle in der Vagina stößt, wenn ich komme.«

Einige Frauen erzählten – wie auch Vivian – von ihren Erfahrungen mit G-Punkt-Orgasmen, die sie hatten, bevor sie von dessen Existenz wußten: »Ich erlebe das schon lange Zeit – ich wußte es, konnte es aber nicht erklären. Einer meiner Liebhaber war absolut davon überzeugt, daß es nur den klitoralen Orgasmus gibt, aber ich klärte ihn auf: ›Nein, das ist wirklich nicht alles, denn wenn du nicht in mich eindringst, kann ich zwar ein Dutzend Orgasmen haben, bleibe aber innerlich völlig unbefriedigt. Es ist nicht genug, du mußt auf jeden Fall in mich eindringen.‹ Das starke Gefühl in mir wird nicht allein durch einen klitoralen Orgasmus gestillt. Dieser wichtige Bereich in meiner Vagina, auf den es ankommt, liegt ungefähr ein paar Finger breit hinter dem Scheideneingang nach oben, vorne. Er muß nicht sehr tief in mich eindringen, damit ich diese Lust verspüre. Auch seine Finger können diesen Punkt erreichen. John, mein derzeitiger Freund, macht es manchmal für mich, wenn er schon völlig erschöpft ist, ich aber immer noch mehr will. Mit seinem Penis ist es für mich trotzdem am schönsten. Wenn ich oben bin, kann ich mich genau so an ihn pressen und reiben, wie ich es brauche. Wir machen das fast jedesmal gegen Ende unseres Liebesspiels. Auch wenn ich mich schon stark verausgabt habe und mehrere Male gekommen bin, ist dieser letzte Höhepunkt im allgemeinen der endgültige, befriedigende Abschluß.«

Wir erhalten zunehmend Beweise dafür, daß die Empfindungsfähigkeit der Vagina nicht begrenzt ist auf einen kleinen »Punkt« in der Scheide, sondern bei vielen Frauen einen großen Bereich entlang der gesamten vorderen Wand des Scheideneinganges umfaßt oder auch ein kurzes Stück der hinteren Scheidenwand. Einige Frauen beschreiben Wahrnehmungen, die als »ununterbrochene Folge« von Lustgefühlen bezeichnet werden könnten: »In der Literatur über den G-Punkt werden die Gefühle, die einen ›G‹-Orgasmus auslösen, unterschiedlich beschrieben, aber ich kann keiner Beschreibung zustimmen. Manchmal schiebe ich ein Kissen unter meine Hüften und erlebe einen Höhepunkt durch das leichte Stoßen des G-Punktes, dann aber habe ich plötzlich den Drang, meinen Rücken zu wölben, um meinem Partner ein tieferes Stoßen zu ermöglichen. Meine intensivsten Wahrnehmungen bekomme ich eben durch das tiefe, vaginale Eindringen, wodurch ich – glaube ich jedenfalls – stärkere Kontraktionen der Gebärmutter haben kann. Diese zwei empfindungsstarken Bereiche scheinen miteinander verbunden zu sein, die Lustgefühle beeinflussen und verstärken sich gegenseitig.«

Manche Frauen, wie zum Beispiel Michelle, beschreiben ganz unterschiedliche Bereiche ihrer Vagina, die jeder für sich eine Klimax auslösen können: »Ich habe sehr oft darüber nachgedacht und bin davon überzeugt, daß ich zwei ganz verschiedene Punkte habe! Ich habe schon einmal was darüber gelesen – ich glaube, man nennt diesen speziellen Bereich G-Punkt – und ich habe ihn in meiner Scheide gefunden. Ich empfinde ihn aber nur dann besonders intensiv, wenn mein Partner von hinten in mich eindringt oder es mit seiner Hand macht. Ich habe aber noch einen anderen Punkt, der ganz weit oben, tief drinnen liegt. Der spricht in jeder Stellung an, vorausgesetzt, er ist erst mal gefunden. Er fühlt sich an wie eine Druckstelle zum Magen hin. Ich habe schon oft versucht, mich an diese Gefühle zu erinnern und an die Lust, die dadurch in mir hervorgerufen wird. Seltsamerweise ist dieser Punkt aber nicht immer da, oder ich finde ihn und er geht mir plötzlich wieder verloren, oder das Gefühl ist so überwältigend, daß ich mich danach an nichts mehr erinnern kann!«

Viele Frauen beschreiben eine besondere Sensibilität in ihrer Vagina, die durch angespannte Beckenmuskulatur bewirkt wird. Andere wiederum sind sehr empfindlich im Bereich der Schamlippen, oft verbunden mit dem Bereich, in dem hauptsächlich ihre orgasmischen Reaktionen ausgelöst werden und in dem der verstärkte Blutandrang die Entladung des Orgasmus hervorruft.

Abschließend können wir sagen, daß zwei Drittel der Frauen über eine oder mehrere hochsensible Zonen in ihrer Vagina berichteten. Wie schon in den vorangegangenen Kapiteln erwähnt, brauchen aber fast alle Frauen zusätzlich eine kontinuierliche Stimulation der Klitoris, um beim Geschlechtsakt die Klimax zu erreichen.

Es muß auch noch hinzugefügt werden, daß diese sexuell sehr interessierten Frauen zwar ohne Hemmungen ihren Körper und seine Möglichkeiten erforschten, aber nur eine kleine Minderheit kannte Bereiche in der Vagina, die ohne zusätzliche Stimulationen den Orgasmus auslösten. Deshalb sollte keine Frau enttäuscht sein, wenn sie bei sich selbst einen solchen vielversprechenden Punkt nicht finden kann. Einige Frauen meinten sogar, daß ihnen das Reiben oder Stoßen dieser vaginalen Zonen unangenehm ist und bei ihnen einen Drang zum Urinieren bewirken kann, selbst wenn die Blase leer ist. Solche Empfindungen begünstigen natürlich weder die Lustgefühle noch den Orgasmus. Eine Frau muß immer sich selbst, ihre eigenen Lustgefühle und Vorlieben in den Vordergrund stellen.

Die weibliche Ejakulation

Kann eine Frau ejakulieren? Wenn ja, ist sie dann noch »normal«? Es gibt wohl keine sexuelle Reaktion, die mehr Erstaunen – und auch Bestürzung – hervorruft: »Als es mir das erste Mal passierte, dachte ich, ich hätte ins Bett gemacht!«

Eine Ejakulation ist etwas anderes als die normale vaginale Gleitflüssigkeit, die für die Frau lediglich ein untrügliches Zeichen beginnender sexueller Erregung darstellt, entsprechend in etwa dem Pulsieren des männlichen erigierten Gliedes. Wenn die Frau erregt ist und ihr Körper die Erregung meldet, schwillt die Klitoris an und der gesamte Genitalbereich ist gut durchblutet. Kleine Tröpfchen einer speziellen Flüssigkeit sickern durch die Scheidenwände und kleiden diesen gesamten Innenbereich mit einer Art Gleitschicht aus. Die Menge an Gleitflüssigkeit kann während des Liebesaktes schwanken, aber ihr Vorhandensein und dies feuchte Gefühl in ihrer Scheide sind untrügliche Zeichen dafür, daß die Frau erregt ist.

Es ist nicht ganz leicht, außergewöhnlich viel Gleitflüssigkeit von einer kleinen Ejakulation zu unterscheiden. Wir fragten die Frauen, ob sie sich daran erinnerten, jemals eine »größere Menge Flüssigkeit als gewöhnlich« während des sexuellen Kontakts ausgeschieden zu haben. Wir haben bereits weiter vorne von dem Netzwerk von Drüsen und Kanälen berichtet, das bei manchen Frauen besonders stark ausgeprägt sein kann und sich im Bereich um den G-Punkt und bis zur Blase hin ausbreitet. Es ist durchaus möglich, daß diese Körpergewebe eine »Flüssigkeit« bilden, die während des Liebesaktes bei manchen Frauen langsam, bei anderen blitzschnell durch die Harnröhre herausgespritzt wird. Ungefähr fünf Prozent der befragten Frauen beschreiben häufigere ejakulationsartige Vorgänge, die sich ganz klar von einer überdurchschnittlich großen Menge Gleitflüssigkeit unterscheiden. Weitere zehn Prozent beschreiben gelegentlich mögliche Vorkommnisse dieser Art.

Peg ist 21, hat den Highschool-Abschluß und wuchs bei Adoptiveltern in Virginia auf. Als sie heiratete, zog sie mit ihrem Mann nach Ohio, wo sie ihr erstes Kind zur Welt brachte. Sie beschreibt sich selbst in zwischenmenschlichen Beziehungen als »dominant«, trotzdem vermittelt sie einen liebevoll nachdenklichen, eher zurückhaltenden Eindruck. Peg ist unglaublich orgasmisch. Sie kann während eines normalen Liebesakts 20 bis 30 Orgasmen haben. Sie beschreibt ihre Klitoris als »sehr groß und sehr empfindsam und bei Erregung ein paar Zentimeter hervorstehend«.

»Normalerweise brauche ich die Stimulation meiner Klitoris für den ersten Orgasmus. Ob mein Mann sie streichelt oder ich sie an seinem Schambein reibe, spielt dabei keine Rolle. Nach dem ersten Höhepunkt werden meine Scheide, meine Klitoris, mein ganzer Körper so empfindlich, daß jeder weitere Höhepunkt ganz leicht zu erreichen ist. Es passiert, wenn wir miteinander schlafen mindestens einmal, daß sich meine Scheidenmuskeln stärker und immer stärker kontrahieren und plötzlich eine Flüssigkeit herausspritzt – ähnlich wie eine männliche Ejakulation. Ich weiß überhaupt nicht, wo das herkommt. Und ich weiß auch nicht, wie das alles passiert: Ich weiß nur, daß es während einer sexuellen Begegnung einmal oder auch öfter vorkommen kann – gleich zu Beginn, mittendrin oder zum Schluß. Beim Koitus passiert es meist gleich beim Eindringen des Penis, aber es kann sich auch danach wiederholen, wenn er mich innen mit den Fingern stimuliert. Es ist ein unglaubliches Gefühl: Eine Explosion. Ich habe schon mal einen Meter fünfzig weit gespritzt und meinem Mann die Füße naß gemacht. Wir brauchen immer einen Matratzenschoner, haben immer Handtücher rund um unser Bett. Nach unserem Liebesspiel wechseln wir die Bettwäsche und duschen.«

Als viel sensibler als den G-Punkt-Bereich in ihrer Vagina beschreibt Peg bei sich eine äußerst empfindliche Stelle an der hinteren Scheidenwand, ungefähr in Richtung Wirbelsäule und Darmausgang: »Ich brauche den Druck und das Reiben hinten ganz tief unten. Wenn ich oben bin, lehne ich mich nach vorne, reibe meine Klitoris, und sein Penis drückt auf die hinteren Scheidenwände. Wenn er dann kommt, ich aber noch nicht soweit bin, lege ich mich auf den Rücken und er macht mit den Fingern weiter – manchmal mit bis zu vier Fingern, – und mit der Handfläche nach unten stößt und reibt er in meiner Scheide zum After hin, manchmal auch sehr tief drinnen.«

Die meisten Frauen können nur schwer die verschiedenen Bereiche ihrer vaginalen Erregung unterscheiden, denn die

Kontraktionen während des Liebesaktes breiten sich oft über den gesamten Unterleib aus, so daß der Ursprung nicht mehr zu bestimmen ist. Oder es kommen verschiedene Wahrnehmungen zusammen: Während Peg die Flüssigkeit herausspritzt, kann ihr Ehemann zusätzlich durch den Schaft seines Penis, mit seinen Fingern oder dem Handrücken den vorderen Teil der Vagina nahe den Drüsen und Kanälen rund um die Harnröhre massieren. Trotzdem, jede Frau hat ihre ganz eigenen, persönlichen Erfahrungen. Und bei Peg ist es eben der hintere Bereich der Vagina, der besonders sensibel ist.

Julia erzählt von einem Erlebnis, das denen von Peg ähnelt: »Manchmal ist es so, als ob ich Wasser gelassen hätte. Es ist gewaltig – ich entspanne mich, lasse alles los und spritze – eine wahre Flut! Und das passiert ziemlich oft, mindestens einmal während des Liebesspiels, entweder gleich zu Beginn oder zwischendurch, jedesmal zu einem anderen Zeitpunkt. Hin und wieder bin ich danach völlig fertig, aber es kann auch wie ein Aufputschmittel wirken. Dann reagiere ich wie Dynamit, wenn er mich danach berührt. Jede Art von Stimulation kann mich soweit bringen – egal, ob Geschlechtsverkehr, orale oder manuelle Reize.«

Michelle berichtet von zwei unterschiedlichen Erfahrungen: zum einen von einem starken Erguß, zum anderen von einem langsameren Fließen: »Das erste Mal war ich mir völlig sicher, daß ich ins Bett gemacht hatte. Ich fühlte mich wie bei der Geburt meines ersten Kindes, als die Fruchtblase geplatzt war. Ich habe diese Ejakulation schneller, wenn mein Partner von hinten in mich eindringt – normalerweise gerade im Moment des Eindringens. Aber es kommt auch manchmal während des Höhepunkts, wie ein Schwall! Ganz anders ist es, wenn ich gefühlsmäßig völlig aufgelöst bin. Dann kommt die Flüssigkeit in kleinen Mengen, pulsierend, regelmäßig: etwa wie Augentropfen, die man aus dem Fläschchen drückt. Verstehen Sie, so blub, blub ...«

Es besteht also kaum ein Zweifel darüber, daß manche Frauen noch andere Flüssigkeiten als die normalen Vaginalsäfte während des Liebesspiels ausscheiden können. Bis zum heutigen Zeitpunkt ist aber nicht mit Sicherheit geklärt, ob diese Flüssigkeit direkt aus der Blase kommt oder aus den Drüsen und Kanälen, die die Blase umgeben, oder aus beiden gemeinsam. Oder vielleicht aus einer ganz anderen Quelle? Es gibt auch noch immer keine endgültige Erklärung über die chemische Zusammensetzung dieser Flüssigkeit: ob sie urinähnlich ist oder wirklich Urin oder ob sie dem männlichen Prostata-Erguß ähnelt. Was immer es auch sein mag, die Frauen selber, die eine solche Flüssigkeit von sich geben, sind sicher, daß es kein Urin ist! Sie beschreiben das Ejakulat als »klare weißliche« Flüssigkeit, die nicht den charakteristischen Geruch von Urin aufweist. Häufigkeit und Menge der Ejakulation sind sehr unterschiedlich. Die Frauen berichten von »einmal während des Liebesaktes«, oder »alle Jubeljahre einmal« und von »einem Teelöffel voll« bis zu »eine wahre Flut«. Die auslösende Stimulation muß nicht unbedingt am G-Punkt sein oder beim Koitus geschehen oder direkt in der Vagina – auch ein Cunnilingus, bei dem vielleicht die Zunge ein wenig in die sensible, angeschwollene Vagina eindringt, kann den Berichten nach den Erguß anregen.

Das Ausscheiden einer großen Menge Flüssigkeit kann bei einer Frau auch Anlaß zu Besorgnis geben. Wenn ein Erguß mit Schmerzen verbunden ist oder sie schon öfter an krankhaftem Harnfluß litt oder wenn der leiseste Verdacht auf eine Harnröhrenentzündung oder eine andere Infektion besteht, sollte die betroffene Frau unbedingt einen Arzt konsultieren.*

Aber abgesehen von den eben genannten Umständen, sollte jede Frau die Gewißheit haben, daß sie dieses körperliche Phänomen einer »Ejakulation« mit vielen anderen Frauen teilt.

Natürlich gilt bei einer Frau das »Ejakulieren« nicht zwangsläufig als Zeichen für ihre leichte Orgasmusfähigkeit. Die Mehrzahl der Frauen dieser Studie haben diese Erfahrung nie gemacht.

* Außerdem sollte jede Frau, die sich wirklich wünscht, Orgasmen zu bekommen, aber selbst nach einer längeren Versuchszeit immer Schwierigkeiten damit hat, einen Arzt aufsuchen. Er kann mögliche körperliche Dysfunktionen erkennen und/oder einen qualifizierten Therapeuten empfehlen.

Weiter im Alphabet: die »PC«-Muskeln

Kann eine Frau ihre Orgasmusfähigkeit durch den aktiven Einsatz ihrer Beckenbodenmuskulatur verstärken? Die »PCs« sind Muskeln im Bereich des Beckenbodens (pubococygale Muskeln), die sich als bogenförmiger Muskelstrang durch den Scheidenbereich ziehen und auch als Vaginalmuskulatur bezeichnet werden. Sie umgeben das mittlere Drittel der Vagina und ziehen sich während der Klimax mit rhythmischen, unwillkürlich ausgelösten Kontraktionen zusammen. Es ist für eine Frau aber ebenso möglich, diese Muskelpartie ganz bewußt zusammenzuziehen, um damit im Beckenraum ihre Empfindungen zu stimulieren. Während des Geschlechtsakts kann eine Frau diesen Muskelstrang fest um den Penis herum anspannen, was für ihren Partner ein besonders lustvolles Gefühl sein kann.

In einigen antiken Kulturen wurde den Frauen beigebracht, diese Vaginalmuskulatur zu trainieren und im gegebenen Moment richtig einzusetzen – nicht umsonst war Kleopatra sehr begehrt. 1952 löste Arnold Kegel ein zeitweiliges Interesse für diese Muskelgruppe aus: Er empfahl ein aktives Training bei der Anwendung dieser Muskeln, was ursprünglich als Heilmethode gedacht war gegen krankhafte Harninkontinenz. Heute können diese Forschungen als großer Gewinn für die sexuellen Befriedigungsmöglichkeiten der Frau angesehen werden. Nach einer gewissen Zeit des Trainings kann eine Frau den Umfang und die Kraft ihrer Vaginalmuskulatur verbessern. Diese formenden Übungen sind als »Kegel-Technik« allgemein bekannt. Im Anfangsstadium wird das bewußte Anspannen und Lockern der Muskeln geübt, später dann wird an Objekten (z. B. an einem Finger, oder an einem Meßgerät) die Kraft der Muskulatur erprobt, indem sie in die Vagina eingeführt und fest umspannt werden. Mehr Informationen darüber geben die Spezialbücher, die in unserem Literaturanhang aufgelistet sind. Hier aber doch einige Tips, wie Sie Ihre Beckenbodenmuskulatur finden können: Die Muskeln zwischen Schambein und Steißbein kontrollieren auch den Urinfluß. Das können Sie testen, indem Sie versuchen, den Urin anzuhalten, fließen lassen, anhalten, und wieder fließen lassen. Aber achten Sie darauf, nach diesen Experimenten die Blase immer ganz leerlaufen zu lassen. Sie sollten auch nicht enttäuscht sein, wenn es nicht auf Anhieb klappt – auch Kleopatra mußte üben! Achten Sie darauf, daß Ihre Beine dabei gespreizt sind, so können Sie leichter die Vaginalmuskeln von den analen und den Hinterbackenmuskeln trennen. Und dann versuchen Sie sich an diese Gefühle zu erinnern – unter Umständen werden Sie sie dann zum richtigen Zeitpunkt einsetzen können.

Die Mehrzahl der Frauen unserer Studie setzen ihre PCs bewußt und aktiv während des Liebesakts ein. Viele benutzen sie zwischendurch hin und wieder nach Lust und Laune oder hauptsächlich zur Luststeigerung des Partners: »Meine Muskeln sind gut trainiert, aber ich denke eigentlich nie bewußt daran, sie einzusetzen. Wenn ich es tue, flippt er völlig aus!« »Wir haben beide Spaß daran, aber eigentlich kann er es mehr genießen als ich. Es erregt ihn sogar so sehr, daß er sofort seinen Orgasmus bekommt. Aber wir exerzieren keinen regulären Ablauf dafür, denn ich verliere sowieso völlig die Kontrolle über mich, wenn ich kurz vor dem Höhepunkt bin.«

Für viele dient also der Einsatz der Beckenbodenmuskulatur sowohl dem eigenen Lustempfinden, als auch dem Vergnügen des Partners. Eine Minderheit der Frauen setzen diese Muskeln vorwiegend ein, um schneller die Orgasmusschwelle zu erreichen, und manchmal auch, um sich loszukatapultieren. Natürlich gibt es auch hier eine große Palette verschiedenster Anwendungen:

> *Rachel* (die 21jährige, die lieber unten liegt, um stärker ein Gefühl des »Beherrschtseins« zu verspüren):
> Ich spanne die Muskeln manchmal an, aber nicht bewußt. Das tue ich gleich zu Beginn, wenn er in mich eindringt – ungefähr für 30 Sekunden, manchmal für eine Minute. Ich kann damit meinen Partner stimulieren, aber ich mache das eigentlich nur, um meinen Rhythmus zu finden, mich dem Muster seines Stoßens anzupassen. Später kann ich den Orgasmus hinauszögern, indem ich diesen Rhythmus wechsle, oder ihn beschleunige, indem ich ihn wieder ändere.

Lisa:
Ich benutze sie nur für mich selbst, sowohl beim oralen Sex als auch beim Geschlechtsverkehr. Es ist schöner für mich, wenn ich meinen eigenen Rhythmus bestimmen kann.

Kate:
Ich liebe es, meinen Partner zu reizen, und das Anspannen dieser Muskelpartie macht ihn sehr scharf! Aber wenn ich Schwierigkeiten habe, einen vaginalen Orgasmus zu bekommen, hilft mir die angespannte Muskulatur, den Mann zu spüren. Manchmal komme ich fast ohne Stimulation der Klitoris, nur durch die Aktivierung der Scheidenmuskeln.

Mimi (die eine ununterbrochene Stimulation ihrer Klitoris braucht, um die Klimax zu erreichen):
Ich habe die Beckenbodenmuskulatur entdeckt, als ich im Gesangsunterricht Atemübungen machte. Während des Liebesspiels oder auch bei der Selbstbefriedigung spanne und löse ich diese Muskelpartien rhythmisch, bis ich kurz vor dem Höhepunkt bin. Dann halte ich die Spannung bis zum Höhepunkt.

Einige Frauen betätigen ganz bewußt die Vaginalmuskeln, bis sie kurz vor dem Orgasmus sind; danach würde es sie in ihrer Konzentration stören und sie davon abhalten, »loszulassen« und sich ganz ihren Empfindungen hinzugeben. Andere wiederum beginnen erst dann die bewußt aktive Anspannung:

Kristin:
Ich benütze diese Muskeln sehr intensiv. Nach der Geburt meiner Kinder habe ich jedesmal regelmäßig trainiert, um meine »Innereien« wieder zu straffen. Jetzt setze ich sie kurz vorm Orgasmus ganz automatisch ein: erst regelmäßige Kontraktionen, dann eine längere Anspannung, die ungefähr drei bis vier Sekunden anhält. Das ist der sicherste Weg zum Höhepunkt.

Ginger:
Ich mache die »Kegel-Übungen« jeden Tag! Zum Beispiel wenn ich Auto fahre: immer dann, wenn ich mich total auf mich konzentriere, oder auch während einer Unterhaltung – wie jetzt bei diesem Interview. Ich habe das im Lamaze-Unterricht in sechs Schritten gelernt. Da ich es beherrsche, wende ich es natürlich auch beim Liebesspiel an. Es fördert die Konzentration auf die Vagina und steigert damit die Gefühlsintensität. Die sechs Schritte sind: anspannen, verstärken, entspannen, anspannen, verstärken, entspannen ... und dann der letzte »Auslöser«, als Schub, der den Höhepunkt bringt.

Ingrid:
Ich hatte noch nie Orgasmusschwierigkeiten, aber wenn ich meine Scheidenmuskulatur einsetze, bekommt alles eine größere Intensität und die Orgasmen halten länger an. Kurz vor dem Orgasmus spanne ich zwei- bis dreimal kräftig an und halte es, um meine Lust zu verstärken.

Gut trainierte Beckenbodenmuskeln können die Intensität des Orgasmus fördern. Peg, die zu multiplen Orgasmen fähig ist und dabei auch Flüssigkeit verspritzt, erzählt beispielsweise: »Nachdem ich einige Monate Geschlechtsverkehr gehabt hatte, fühlte ich mich plötzlich innerlich schlaff, spannungslos. Ohne darüber gelesen zu haben, übte ich intuitiv die Anspannung der Muskeln, um wieder ein Gefühl von Straffheit zu bekommen. Heute kontrahieren die Muskeln während des Liebesakts meist ohne mein bewußtes Dazutun. Sie spannen sich sogar manchmal an, wenn mein Mann seinen Höhepunkt hat und ejakuliert. Wir beide spüren das ganz deutlich: die Kontraktionen beginnen oben und wandern dann durch die Scheide nach unten.«

Manche Frauen benutzen ihre Beckenbodenmuskulatur als zusätzliche Stimulation. Grace berichtet über ihre Erfahrungen: »Mein erster Orgasmus kommt ganz natürlich, ich meine, ohne daß ich mich irgendwie anstrengen muß. Aber danach benutze ich ganz bewußt meine Scheidenmuskulatur. So kann ich meinen Mann viel mehr spüren, und das bewirkt einen sehr starken, hin und wieder sogar einen gemeinsamen Höhepunkt. Die Konzentration auf diese Muskelpartie hat übrigens einen schönen Nebeneffekt: Ich sehe farbige Bilder, und ich fühle so deutlich wie sonst nie, wie sein Penis an den Scheidenwänden entlanggleitet. Alles ist hochsensibel und erzeugt in mir eine unglaubliche Lust.«

Einige Frauen können nach langem, intensivem Training ihre Vaginalmuskeln auf eine besonders selektive Weise einsetzen und steuern. Amy, eine Mitt-Dreißigerin, gut gebaut, mit sanfter Stimme und langen, lockigen, kastanienbraunen Haaren, ist nach zehnjähriger Ehe geschieden. Mit ihrem Mann erreichte sie den Höhepunkt nur äußerst schwer. Eine Tatsache, die sie ihm anlastet, »weil er keine Ausdauer hatte«, aber auch sich selbst: »Ich hatte zuwenig Selbstvertrauen.« »Es ist fünf Jahre her, da beschloß ich, den Orgasmus als etwas Gutes anzusehen, und wollte lernen, wie man es anfangen muß, und zwar unabhängig davon, ob ich mit meinem Partner zusammenbleibe. Ich las, wie man die Scheidenmuskulatur einsetzen kann – wie beim Wasserlassen: halten, wieder fließen lassen. Plötzlich spürte ich diese Muskeln und merkte, daß ich sie einsetzen konnte. Ich dachte immerzu daran, hörte nicht mehr auf, sie zu trainieren, bis ich sie bei jeder Gelegenheit, in jedem Moment anspannen konnte. Ich benutze sie beim Cunnilingus, beim Geschlechtsverkehr und natürlich auch dann, wenn ich mich selbst befriedige. Ich habe es geschafft: Ich kann jetzt diese Muskeln so wirkungsvoll einsetzen, daß ich förmlich sehe, wie sie sich verhalten, und stelle mir vor, wie meine Klitoris darauf reagiert. Ich steigere mich so hinein, daß ich sogar einen Orgasmus bekommen kann, ohne mich zu berühren.

Während des Liebesspiels kann ich die Muskeln gegeneinander verschieben, sogar die eine Scheidenwand gegen die andere pressen. Wenn ich das tue, mache ich in Gedanken mehr als das bloße Wandern von einer Seite zur anderen. Es ist, als ob sich die Kontraktion nach innen zuspitzt, wie ein kräftiger Sog, der pumpende und saugende Bewegungen hervorruft. Ich umschließe auch seinen Penis, sauge ihn fest mit den ringförmigen Muskeln in meiner Vagina. Das mag ich lieber als das übliche Vor und Zurück, Rein und Raus. Wenn er in mich eindringt, kann ich die Muskeln anspannen oder locker lassen, über einen langen Zeitraum angespannt bleiben oder auch völlig gelockert alles laufen lassen. Ich tue das, ohne meinen Partner zu fragen, ob er es möchte. Es ist eben meine Art des Liebesspiels. Die meisten Männer sind verblüfft über das, was ich da mache. Kurz vor dem Höhepunkt ziehe ich ein paarmal schnell die Muskeln zusammen, und schon heb' ich ab!«

Einige Frauen haben gewisse Vorbehalte, ihre Beckenbodenmuskulatur einzusetzen. Julia, zum Beispiel, sieht darin eher einen unangenehmen Störfaktor, der bewirkt, daß ihre Konzentration nachläßt. Manchmal führt der Einsatz dieser Muskulatur ungewollt zu einer Verzögerung der Klimax. Es kommt auch vor, daß die Frauen zu lange oder zu kräftig pressen, was für den Partner unangenehm ist und zu Quetschungen und Wundreiben des Penis führen kann. Amy erzählte, daß nicht alle Männer ihr Können zu schätzen wissen: »Ich war schon mit Männern zusammen, die das überhaupt nicht wollten, besonders nicht während des Geschlechtsakts. In diesen Fällen versuche ich, die Muskeln locker zu lassen, und muß es ganz ihm überlassen, die Stärke des Drucks zu steuern. Doch hin und wieder habe ich es dann doch gemacht, und früher oder später war's für uns beide wunderbar!« Noch ein Hinweis: Es gibt Partner, die durch dieses Muskelspiel zu stark stimuliert werden: »Es ist ein großartiges Gefühl, aber geh' es vorsichtig an, sonst kommt er viel zu schnell.« »Ich wechsle den Rhythmus oder höre ganz auf – sonst wird er regelrecht von mir gemolken. Man kann die Männer damit fast wahnsinnig machen.«

Auch die Anwendung der Beckenbodenmuskulatur ist kein Wundermittel. Wenn eine Frau einen ganz normalen Muskeltonus hat und nicht besonders leicht zu erregen ist, dann hilft ihr der Einsatz der Vaginalmuskeln allein nur wenig! Wir möchten hier nochmals betonen, daß drei Viertel der Frauen dieser Studie immer auch ein gewisses Maß an kontinuierlicher klitoraler Stimulation beim Geschlechtsverkehr benötigen. Keine der Befragten behauptete, daß das Muskelspiel der Vagina der alles entscheidende Faktor beim Gelingen des Liebesspiels ist. Viele Frauen, die sehr leicht zur Klimax kommen, machen nur wenig Gebrauch von den Möglichkeiten dieser Muskelpartie. Es ist alles eine Frage persönlicher Vorlieben.

Unter Berücksichtigung des oben Erwähnten kann man trotzdem feststellen, daß viele Frauen zusätzlichen Gewinn und

Genuß aus dem Spiel ihrer Beckenbodenmuskulatur ziehen – sowohl aus den Übungen als auch beim aktiven Einsatz während des Liebesakts. Intensität und Genauigkeit der Empfindungen sind dadurch beim Koitus beeinflußbar. Mehr noch, sie kann selbst steuern, wie intensiv und anhaltend der Orgasmus sein soll. Und es steht ganz *in ihrer Macht,* die Lust zu steigern und somit das erotische Vergnügen als Ganzes.

Zusammenpassen der Genitalien

Eine Frau wird wohl kaum, oder nie, ihre sexuelle (und emotionale) Befriedigung mit der Penisgröße ihres Partners in Verbindung bringen. Ob ein Penis groß oder klein ist, sagt nichts darüber aus, wie gut ein Mann als Liebhaber ist. Für die meisten Frauen ist die Größe des Penis völlig unwichtig:

Julia:
Die Größe des Penis hat auf meine Orgasmusfähigkeit überhaupt keinen Einfluß. In den vergangenen Monaten war ich mit einem Mann zusammen, dessen Penis sehr klein war, aber wie er in mich eindrang, wie er mich berührte, seine Techniken – das war wunderbar, und mein Höhepunkt war genau wie immer. Selbst wenn es der pure Sex ist, hängt viel von der Einstellung ab und ob man sich nur darauf konzentriert, was man macht, und aktiv am Liebesspiel teilnimmt.

Bernadette:
Die Größe des Penis ist ein typisches Männerproblem. Dabei kann er im Bett große Klasse sein, auch wenn er nur einen kleinen oder mittelgroßen hat. Das ist vergleichbar damit, daß man in einer vollbusigen Frau immer gleich eine Sexbombe sieht. Ich glaube, daß große Brüste nichts damit zu tun haben, ob man »sexy« oder »gut im Bett« ist. Das ist nur ein Klischee.

Andere Frauen berichten:

Vielleicht, wenn dein Muskeltonus schlecht ist, aber ansonsten ist es völlig ohne Bedeutung, wenn dir etwas an seiner Person liegt. Andere Fähigkeiten sind wichtiger.

Der Penis selbst ist gar nicht so erregend. Die Art, wie er meine Klitoris liebkost, wie er mich während des Liebesspiels streichelt und reibt, das ist viel wichtiger für mich.

Im Grunde ist das völlig bedeutungslos. Wenn er nicht so groß ist, schiebe ich mir einfach ein Kissen unter den Hintern oder hebe mich an und lege mich so hin, daß er tiefer in mich eindringen kann. Ich kann mich ganz gut an das anpassen, was ihm gegeben ist.

Eine beträchtliche Anzahl von Frauen, wenn auch die Minderheit unter den von uns Interviewten, haben allerdings genaue Vorstellungen über die gewünschte Penisgröße ihres Liebhabers, wobei auch da »groß« nicht immer gleichbedeutend ist mit »besser«! Amy sagte zu diesem Thema: »Es ist mir egal, wie groß sein Penis ist. Ich hoffe nur, daß der Mann sich wegen seiner Penisgröße nicht für unzulänglich hält. Viele Männer haben mir schon gesagt: ›Hoffentlich gefalle ich dir mit dem, was ich zu bieten habe.‹ Meine Erfahrung ist, daß Männer mit einem kleinen Penis viel liebevoller sind als die mit einem großen. Es ist tatsächlich oft schwieriger mit Männern, die einen großen Penis haben, weil sie sich nämlich eher für unbrauchbar halten, denn sie haben vielleicht die Erfahrung gemacht, daß sie wegen der Größe von den meisten Frauen abgewiesen worden sind.«

Einige Frauen bevorzugen tatsächlich einen eher normal großen oder sogar »kleinen« Penis:

Ich habe lieber einen Mann mit einem kleinen Penis. Nicht, weil ich Angst habe, daß er mir weh tut, sondern weil ich mit einem großen Penis nicht all das tun kann, was mir Spaß macht. In manchen Stellungen stößt er zum Beispiel an einen sehr empfindlichen Punkt in meiner Vagina, und das ist nicht besonders angenehm.

Richtig große sind für mich persönlich gar nicht so gut. Außerdem kann ich mit einem kleinen, mittelgroßen oder sogar nur halb erigierten Penis meinen Lieblingspunkt, die Klitoris, besser streicheln.

Sicherlich gibt es Männer, die deshalb Komplexe haben. Aber ehrlich gesagt, aus körperlichen – und vielleicht auch aus psychischen – Gründen, steh' auch ich nicht auf große, die können nämlich ganz schön weh tun.

Die Wünsche und Vorlieben einer Frau können sich von Zeit zu Zeit ändern; sie sind abhängig von den jeweiligen Partnern oder von der Art und Weise des Liebesspiels: »Mit einem großen Penis komme ich viel schneller zum Höhepunkt, aber das kann mit der Zeit auch richtig schmerzvoll sein. Wenn er einen kleinen hat, muß ich mich sehr darauf konzentrieren, was passiert, und ich brauche ein bißchen mehr Phantasie, mehr unterschiedliche Stellungen, zusätzliche Aktivitäten und Reize ...«

Andere Frauen wiederum sagen, daß sie einen großen Penis vorziehen. Sally ist Künstlerin, geschieden, Mutter von fünf Kindern. Sie ist eine kleine, durchtrainierte Frau, Mitte 40: »Alle behaupten, die Größe des Penis wäre unwichtig – für mich nicht. Vielleicht hatte ich vor meiner Scheidung nie einen, der groß genug für mich war, und habe deshalb eine Art Nachholbedürfnis; vielleicht aber auch, weil ich mich selbst mit meinen Vaginalmuskeln sehr gut stimulieren kann. Wie auch immer, ich stehe auf große Schwänze. Je größer er ist, um so stärker spüre ich ihn in mir. Das steigert meine Lust!«

Noch einige Kommentare hierzu:

Ich brauche einen großen Penis, nicht zu meiner körperlichen Befriedigung, sondern aus psychischen Gründen. Ein großer Penis ist für mich ungeheuer aufregend.

Es ist für mich nicht wirklich wichtig – aber auch nicht ganz unwichtig ... Für mich ist es wichtiger, daß sie dick sind als lang. Aber auch das nicht unbedingt, es wäre nur ganz schön.

Mein Mann hat einen großen Schwanz. Und ehrlich gesagt, es ist wirklich wichtig für mich. Ein großer Penis macht mich verrückt!

Viele Frauen geben nur ungern zu, besondere Anforderungen an die Größe des Penis zu haben. Sie zögern aus verschiedenen Gründen: Vielleicht haben sie gelesen, ein Orgasmus würde nur von der Stimulierung der Klitoris abhängen; oder die Größe sei für die Befriedigung ganz unwichtig; oder sie glauben, sie würden als abartig und lüstern gelten, wenn sie besondere Wünsche haben; oder sie wollen ganz einfach ihren Partner nicht kränken. Wie auch immer, wir haben ja schon festgestellt, daß es besonders sensible Bereiche in der Vagina gibt. Wenn ein solcher Bereich nicht sehr tief, sondern gleich an der Scheidenöffnung liegt, kann ihn ein kleiner, mittelgroßer, wie auch ein großer Penis sehr effektvoll stimulieren. Wenn aber diese sensible Stelle tief in der Vagina liegt, ist der Wunsch einer Frau nach einem großen, langen Penis durchaus zu verstehen. Des weiteren gibt es viele Frauen, die zu ihrer Befriedigung eine Vielzahl verschiedener Reize brauchen, wobei der Druck in der Vagina eventuell eine wichtige Rolle spielt. Auch wenn bei manchen Frauen die Vagina in der Erregung als sehr »elastisch« empfunden wird – sie kann anschwellen, sich zusammenziehen und nahezu jede Penisgröße eng umschließen –, unterscheiden sich Frauen doch sehr stark in ihrer körperlichen Wahrnehmung und in der subjektiven Vorstellung von der Größe ihrer Vagina. Einige Frauen empfinden ihre Vagina als besonders »groß«, andere wiederum als »klein«. Die Muskulatur der Vagina ist bei jeder Frau unterschiedlich ausgeprägt: Bewußtsein und Wünsche, die Schmerzgrenze, das Verlangen nach Schmerz und psychische Bedürfnisse sind sehr verschieden.

Wir sollten uns an dieser Stelle auf die alten Weisheiten zurückbesinnen. Zum Beispiel spricht das hinduistische Kamasutra von einem Phänomen, das wir mit »richtig zusammenpassen« bezeichnen. Das entscheidende Merkmal einer optimalen Vereinigung ist, daß die Genitalien eines Paares größenmäßig zusammenpassen. Ist dies ganz und gar nicht der Fall, kann daraus nur eine schlechte Liebesbeziehung entstehen. Viele Frauen bestätigen diese Feststellung:

Die Größe seines Penis ist schon ziemlich wichtig. Wenn er zum Beispiel zu schmal ist, kann ich ihn nicht spüren, aber er darf natürlich auch nicht riesig sein. Ein gutes Zusammenpassen ist das Beste.

Seine Aufmerksamkeit und seine Sensibilität zählen für mich am meisten, aber das, was als »Zusammenpassen« bezeichnet wird, ist genauso wichtig.

Ich bin sehr eng gebaut, deshalb tut mir ein großer Penis richtig weh. Männer sind ganz unterschiedlich ausgestattet – er ist lang, dünn, kurz, dick, gerade oder gekrümmt. Ausschlaggebend ist, wie gut einer zu mir paßt. Noch wichtiger ist aber, wie gut er das einzusetzen versteht, was er hat.

Fassen wir nochmals zusammen: Für die meisten Frauen ist die Größe des Penis unwichtig. Keine Frau möchte ihre Gefühle, ihre Partnerschaft – auch nicht den Liebhaber an irgendwelchen festgefahrenen Vorstellungen über die Größe des Penis messen. Die meisten Männer haben einen normal großen Penis, und die meisten Frauen empfinden den Penis ihres Mannes als angenehm und »passend«. Um die Männer zu beruhigen, haben Therapeuten immer wieder – vielleicht unbeabsichtigt – den Frauen Vorwürfe gemacht und ihnen eingeredet, sie würden den Männern Komplexe verursachen, wenn sie bestimmte Wünsche und Vorlieben äußerten.

Dieses Kapitel und die zwei vorangegangenen haben sich primär mit der körperlichen Stimulierung beschäftigt, die eine leicht erregbare Frau an die Schwelle des Orgasmus bringt. Im folgenden werden wir zu den mentalen Reizen während eines Liebesaktes zurückkehren: eine faszinierende, erotische Welt, mit der die persönlichen, sexuellen Aktivitäten abgerundet werden.

Im Reich der Sinne 9

Selbst wenn man intensiv darüber nachdenkt, ist es kaum vorstellbar, wie viele wunderbare Gedanken einem während des Liebesakts durch den Kopf gehen. *Kristin*

Ich habe mir ein Repertoire verschiedener Filme angelegt, die während des Liebesspiels in meinem Kopf ablaufen. *Natalie*

Körper und Geist sind eins. In Kapitel 4 haben wir die geistig-seelischen Aktivitäten der Frauen mit den verschiedenen Variationen von Musik verglichen. Wenn Frauen sich während des Liebesakts den immer stärker werdenden körperlichen Lustgefühlen hingeben, reagiert auch ihr Geist: schöpferische Gedanken entstehen, die Musik spielt und spielt . . .

Eine Frau erklärt das so: »Du brauchst dich von niemandem einschüchtern oder beeinflussen zu lassen in dem, was du denkst oder fühlst. Glaub' an dich selbst, glaub' an deine eigenen Gedanken und Gefühle. Das Wichtigste, was ich gelernt habe, ist, meinen Gedanken freien Lauf zu lassen.

Gebrauchen Sie alle Ihre Sinne

Während des Liebesakts nimmt eine Frau alle Sinneseindrücke in sich auf. Neben den lustvollen, körperlichen Wahrnehmungen wird eine Frau besonders dadurch geistig angeregt, daß sie sich bewußt wird, was sie gerade macht: daß sie sich ihrer Kleidungsstücke entledigt, sich in eine geile Stellung begibt und mit Bewußtsein spürt, wenn der Partner in sie eindringt. Auch der Ort und die Begleitumstände können erregend sein: besonders exotische Urlaubsplätze oder andere sinnlich erotische Umgebungen, die ihre Phantasie anregen:

> Wir haben es überall getan, wo immer ich es wollte – am Strand, im Badezimmer, auf Parties, ganz heimlich bei einem Open-air-Festival. Aber mein Lieblingsplatz war ein Chambre séparée in einem sehr eleganten Restaurant nach einem romantischen Abendessen.
>
> Ich habe ihm mal etwas ganz Tolles geschenkt: Ich bestellte zwei Masseure – eine Frau für ihn, einen Mann für mich. Danach servierte uns ein anderes Paar, nur leicht bekleidet, Vorspeisen und Champagner. Schließlich zupften wir Rosenblätter und verteilten sie über das ganze Bett . . .

Wenn man den Liebesakt mit Phantasie gestaltet, spielt oft das Element des Verbotenen oder die Möglichkeit, entdeckt zu werden, eine große Rolle. Solche »abenteuerlichen« Sexgeschichten, das Liebesspiel mit einem anderen Paar oder einer fremden Person, das Spielen einer erdachten Rolle oder ein gut organisiertes Szenario, steigern durch die gedankliche Erregung auch die körperlichen Lustgefühle:

> Wir wechseln uns immer ab. Einmal ist er Doktor, und ich bin seine verführerische Patientin; oder ich bin seine Lehrerin, und er ist mein ungezogener Schüler. Manchmal haben wir uns den Rollen entsprechend verkleidet und das Spiel so lange fortgesetzt, bis wir beide den Höhepunkt erreichten . . .

Auch das Visuelle – Sehen und Gesehen werden – kann sehr erregend sein. Das gesamte Liebesspiel ist dann eine Quelle der Lust. Manchmal will eine Frau aber nur einen ganz bestimmten Teil des Geschehens wahrnehmen:

> *Grace:*
> Ich sehe gerne unsere Körper, wenn sie sich lieben. Da bin ich sicher nicht objektiv, aber ich finde Körper immer sehr sinnlich.

Bernadette:
Ich schaue gerne auf meine Brüste – das macht mich an. Die Tatsache, daß wir keine Kleider mehr anhaben, zu sehen und zu fühlen, wie er meinen Busen streichelt, zu sehen wie meine Nippel hart werden, das finde ich alles unheimlich aufregend.

Rita:
Ich sehe immer meinen Partner an, wenn wir uns lieben. Um seine Nähe zu spüren, um zu sehen, wie er in mich eindringt, oder wie seine Zunge zwischen meinen Schenkeln spielt . . . Es macht mich genauso an, uns im Spiegel zu beobachten; aus diesem Grund stehen bei mir zwei ganz nahe am Bett . . . Weil alles gleichzeitig passiert – Sehen und Fühlen – sind die Wahrnehmungen viel intensiver.

Vielleicht können Ihnen auch bestimmte Strukturen, Geschmackssensationen, Düfte oder Gerüche besondere Lustgefühle vermitteln: »Ich werde schon allein durch Berührung erregt: verschiedene Gewebe, Wärme, die Haut meines Liebhabers, Wind und Wasser, alles, was meinen Körper berührt.« Einige Frauen werden durch Geschmack und Düfte extrem erregt: »Ich stehe auf verschiedene Geschmacksempfindungen und Gerüche: Vor allem meine eigenen Körperausdünstungen und -säfte. Ich schmecke mich selbst an seinen Fingern, und nach dem Geschlechtsverkehr mag ich bei ihm gern Fellatio machen.«

Vielleicht können selbst Töne oder Worte Ihren Genitalbereich beeinflussen. Kristin sagt: »Worte, Schreie, gurgelnde Töne und Knurren sind Mitteilungen, Botschaften. Aber sie wirken auch antörnend, sind Geschenke für deinen Liebhaber.« Einige Frauen sind während des Liebesakts sehr geräuschempfindlich. Vivian zum Beispiel: »Ich mag sanfte, zarte Hintergrundmusik. Das hilft mir, meine Lust zu steigern – und übertönt meine eigenen Geräusche. Ich liebe es, wenn er mir sagt, wie verrückt ich sei, oder sagt: ›Du machst es, ja!‹ Ich setze auch meine Stimme ganz bewußt ein . . . murmele, seufze, manchmal schreie ich und rufe ›Ich komme!‹ All das hilft mir, loszulassen.«

Liebesbezeugungen, Bestätigungen, obszönes Reden, Kokettieren oder auch richtige »Schweinigeleien« können eine Frau stimulieren:

Mein Mann sagt mir immer so kleine, feine Sachen – wie sehr er mich liebt, wie schön ich bin, wie sehr er meine Nippel und meine Muschi mag. Dann fühle ich mich so richtig sexy.

Ich rede gerne dabei – sage, wie gut das Gefühl ist, wie naß ich bin, »Mach es härter, schneller« oder »Schau mal, wie glitschig du bist«. Worte können ganz schön erregend sein. Aber mehr noch stimuliert mich die Hemmungslosigkeit, das Gefühl, all das sagen zu können, was ich will. Mein Partner sollte das genauso machen, und ich will, daß er mir zeigt, wie ihn das anmacht.

Ich höre unsere Geräusche, das Schmatzen unserer nassen Körper beim Lieben. Und ich sage »Du schmeckst gut«, »Ich will, daß du mich fickst«, »Ich bin ganz naß, mein Busen wächst«. Er soll mir dabei zuhören, ein »Ja« murmeln, aber keine richtige Antwort geben, denn ich rede eigentlich nur, um mich selbst zu stimulieren.

Er erzählt mir Geschichten, sagt mir, daß ich naß oder geil bin. Und es macht mich ganz wild vor freudiger Erwartung, wenn er mir erzählt, was er als nächstes machen wird, wie ich mich dabei fühlen werde, was er gerne machen würde, selbst wenn es »nur« Phantasien sind. Und wenn ich richtig in Ekstase bin, tun mir auch ein paar schmutzige Worte nicht weh.

Vielleicht finden Sie es ja viel schöner, wenn alles still abläuft: »Am Anfang möchte ich mich leidenschaftlich unterhalten, aber dann will ich nur leise Geräusche oder Stille – Worte stören meine Gedanken.« »Ich mag mir nicht selbst zuhören, und versuche, leise zu sein. Zuviel Lärm und auch Unterhaltungen lenken mich ab, und obszöne Reden verderben eher die Stimmung.«

Ob jemand aus Geräuschen und Worten Genuß zieht, ist von Person zu Person ganz verschieden. Um ihn in die Lage zu versetzen, Sie anheizen zu können, sollten Sie Ihrem Partner mitteilen, was Sie mögen.

Viele Frauen spüren ihre körperliche Erregung ganz genau, und sie erleben diese Gefühle sehr bewußt. Dieses Bewußtsein oder die »Selbstbeobachtung« sind niemals losgelöst, sondern auf subtile Art eng verbunden mit der körperlichen Lust. Erregung schafft Erregung:

> Ich sehe förmlich meine Nippel, meine nasse, glitschige Vagina, meine Klitoris: und ich sehe, wie meine Schamlippen sich vergrößern. Dabei ist mir völlig bewußt, wie sehr mich das anmacht, wie diese Sensationen sich »mitteilen«.

> Ich intensiviere meine Empfindungen, indem ich meine Gefühle entschlüssele – wie sie sich steigern, wie alles wärmer und stärker wird. Dann spüre ich die Anspannung in meiner Scheide und die Spannung meines ganzen Körpers. Je weniger ich mich unter Kontrolle habe, desto größer wird meine Erregung.

Nora ist allein schon durch Vorahnungen erregt: »Es ist immer so, als ob ich auf einen ganz bestimmten Punkt, auf ein ganz bestimmtes Gefühl warte, wie auf eine Warnflagge: Ich denke immerzu an diesen Punkt, der mich so stimuliert, weil ich weiß, daß ich dann erst richtig in Fahrt komme. Wenn ich ihn erreicht habe, dann ist mein Orgasmus gesichert.«

Vielleicht brauchen Sie schon lange vor der Klimax die Konzentration auf bestimmte körperliche Wahrnehmungen, um damit richtig »einzusteigen«.

Kay ist 31, Leiterin einer Hausverwaltung, eine attraktive Frau mit dunkelbraunem Haar: »Um schnell zum Höhepunkt zu gelangen, muß ich mich nur auf meine Gefühle konzentrieren. Zuerst leere ich mein Gehirn. Durch meine Erfahrungen mit Yoga und Hypnose fällt es mir leicht, mich auf meine Gefühle zu konzentrieren, ich genieße die Meditation. Beim Bumsen verschmelze ich mit all den sinnlichen Regungen, die mich stimulieren. Körper und Geist werden eins, Klitoris, Anus, Vagina, Brüste. Wenn ich meine Konzentration auf meine Füße richte, dann kann ich auch ganz in meinen Füßen sein!«

Es gibt nur sehr wenige Sinneswahrnehmungen, die eine Frau noch mehr stimulieren können als die untrüglichen Zeichen der Erregung des Partners. Bestimmte Blicke oder Geräusche signalisieren diese Erregung: sein Gesichtsausdruck, seine Lustlaute, lobende Worte, leidenschaftliches Atmen.

> Ich bin stolz auf mich, wenn ich weiß, daß ich ihn so richtig auf Touren gebracht habe. Ich brauche diese sinnliche Befriedigung.

> Was mich zum Orgasmus bringt, ist die Kombination meiner Sinneswahrnehmungen und das Spüren seiner Lust. Es erregt mich, wenn ich merke, daß mein Partner aktiv und leidenschaftlich ist. Ich bin mir sicher, daß es umgekehrt genauso ist.

> Wenn ich seine Erregung spüre, habe ich das Gefühl, begehrt zu sein, und das hilft mir, mich loszulassen. Ich versuche auch, mich in ihn hineinzuversetzen. Denke darüber nach, was *ihm* gefallen könnte.

Viele Frauen stimulieren sich selbst, indem sie sich die Lust des Partners bewußt machen. Kate beschreibt: »Manchmal fühle ich seine Erregung – und das ist genauso aufregend für mich, wie wenn er wegen meines Busens ausflippt: Er küßt und saugt, preßt sein Gesicht dagegen, versucht, alles in den Mund zu bekommen und wird so geil dabei, daß er mich damit ansteckt. Ich weiß nicht, ob meine Brüste empfindlich sind, aber wenn er so erregt mit ihnen spielt, spüre ich keinen Schmerz – ich bin völlig in seiner Lust gefangen, und kann nicht genug davon bekommen.«

Eine Frau sollte all ihre Sinne einsetzen, um ihre sexuelle Erregung zu verstärken. Konzentrieren Sie sich nur auf die Stimulation, das bringt Sie dem Orgasmus näher. Und gestatten Sie sich selbst, all das zu tun, was Sie dazu brauchen können.

Eine ganz intime Angelegenheit

Jetzt steigen wir ein in das Reich der weiblichen Gedanken- und Bilderwelten.

Normalerweise weiß der Partner nur wenig über die Gedankenwelt einer Frau, und es ist auch ihr Recht, ihn darüber im unklaren zu lassen. Eine Frau formulierte dies so: »Das geht nur mich etwas an.« Das Erzählen einer intimen Phantasiegeschichte kann manchmal die Erregung steigern, aber häufiger – besonders während des Liebesspiels – auch die Konzentration stören und die sexuelle Wirkung einer Lieblingsvorstellung eher schwächen.

Es braucht oft Zeit, um solche Imaginationen offen akzeptieren zu können. Iris erinnert sich: »In den vergangenen Jahren ist mir klar geworden, wodurch ich mir selbst manchmal im Weg stand und so schwer zum Höhepunkt kam: Ich dachte immer: Hey, Moment mal! Ich bin mit diesem Typen hier zusammen, sehe aber immer einen völlig Fremden vor mir! Dann entschied ich, daß diese Phantasien ein wichtiger Teil meines Liebeslebens sind – jeder hat sie.« Und Bernadette: »Ich brauchte sehr lange, um mich daran zu gewöhnen und meine Gedanken einfach als normal weiblich zu akzeptieren. Dann merkte ich, daß die Phantasien einen wichtigen Teil des Sex ausmachen.«

Auch einige Frauen, die ohne Schwierigkeiten zum Orgasmus kommen, brauchen bestimmte mentale Bilder. Victoria, 28, hat leichte muskuläre Störungen. Sie ist Therapeutin, single, eine schmale Frau mit dichtem, honigfarbenem Haar: »Ich benutze immer eine bestimmte mentale Vorstellung beim Verkehr, und bin völlig verwirrt, wenn mein Partner da nicht hineinpaßt. Dann versuche ich es mit immer anderen Bildern, bis mich was antörnt. Ich glaube, daß ich noch nie einen Orgasmus ausschließlich durch die körperlichen Empfindungen erreicht habe!«

Bilder kommen und gehen. Nur für wenige Augenblicke kann die Frau mit ihrer körperlichen Wahrnehmung total verschmelzen, schon im nächsten Moment nimmt sie nur noch Bilder auf, und wenige Sekunden später wird die Kombination aus Bild und Stimulation zu einem aufregenden Erlebnis. Der Ablauf verschiedener Bilder funktioniert wie im Film: Zeitlupe, abrupte

Schnitte, Nahaufnahmen und wieder Entfernung des Motivs. Der Grad der Wirklichkeitstreue variiert zwischen impressionistischen Einstellungen, ganz abstrakten, detailgenauen und realistischen Sequenzen. Die meisten Frauen haben ganz bestimmte Vorlieben und eine spezielle Technik der Visualisierung, entsprechend den verschiedenen Arten von Sinneswahrnehmungen: optische, berührungsmäßige oder akustische. Gleichgültig, welche Technik sie benützt, es stärkt normalerweise ihre Erregung.

Es ist schwer vorherzusehen, welche Methode eine Frau bevorzugt: Emily zum Beispiel ist ausgebildete Graphikerin und arbeitet schon jahrelang in ihrem Beruf. Trotzdem konnte sie bisher nur Empfindungen und keinerlei visuelle Vorstellungen heraufbeschwören, um sich damit zu stimulieren: »Es entspricht mir eben nicht. Ich habe es versucht, aber es klappt nicht.« Wendy ist auch Künstlerin: »Ich projiziere Bilder, lasse mich treiben und werde dadurch extrem sensibilisiert. Auch wenn ich ein Bild vor Augen habe, das ich noch nie zuvor gesehen habe, oder wenn ich die gezeigte Person nicht kenne, sondern sie vielleicht aus einem Gemälde oder so entsprungen ist, dann stört es meine Konzentration nicht. Ich denke einfach über die Person nach. Ich würde nicht sagen, daß ich echte Phantasievorstellungen entwickle. Mit geschlossenen Augen kann ich mich in einem Meer von tiefem Violett sehen. Diese Farbe törnt mich an. Ich stelle mir dann vor, wie sich dieses Violett anfühlt, und meine Haut reagiert ganz empfindlich darauf. Ich bin eine visuelle Denkerin, ich habe es ja auch in der Kunstakademie gelernt. Ich belebe alle meine Bilder.«

Obwohl Wendys natürliche oder angelernte Vorliebe den visuellen Imaginationen gilt, versucht sie doch immer wieder, die Bilder in ihre körperlichen Empfindungen zu integrieren. Was immer eine Frau für sich bevorzugt, ihre Gedanken sind nie abgeschaltet, sondern immer auch beteiligt. Erst wenn sie den Gipfel des Orgasmus erreicht, setzt sie geistige Erregung in körperliche sexuelle Empfindungen um. Meredith erklärt das: »Ich sehe ganz abstrakte Dinge – Spiralen, Farben, Wellen – oder auch streichelnde Hände, und die fühle ich sogar wirklich. Es rauschen Dinge durch meinen Kopf, die ich gar nicht beschreiben kann, aber das sind genau die Gefühle, hinter denen ich her bin.«

Eine Vorstellung, die für die eine Frau befriedigend ist, kann eine andere total abstoßen: »Ich sehe verschiedene abstrakte Bilder, aber nie irgendwelche schweinischen, und habe auch nicht Vorstellungen wie ›Sein Schwanz wird härter‹.« »Ich will mir in Gedanken gar nicht unser Liebesspiel vorstellen, weil ich mich dann nicht einbezogen fühle. Dafür mag ich aber Bilder von Penisen umso lieber!«

Joan ist Ende 20, blond, sehr lebhaft, von Beruf Schauspielerin und verheiratet. Geboren und aufgewachsen ist sie in einer streng religiösen Südstaaten-Familie: »Meine Beziehung zu Gott berührt all meine Lebensbereiche . . . Ich habe sehr viel gelesen über Phantasievorstellungen von Menschen und Situationen. Trotzdem verstehe ich die Zusammenhänge nicht. Ich denke, daß es meine Freude am Moment, meine Beziehung zum Partner stören würde, als ob ich mich von der Situation lösen wollte, nur ganz auf mich bezogen wäre. Du verweigerst deinen Geist und deine Gedanken und betrügst damit die andere Person.« Während des Liebesakts kann Joan ein ganz genaues Bild von sich sehen. Sie spielt eine bestimmte Rolle, dann kombiniert sie dieses Bild mit einer langen Einstellung von sich und ihrem Mann während des Liebesspiels, wobei sie kurze Einblicke auf verschiedene Partien ihres Körpers hat. Diese Bilder verstärken ihre Lust, und trotzdem bewahrt sich Joan ihre Treue, worauf sie besonderen Wert legt.

Phantasien

Hillary ist Ende 30, eine auffallende, dunkel-exotische Frau, die eine besondere Energie ausstrahlt, wenn sie von ihren Phantasien erzählt: »Ich habe oft ein ganz bestimmtes Bild vor Augen, wenn ich beim Geschlechtsverkehr auf meinem Mann reite. Es ist eine Art ›Pferde-Phantasie‹: und wenn sie mir erst mal in den Sinn gekommen ist, dann bleibt sie es die ganze Nacht lang. Ich bin völlig nackt und reite einen wunderschönen Hengst ohne Sattel. Eine Herde anderer Pferde läuft hinter mir. In meiner Phantasie sehe ich anders aus und bin auch ganz anders als in Wirklichkeit. Ich sehe mich als eine wilde, dominante Frau. Verschwommen im Hintergrund dieser Szene stehen immer sehr starke Männer, auf die ich zureite. Sie bewundern mich, wie ich diese Herde wilder Pferde in meiner Gewalt habe. Ich spüre, daß sie mich begehren, mit mir schlafen wollen, aber irgendwie weiß ich, daß ich auch sie beherrschen werde. Ich habe alles unter Kontrolle, meine eigene Kraft und die Kraft der Pferde. In dieser Szenerie beherrsche ich alles, und ich reite schneller, drücke mich fest nach unten ... und reite so bis zum Orgasmus.«

Nicht alle inneren Bilder oder Vorstellungen sind unbedingt Phantasien. Viele Frauen sehen es jedenfalls nicht so. Wendy, die immer in ein Meer von Violett eintaucht, bestätigt das: »Ich würde nicht behaupten, daß ich Phantasien habe.« Außerdem hat das Wort Phantasie für viele einen eigenartigen Beigeschmack, impliziert »Zurückziehen« vom tatsächlichen Partner, wobei jedoch gerade viele Bilder partnerbezogen sind oder doch zumindest eng verbunden mit dem Körper der Frau und dem Liebesakt, der in dem Moment stattfindet. Der Begriff Phantasie erweist sich als unzureichend für die üppige Vielfalt der Bilder, die viele Frauen beschäftigen. »Phantasie« ist daher ein Begriff, den wir nur für die variationsreichen inneren Bilder benutzen, die Frauen von sich selbst und/oder anderen Personen in bestimmten Aktivitäten und Situationen entwickeln. Normalerweise sind sie an bestimmte Umgebungen gebunden; z. B. bei Hillary, die ein oder zwei Merkmale speziell hervorgehoben hat, während andere eher verschwommen oder nur andeutungsweise da sind.

Sehr oft zeigen diese Phantasievorstellungen (oder ähnliche Bilder) »Erinnerungen an vergangene Ereignisse«, sind Rekonstruktionen von real erlebten Dingen. Frauen können sich besonders schöne, außergewöhnliche Momente, aufregende oder entspannende Plätze oder Begleitumstände ins Gedächtnis rufen. Dabei kann eine Vorstellung ganz und gar bildlich umgesetzt werden oder nur als bildlicher Hinweis auf frühere Lusterlebnisse, um sie wieder aufleben zu lassen. Hier beschreibt nun eine Frau ihre Phantasie während des Liebesakts, die direkt auch Empfindungen auslöst: »Eine ganz bestimmte Bewegung, ein ganz bestimmter Blick, und ich denke plötzlich: ›Das hatten wir doch schon mal!‹ Ich kann dann die ganze Situation wiedererleben, versuche die Umgebung gedanklich wieder einzufangen, zum Beispiel eine Strandsituation, die friedliche Stimmung, die Wärme. Es ist nicht so, als würde dann in meinem Kopf ein Film ablaufen, es ist nur ein *Gefühl,* das durch meinen ganzen Körper fließt.«

Einige Frauen machen sich manchmal oder ausschließlich bestimmte Vorstellungen von dem Partner, mit dem sie gerade beim Liebesspiel sind, oder sie schließen ihn zumindest in ihre erdachten Szenen mit ein oder machen einen »Schwenk« zu ihm hinüber, wenn sich das Geschehen entwickelt. Aber solche Phantasien werden nicht nur benützt, wenn Frauen ganz bewußt eine »Extra-Stimulation« brauchen oder sich wünschen. Für Frauen wie Ingrid zum Beispiel gilt: Je größer die Lust beim Liebesakt, umso üppiger wuchern die Phantasien: »Wenn ich Bilder heraufbeschwören müßte, um mich gut zu fühlen, hätte ich sicher keine Probleme, es zu tun. Aber normalerweise läuft es so: Wenn ich den Akt so richtig genieße und mich großartig dabei fühle, kommen mir die tollen Zeiten in den Sinn, die wir schon gemeinsam hatten, und Szenen laufen von ganz alleine in meinem Kopf ab.«

Auch verflossene Liebhaber können einer Frau wieder in den Sinn kommen. Das passiert schon mal, wenn die Frau nicht recht in Erregung kommt, das gilt aber nicht generell: »Wenn mein Partner mir Phantasien vorschlägt – zum Beispiel, daß ich mit Freunden oder mit einem Filmstar vögle –, kann mich das dazu verleiten, an die wunderbaren Liebhaber zu denken, die ich mal hatte.«

Phantasien können vergangene Phantasien zurückholen, aber auch ein vergangenes, flüchtiges Erlebnis, das noch immer als aufregend empfunden wird: »Ich sehe manchmal blitzartig eine Art Pornofoto vor mir, das mir vor langer Zeit mal ein Kind gezeigt hat. Da war ein großer Kreis Menschen zu sehen – lauter Männer und Frauen, in bunter Reihe, und die Männer hatten alle ihre nächste Partnerin am Busen gefaßt und die Frauen hatten ihre Hände am Penis des nächsten Mannes. Mitten beim Bumsen kommt mir das manchmal in den Sinn.«

Phantasien können auch ganz unverblümt die erotischen Wünsche der Frau offenbaren, ihre bevorzugten Empfindungen und Stellungen, Ideen für ihre Stimulation oder Dinge, die sie gerne tun würde. Viele Phantasien kreisen um bestimmte Themen: etwa »Die zärtliche Verführung«. »Ich sehe genau, wie ich es haben will. Auch wenn der tatsächliche Akt schneller ist, sehe ich ihn in einem Zeitlupenrhythmus, mit vielen leichten, liebevollen Berührungen.« »Ich sehe immer diese eine Verführungsszene. Ein Mann zieht mich langsam aus, nimmt mir den BH ab, streift meinen Slip herunter. Ich sehe das alles ganz deutlich, und zum Schluß spüre ich tatsächlich sein Eindringen.«

Ein anderes, sehr häufiges Motiv ist der »Fremde« oder »liebevolle Unbekannte«. Er hat viele Vorteile. Er kann all das haben und sein, was sich eine Frau wünscht: Es gibt ihn einfach, ohne Abweisung, ohne Wirklichkeit, ohne Schuldgefühle gegenüber anderen Personen: »Ich sehe keine bestimmte Person, es ist einfach irgendein Fremder. Er ist muskulös, hat für gewöhnlich dunkles Haar und liegt auf mir, wenn wir miteinander schlafen. Sein Gesicht ist ausgespart – deshalb glaube ich, daß es niemand ist, den ich kenne.« »Es ist ein ganz zufälliges Treffen, ich gehe mit jemandem mit. Meist bleibt er verschwommen, ein Fremder, ein Körper ohne Gesicht; aber er liebt mich so, wie ich es mir wünsche.«

Frauen haben oft Phantasien, in denen sie mit einem Freund, einem Bekannten oder auch mit einem ganz bestimmten Fremden schlafen. »Das geht sogar, wenn ich an einen denke, den ich an diesem Abend im Restaurant getroffen habe.« Viele Frauen stellen sich auch gerne vor, sie würden mit irgendeinem Prominenten schlafen. Jede Generation hat ihre besonders bewunderten »Idole«: Rockstars, Film- und Fernsehhelden. Hauptfiguren aus Romanen und Filmen eignen sich bestens als Traumliebhaber. Die Frauen übernehmen in ihren Träumen den weiblichen Part, oder sie geben sich selbst eine zusätzliche Rolle in einer lüsternen oder sinnlichen Szene. Oft dient diese Szene nur als Einstieg, danach entwickelt sich die Geschichte – je nach den persönlichen Bedürfnissen – entweder in Richtung »Romanze« oder »Leidenschaftliche Verführung«.

Ein Phantasie-Liebhaber mag ja schon gut sein, aber mehrere sind vielleicht noch besser: Mehr Bewunderung, noch mehr Verlangen, mehr hilflose Unterwürfigkeit und schiere körperliche Begierde. »Die Männer begehren mich, aber liebevoll, ganz romantisch. Ich halte mich dabei völlig zurück, lasse mich treiben, meine Beine öffnen sich langsam ...« »Ich sehe mich an einem Urlaubsort oder in einer fremden Stadt. Mehrere Männer und eine Frau nehmen mich mit, und wir schlafen alle miteinander ...« Auch Phantasien über Triolen oder Gruppen tauchen in bestimmter Regelmäßigkeit immer wieder auf. Desgleichen Traumszenen mit anderen Frauen. »Meine lesbischen Phantasien: Drei Frauen machen mich an, befriedigen nur mich allein ...« »Ich bin allein mit einer Frau in ihrem Schlafzimmer. Wir sind zärtlich zueinander, streicheln und liebkosen uns, befriedigen uns gegenseitig mit dem Mund ...«

Nicht nur das Mitmachen bei einer Szene kann anregend sein, sondern auch das bloße Dabeisein und Zuschauen: »Wenn sich in romantischen Liebesgeschichten Mann und Frau zum erstenmal begegnen, gibt es immer einen Konflikt. Sie kommen nicht mehr weiter, dann reißt er sie plötzlich an sich, und das ist der Punkt, an dem ich einsteige und zusehe. Ich fühle bei meinem eigenen Liebesspiel all das, was zwischen den beiden vorgeht.« Im allgemeinen ist es aufregender, beobachtet zu werden, als selbst Beobachter zu sein: »Ich werde von einer Männerbande gefangen genommen, und der Anführer – mein Mann – setzt sich durch und tut mir Gewalt an, während die anderen uns zusehen. Der größte Kitzel dabei ist, daß er zulassen könnte, daß auch die anderen mich nehmen ...« Andere Beobachtungsphantasien sind zum Beispiel, daß der Mann zuschaut, während seine Frau mit einem Freund vögelt, oder andere Männer sehen ihr beim Liebesspiel mit dem eigenen Mann zu; oder sie sieht zu, wie ihr Mann mit anderen Frauen schläft.

Zum Schluß noch eine sehr häufig vorkommende Variante: der Zwang zur Unterwerfung. »Ich denke oft daran, überrumpelt zu werden – eine Art ›Vergewaltigung‹ – aber nicht richtig. Ich werde dazu gezwungen, etwas zu tun, was ich üblicherweise nicht tue, aber in der Vorstellung kann ich alles richtig genießen.« »Ich bin eine scheue, zaghafte Unschuld, die zu Obszönitäten verleitet wird.« »Mein Mann lädt Freunde zum Abendessen ein und zwingt mich, fast nackt zu servieren; ich habe nur ein dünnes Hemdchen an und alle tätscheln mich, wenn ich an ihnen vorbeigehe, und ich mache Fellatio bei ihnen ... dann nehmen sie mich, alle zusammen.« Hin und wieder kehrt sich das Phantasiegebilde um: »Ich habe eine sehr erregende Vorstellung: Er ist mir völlig hilflos ausgeliefert, und ich mache mit ihm, was ich will. Das werde ich irgendwann einmal in die Tat umsetzen!«

Oft sind ganz spezielle sexuelle Empfindungen – in den Brüsten, an der Klitoris oder Vagina – mit den erotischen Phantasien einer Frau verbunden. 80 Prozent der Frauen unserer Studie haben im engeren Sinne der hier vorgegebenen Definition gelegentlich während des Geschlechtsverkehrs solche Phantasien.

Rollen und Stimmungen

Mimi erzählt: »Ich bin Schauspielerin, und ich weiß, wie man Rollencharaktere entwickelt. Der Sex ist für mich häufig viel zu kopflastig; ich merke, daß ich aufregender und sinnlicher sein kann, wenn ich auch meine sexuellen Erfahrungen in die Rollen einbringe. Aber ich ›spiele‹ diese Frauenrollen nicht, sondern entwickle deren Charakter und verkörpere sie wirklich. Das gibt mir die Möglichkeit, zu erforschen, was so alles in mir drin steckt, mich selbst zu erkunden und immer kreativer und ungezwungener zu sein. Ich spiele ganz verschiedene Rollen – und ich kann auf der Bühne ganz aus mir herausgehen. Wenn ich die ›Nedda‹ spiele, dann bin ich sie auch wirklich. Die Nedda in ›Pagliacci‹ ist eine ganz geile Ehefrau. Ich hatte mal einen sehr scharfen Partner in der Hauptrolle; mit ihm konnte ich die Rolle auf der Bühne richtig heiß durchspielen! Wenn ich mit einem Mann schlafe, mache ich mir im Geist ein Bild von meiner Rolle, stelle mir vor, welche scharfen, zügellosen Dinge ich gern tun würde: lauter hemmungslose sinnliche Sachen, die wir körperlich tatsächlich umsetzen.«

Genau wie die Phantasien tauchen auch bestimmte Themen immer wieder auf und drücken sich aus in irgendwelchen Anwandlungen und in vorgestellten oder tatsächlich ausgespielten Rollen. Natürlich verfügen viele der Frauen über ein großes Repertoire verschiedenster, erregender Stimmungen und Rollen – das süße unschuldige Mädchen von heute nacht wird morgen vielleicht eine kleine Nutte sein. Die Rollen können nicht in strikte »Kategorien« eingeordnet werden; oft überlappen sie sich. Dennoch wollen wir einige Themen ansprechen, die häufig dazu dienen, die weibliche Lust zu fördern. Vielleicht erkennen Sie darin einige Aspekte, die Sie selbst betreffen oder die Ihnen zumindest gestatten, Ihre eigenen kreativen Kräfte zu nutzen.

Während des Liebesspiels haben die meisten Frauen schon einmal eine dominante und/oder unterwürfige Rolle gespielt oder zumindest die Neigung dazu verspürt. Solche Vorstellungen drücken sich in verschiedenen Rollen aus und dienen so als Katalysator für weitere Spiele und Phantasien. Vielleicht spiegelt sich in diesem Verlangen sogar der nie endende Kampf der Geschlechter wider. Zumindest sind wir über diese Rollenspiele in der Lage, die entsprechenden Gefühle auszudrücken, die ja in uns allen vorhanden sind... Gesunde, kreative Menschen arbeiten oft mit spielerischen Formen von Dominanz und Unterwürfigkeit. Natürlich klappt das nur im Gleichklang mit den Neigungen des Partners. Durch gegenseitige Rücksichtnahme beim Ausagieren der Gefühle von Dominanz bzw. Unterwerfung können Lust und Erregung eindeutig gesteigert werden.

Einige Frauen bevorzugen grundsätzlich nur die eine oder die andere dieser beiden konträren Rollen – immer wollen sie die Dominante sein oder immer die Unterwürfige spielen. Meist jedoch wollen Frauen mal stark, mal devot sein. »Wenn ich mich dominant fühle, kleide ich mich in Schwarz und Leder. Ich sage an, was Sache ist, bin die Aktive und gebe ihm Befehle. Dabei sehe ich mich selbst als stark und mächtig; das entspricht auch mehr meiner natürlichen Veranlagung. Aber ich kann auch unterwürfig sein, mich passiv fühlen, dann lege ich mich hin, schließe die Augen oder vergrabe mich in die Kissen; ein andermal wehre ich mich und lasse mich dann doch von ihm nehmen.«

Eine nicht unwesentliche Minderheit der Frauen empfindet – zumindest gelegentlich – Lustgefühle sowie körperliche als auch mentale Erregung dadurch, daß sie gefesselt werden. Die Hälfte dieser Frauen lieben es, die Rollen aber auch mal zu tauschen und ihre Partner zu fesseln. Die damit verbundenen physischen und psychischen Sensationen sind bei jeder Frau anders: »Ich mag diese Hilflosigkeit, das Gefühl, daß es der Mann ist, der mir den Orgasmus schenkt. So kann ich mich völlig auf meine Lust konzentrieren.« »Ich fühle mich ausgeliefert, und dadurch, daß er die Entscheidungen trifft und über mich verfügt, habe ich das Gefühl, er macht sich wirklich etwas aus mir.« »Es ist diese Ungewißheit, die Unsicherheit darüber, was als nächstes passiert, was er mit meinem Körper machen wird. Der Höhepunkt der sexuellen Erregung ist unter Zwang – oh, sagen wir mal, mindestens stärker als normal.« Manche Frauen haben das Fesseln ausprobiert, später aber wieder aufgegeben. »Ich habe es gehaßt. Ich bekam panische Angst und regelrechte Phobien, wenn meine Hände gefesselt waren.« »Es war einfach nichts. Ich konnte mich gar nicht richtig bewegen.« »Es war so geil, so scharf – es war einfach zu erregend, um sich dabei wohl fühlen zu können.«

Viele andere Frauen simulieren körperliche Fesselungen: »Meine Hände werden unter mir festgehalten.« »Ich tue so, als wären mir die Hände gebunden.« Victoria sagt dazu: »Ich mag es, mir eine leichte Vergewaltigungsszene vorzustellen, etwa in der Form, daß meine Hände über dem Kopf gegen das Bettgestell gepreßt werden. Aber ich muß aufpassen, daß mein gespieltes ›Hör auf!‹ der Fesselszene sich von dem echten ›Hör auf!‹ unterscheidet!« Grace erzählt: »Ich spüre meine Hände unter seinen festgehalten, und ich habe es auch schon umgekehrt so bei ihm gemacht – ich mag diese erotische Dominanz. Aber in der Realität finde ich Vergewaltigung oder jegliche Anwendung von Gewalt abscheulich.«

Wir haben gehört, daß die Gedanken und Vorstellungen von Fesselung bei vielen Frauen Lustgefühle auslösen können. Aber die große Mehrheit hat kein Verlangen danach, sie wirklich auszuagieren.

In diversen Rollenspielen wird das brave, leise *unschuldige Mädchen* verkörpert. Diese Launen oder Rollen zeigen, daß Frauen gern verführt werden wollen; damit verbunden ist, daß sie »beigebracht« bekommen wollen, wie man Liebe macht: »Ich spiele ein süßes, unbedarftes kleines Mädchen, und ich tue so, als ob er mein erster Mann wäre; so kann ich mich herrlich entspannen ...« »Der Gedanke bietet sich von ganz allein an: ›Ich bin noch unschuldig, habe es noch nie zuvor getan‹. Aber ich bin lieb, kuschelig und willig; und im allgemeinen liege ich dann unten.« Dennoch ist »der kleine Racker«, »die schlimme Verführerin« eine Rolle, die häufiger gespielt wird als die »süße Unschuld«. Vermutlich bietet sie größere Freiheit für schrankenlose Sexualität. »Ich bin gern das ›böse‹ Sexy-Girl: verdorben, verführerisch, lüstern und mutwillig – vielleicht sogar ein bißchen nuttig. Ich steh' auf harten Sex, auf Grobheit; dann lasse ich willenlos alles mit mir machen.« »Wenn ich Strümpfe mit Strapsen trage, komme ich mir selbst richtig verdorben vor, aber ich fühle mich gut, bin gern etwas exhibitionistisch.« »Im Alltag halten die Leute mich für unerfahren und lieb; aber beim Geschlechtsverkehr habe ich insgeheim ganz scharfe Anwandlungen – ich bin dann schlecht und verdorben, und die Leute würden alle ganz schockiert sein, wenn sie es wüßten.«

Frauen können sich auch ganz umwerfend fühlen: »Wenn ich richtig erregt bin, dann fühle ich mich plötzlich schön und sexy – und zwar wirklich durch und durch, so daß ich völlig überzeugt bin davon.« Oder sie stellen sich vor, ein attraktives Fotomodell zu sein – oder eine Schauspielerin; oder sie verwandeln sich in männermordende Vamps, die alle Männer unwiderstehlich finden. Constance verrät ihr Konzept dafür: »Ich bereite mich psychisch vor: Ich entwerfe ein Bild von mir, in dem ich mich wollüstig und ganz nackt sehe: eine begehrenswerte Frau, die beste Liebhaberin; so sexy, daß kein Mann ›nein‹ sagen kann. Ich stelle mir vor, wie ich auf einen Mann zugehe, ganz überzeugt davon, daß ich große Lustgefühle bei ihm hervorrufe. Meine Körperhaltung ist provozierend – sie sagt: ›Komm zu mir, wenn du dich traust.‹ Und ich weiß, daß er mich haben will, aber dazu kommt es in dieser Phase nie. Es ist auch keine durchgehende Handlung, dazu bin ich wahrscheinlich zu sehr mit dem tatsächlichen Liebesspiel beschäftigt, aber dieses Bild blitzt immer wieder auf.« Carol hat ähnliche Vorstellungen: »Manchmal sehe ich uns beide, aber ich bin dabei doch eher die Zentralfigur. Ich bin unglaublich energiegeladen, eine unwiderstehliche Göttin, die ihren Liebhaber magisch anzieht. Genauso kann ich auch ihn sehen – nicht jeden Partner, natürlich! – aber in meiner Phantasie wird er zum Gott, mir ebenbürtig. Ich beschwöre diese Situation nur für Augenblicke herauf, und wenn ich es mache, sage ich mir: ›Es ist schon in Ordnung, genauso habe ich es verdient.‹«

Einige Frauen spielen die »Mutter Erde« oder das »Urweib«. Graces Konzeption ist sehr gelungen: »Wenn ich in dieser Stimmung bin, ist mir ganz ursprünglich, urwüchsig zumute. Ich sehe mich mitten in der Umarmung in einer Höhle und auf Fellen liegend. Von oben fällt etwas Tageslicht in die Höhle, und alles ist sanft und rund, ohne besondere Konturen. Die Höhle regt mich zu einer besonderen Art meines Liebesspiels an: Ich bin gierig wie eine hungrige Tigerin.« Ericas Version ist mehr nach innen gekehrt, symbolisch oder eher kosmisch angelegt: »Ich denke, ›Himmel, was hat eine Frau nicht alles für Möglichkeiten‹ oder ›Mein Gott, was hast du uns Frauen bloß zwischen den Beinen mitgegeben!‹ oder ›Was für eine furchteinflößende Macht! Sie bewirkt, daß sich die Erde bewegt, die Art erhalten bleibt.‹ ›Mutterschaft‹ klingt vielleicht sentimental, aber ich sehe mich wirklich als ein zeugungsfähiges Wesen. Auf der Erde liegend spüre ich meine Kraft, meine Größe in der Landschaft. Von dort komme ich, und zu dem werde ich wieder werden. Dann verschmelzen viele Bilder ineinander. Ich bin eine Frau, liege mit dem Rücken auf dem Boden. In dieser Position, lange vor dem Orgasmus, denke ich an die Geschichte von Adam und Eva; ich erlebe zwar nicht den Sündenfall, fühle mich auch nicht ›sündig‹, aber ich denke ganz speziell in Begriffen der Schöpfungsgeschichte. Woher kommt diese Kraft, diese Stärke, die uns so innig verbindet? Ich fühle mich erwachsen, älter, nicht wie eine kleine Studentin, wie Mamas kleiner Liebling. ›Hoppla, ich bin ja eine Frau und tue etwas, das zählt!‹«

Der Mann muß natürlich bei all diesen Stimmungen und Rollen mitspielen. Was passiert, wenn er nicht einsteigt, sich verweigert, die Stimmung mißversteht oder selbst in einer ganz anderen Stimmung ist? Kate warnt: »Du mußt vorsichtig sein mit einem Partner, den du nicht gut kennst. Du kannst nie wissen, welche Auswirkungen dein Spiel haben kann, wie er darauf reagieren wird. Vielleicht nennt er dich ›geile Nutte‹, weil du zu scharf, zu sexy warst. Du mußt immer in der Lage sein, mit allem, was auf dich zukommt, auch umgehen zu können.«

Die meisten Frauen sind flexibel, können ihre Rollen und Stimmungen der jeweiligen Situation anpassen. Natürlich kommt eine Frau leichter zum Orgasmus und findet das Liebesspiel befriedigender, wenn der Liebhaber ihre Eigenarten kennt, sie akzeptiert und danach handelt. Wenn Stimmungen oder Rollen miteinander konkurrieren, dann gewinnt meist der jeweils gerade Stärkere; aber der entstehende Konflikt kann manchmal ein aufregendes, dramatisches Spiel provozieren. Viele Frauen genießen solche Situationen, wenn sie mit ihren Partnern um die Dominanz kämpfen. Michelle meint dazu: »Es kommt immer auf den Grad der Dominanz an – mal siegt er, mal siege ich. Aber es ist immer ein wunderbarer Kampf um den Sieg.«

Hin und wieder, wenn eine bestimmte Rolle besonders wichtig ist für eine Frau, wird die Zurückweisung des Partners dazu führen, daß sie völlig unbefriedigt ist und gar nicht zum Orgasmus kommt. Rita: »Ich kann mich eigentlich jeder Lebenslage gut anpassen. Aber beim Liebesakt, wenn meine Stimmung oder meine Rolle völlig abgelehnt oder übergangen wird, habe ich das Gefühl, daß mir etwas Wichtiges fehlt. Selbst wenn der Sex wirklich gut ist, liege ich manchmal da und denke: ›Wann ist es endlich vorbei?‹« Eine andere Frau: »Wenn ich dann etwas ändern muß, macht mich das ganz verrückt. Es ist einfach nicht gut, wenn du in einer passiven Stimmung bist und dich wegen deines Partners plötzlich umstellen mußt.« »Wenn er nicht auf meine Stimmung reagieren kann, törnt mich das schon manchmal ab und ich bin sauer. Gute, sensible Liebhaber schaffen es immer, sich in dich hineinzuversetzen und mitzuspielen!«

Es soll hier nicht das starre Festhalten an der Dringlichkeit bestimmter Rollen postuliert werden, trotzdem sollten die Frauen – und ihre aufmerksamen, liebevollen Partner – wissen, daß freier und offener Umgang miteinander und das Ausleben der jeweiligen Stimmungen die sexuelle Lust fördern.

90 Prozent der Frauen unserer Studie benützen – wenn auch nur gelegentlich – erotisch sinnliche Stimmungen, spielen Rollen oder stellen sich eine bestimmte Szenerie vor, um damit ihre sexuelle Erregung zu steigern.

Die »innere« Stimme

Vivian wird durch erotische Geräusche und Worte stark erregt und stimuliert und bringt sich dadurch sogar zum Orgasmus, indem sie – stumm, nur in Gedanken – mit sich selbst spricht und sich anheizt: »Ich mache mir klar – ganz besonders intensiv kurz vor dem Höhepunkt –, welche Gefühle ich gerade erlebe. Manchmal sind es nur Laute oder Gedanken, ein anderes Mal fasse ich es tatsächlich in Worte. Ich denke ›wunderbar‹, ›es steigert sich‹; oder, daß John mich fragt, wie ich mich fühle, und ich antworte ihm in meiner Phantasie: ›Phantastisch! Wundervoll!‹

Vielleicht stimulieren mich diese Worte deshalb so sehr, weil ich mich dabei ganz stark auf meine Gefühle konzentriere.«

Leise »innere« Worte oder Sätze und sogar intensive Gespräche unterstreichen bestimmte Phantasievorstellungen oder Rollen. Selbst losgelöst können sie aber für Stimulierung sorgen und vor allem von der Frau ganz nach eigenem Wunsch zu diesem Zweck eingesetzt werden.

> Wenn ich mit einem Mann zusammen bin, der nicht spricht, verbal nicht mit mir kommuniziert, würde ich zwar auch nichts zu ihm sagen, aber dafür in Gedanken mit mir selbst sprechen. So kann ich ihn sagen lassen, was ich gerne von ihm hören würde, oder ihm sagen, wonach mir zumute ist.
>
> Es fallen mir alle möglichen Worte ein, und ich möchte sie manchmal gern laut aussprechen, aber oft bilde ich mir sie auch nur ein. Ich mache mir Komplimente, sage, was mir gut tut, rufe zum Beispiel »Mehr!« »Schneller«! Aber am häufigsten ist es »Ich liebe dich!«
>
> Ich weiß es, weiß es genau, daß mich diese emotionalen, positiven Gedanken stimulieren. »Er soll seine Hand hier hinlegen!« oder »Warum legst du deine Hand nicht dorthin?« oder »Ich bin so scharf und so leidenschaftlich.« Und ich kenne die Reize, die ich brauche, und kann mich total darauf konzentrieren. Dann sage ich mir: »Ja, so ist es genau richtig, das ist es, was ich brauche! Jetzt heben wir ab!«

Innere Gespräche werden vor allem dann angewandt, wenn Frauen sich nicht erregt genug fühlen: »Ich rede mir selbst ein: ›Hör zu, der Orgasmus ist jetzt noch nicht so wichtig. Er ist so ein netter Typ, genieße den Augenblick, all diese schönen Empfindungen, dieses Spiel, diese Lustgefühle, die wir uns gegenseitig bereiten können.‹ Ich höre auf das, was ich mir selbst ›befehle‹, und noch bevor ich überhaupt merke, was passiert, bin ich schon kurz vor dem Höhepunkt.« Es gibt aber auch eine ungute Abart dieser inneren Stimmen. Zwei Frauen haben sich dabei ertappt, während des Geschlechtsverkehrs zu zählen... auf dem Rücken liegend, gelangweilt, inaktiv und natürlich völlig unstimuliert. Das stille Zählen ist ein untrügliches Zeichen dafür, daß es an der Zeit ist, den Körper zu bewegen und sich gedanklich mit dem Sex zu beschäftigen!

Solche »inneren« Stimmen stimulieren im allgemeinen dadurch, daß sie erregende Gedanken registrieren. Eine Frau wie Tina, die ohne große Schwierigkeiten zum Orgasmus kommt, benutzt den gleichen Mechanismus, um ihre Klimax hinauszuzögern: »Manchmal konzentriere ich mich sehr darauf, meinen Höhepunkt zurückzuhalten. Das mache ich solange, bis ich es nicht mehr aushalte. Dadurch wird alles noch intensiver und mein Orgasmus ist vollkommen. Ich kann ihn ungefähr ein oder zwei Minuten zurückhalten, aber dann – Aus! Ich möchte lieber einen Super-Orgasmus als viele kleine. Die Erregung bleibt auf der Stelle – beim Cunnilingus geht das leichter, indem ich zum Beispiel von der Flut der Reize einige wegnehme: Ich ziehe meinen Körper ein wenig zurück, ziehe ihn etwas nach oben, noch mehr zurück und denke dabei immer ... ›Ich will noch nicht kommen, ich will noch nicht kommen ...‹, bis ich es schließlich nicht mehr aushalten kann!«

Eine Frau in unserer Studie bezeichnet hörbare Imaginationen als den wichtigsten Aspekt ihrer mentalen Stimulierung. Heather ist Mitte 30 und kommt aus einer Methodistenfamilie. Sie ist schmal, dennoch kräftig gebaut, und wirkt ein bißchen prüde. Sie sagt, daß die akustische Wahrnehmung bei ihr stimulierender sei als irgendwelche visuellen Reize. Sie setzt die akustischen Anheizer bei jedem Liebesakt ein: »Vieles ist verbal, als würde ein Erzähler sagen und erklären, was vor seinen Augen passiert. Wenn ich mit einem Mann schlafe, beschreibt eine fremde Stimme das, was wir tun; sie flüstert in mein Ohr, aber irgendwie spricht diese Stimme nicht direkt zu mir. Der Sprechende kennt auch nicht die Reaktionen meines Körpers, es ist eher so, als ob er das, was vor ihm geschieht, bis ins Detail genau beschreibt. Nicht in der typischen Pornosprache, sondern in einem ganz normalen Gesprächston, Worte, wie ich sie selbst benütze. Schließlich bin ich es, die alles tut, und die Stimme sagt auch, was ich will: ›Er dringt gerade in sie ein‹, ›Sie macht es!‹ ›Er stößt sie jetzt‹, ›Ah, ah, sie ist soweit, jetzt kommt es ihr!‹«

Ich bin die Kamera: Aus der Sicht eines Dritten

Bei unseren Forschungen über mentale Bilder und Vorstellungen haben wir unter den leicht zum Orgasmus kommenden Frauen zwei ganz spezielle Typen entdeckt, die bislang weder populär- noch fachwissenschaftlich besonders beachtet wurden. Die imaginativen Vorstellungen entstehen in den allerersten Momenten des Liebesspiels – wenn die sexuellen Aktivitäten zwischen der Frau und ihrem Partner anfangen und die sexuellen Reaktionen ihres Körpers in Gang gesetzt werden. Sie sind nicht nur an sich höchst erregend, sondern insgesamt auf den Augenblick bezogen und sind sehr wichtig für eine Partnerschaft.

Wir nennen die eine dieser Imaginationen die »Sicht eines Dritten«. Die Mehrzahl der Frauen kennt diese Art der erotischen Erfahrungen. Als wäre sie eine bewegliche Kamera oder ein außenstehender Beobachter, hat die Frau immer wieder ein verändertes visuelles Abbild von sich und von dem, was sie mit ihrem Partner beim Liebesakt tatsächlich macht, wobei einige Frauen von sich aus diese Bilder ein bißchen abwandeln und mit Phantasievorstellungen ergänzen. Dennoch läßt sich eine leicht erregbare Frau nicht ablenken, wird nie zur distanzierten, passiven »Beobachterin«, die sich loslöst von ihrem sexuellen Erleben. Die Distanzierung kennzeichnet im Gegenteil oft Frauen, die Orgasmusschwierigkeiten haben. Orgasmusfähige Frauen bleiben – auch wenn sie sich der Bilder ihres Körpers, ihres Partners und des gemeinsam aufregenden Liebesspiels bewußt sind – tief eingetaucht in die Wahrnehmungen der gleichzeitigen Empfindungen. Darüber hinaus wird die Erregung stärker empfunden, wenn eine Frau sich selbst als Teil des Geschehens fühlt und wahrnimmt, als wenn sie sich auf einem entfernten Planeten sitzen sieht.

Einige Frauen, wie Lisa, haben beim Liebesspiel durchweg diese Art von Imaginationen: »Ich kann gar nichts dagegen tun, es ist ein fester Bestandteil meiner Gedanken. Wie ein Spiegel an der Wand, in dem ich mich immer wenigstens einige Augenblicke lang beobachten und mir beim Liebesspiel zusehen kann.«

Ginger:
Manchmal bin ich wie eine dritte Person dabei, beobachte mich von einer Stelle außerhalb des Bettes. Ich sehe, was ich tatsächlich tue, nehme zum Beispiel wahr, wie ich auf ihm liege, oder auch das Eindringen seines Penis von hinten. Ich konzentriere mich dabei aber so ausschließlich auf mich, auf meine Lust, daß ich einfach alles, was da vor mir abläuft, maximal erlebe.

Rita:
Ich sehe immer die Körper. Zum Beispiel kann ich beim oralen Sex – auch wenn es der tatsächlichen Situation nicht entspricht – meinen Körper lang auf dem Bett ausgestreckt sehen und neben mir knieend den männlichen Körper. Meine Beine sind angezogen, meine Hände halten seinen Kopf. Es ist zwar nur eine Imagination, aber ein sehr schönes Bild, verbunden mit sanften, warmen Gefühlen. Ich sehe, wie sich die Körper bewegen, sehe aber keine Details, nur diese Szene in einem weichen Licht, und es sind diese Imaginationen von mir selbst...

Manche Frauen sehen solche Imaginationen wie in Zeitlupe oder wie in einem Traum. Diese Bilder können auch Wünsche und Erwartungen und lustvolle Empfindungen vorwegnehmen. Oder sie beinhalten auch Geräusche oder Worte:

Michelle:
Ich glaube nicht, daß ich mich extra darum bemühe, es passiert einfach! Ich sehe ganz realistische Bilder meines Partners und des Liebesakts, aus einer Seitenperspektive oder der Sicht von oben. Wenn ich zum Beispiel tatsächlich meine Hand über seinen Körper gleiten lasse, kann ich eine Aufnahme meiner Hand sehen, wie sie über seinen Körper streicht. Meist wie in Zeitlupe, ganz langsam und träumerisch.

Ingrid:
Alles, was wir tun und was zu hören ist, rollt in meinem Inneren ab wie in einem Zeitlupenfilm: Alles ist darin möglich.

Obwohl ich erregt bin, sehe ich in erster Linie meinen Mann beim Liebesakt, dann erst mich selbst. Ich weiß, was er empfindet, was er tut und was er als nächstes tun wird. Ich sehe und fühle, wie es weitergehen wird, und male es mir in meiner Phantasie noch schöner...

Willa ist Mitte vierzig, schlank, geschmeidig, schwarz; sie strahlt eine ansteckende Fröhlichkeit aus und hat ein ausgesprochen ansteckendes Lachen: Ich sehe die ganze Zeit zu! Als könnte ich mich von außen beobachten und genau sehen, was abläuft. Ich höre auch alles, was wir beide sagen, und hin und wieder noch ein paar zusätzliche Worte. Ich sehe mich gern auf ihm, während ich ihn liebkose, die Sache im Griff habe...

So wie Willa einige eigene Worte hinzufügt, um sich zu stimulieren, benutzen viele Frauen auch zusätzliche mentale Reize:

Kristin:
Wenn ich mich völlig in diese Situation hineindenke, wirkt das Zuschauen sehr stimulierend auf mich. Normalerweise sehe ich nur das, was wir gerade tun, manchmal füge ich in meiner Phantasie aber noch einen Mann hinzu, jemand, den ich nicht wirklich kenne, der nur als schattenhafte Figur sichtbar wird. Für gewöhnlich sehe ich dann die klassische Triole: Der eine Mann dringt von vorne in mich ein, der andere von hinten. Tatsächlich vögelt mich mein Liebhaber vaginal, und die Gefühle des analen Eindringens denke ich mir nur hinzu.

Darcie:
Ich sehe uns beide beim Liebesakt, aber manchmal verändere ich an dem Bild etwas. Und ich kann dann auch genau das empfinden, was ich mir bildlich vorstelle. Mein Lieblingsgedanke: Es kommt jemand dazu und beteiligt sich an unserem Spiel. Er oder sie macht bei allem mit – beim oralen Sex, beim Geschlechtsverkehr; küßt mich von oben bis unten oder streichelt meine Brüste.

Natalie:

Ich beobachte uns immer dabei, wie wir es machen. Und ich kann noch weitere Männer dazuholen – niemals Frauen –, und ich weiß genau, wer sie sind. Ich kann zwar ihre Gesichter nicht erkennen, aber immer den Körper: Unterleib, Hintern und Hüften – und oft auch zusätzliche Hände. Sie werden immer größer und ich sehe ganz deutlich Details, wie zum Beispiel die Fingernägel... Ich sehe die Hände an meiner Vagina, an meinen Brustwarzen, meiner Klitoris, am Hintern... Hände überall auf meinem Körper. Vielleicht lösen diese Bilder, diese eingebildeten Wahrnehmungen, die Orgasmen aus, die ich über die Brüste empfinde.

Diese Bilder aus der Sicht einer dritten Person leiten über zu einer anderen Art von Imaginationen, die sich speziell auf einzelne Körperteile beziehen. Peg, die besonders leicht erregbar ist, stellt dazu fest: »Ich beobachte alles aus dem Blickwinkel meiner Vorstellungswelt, alles, was wir tun, unsere Phantasien, Rollen, die diversen Stellungen..., und dann sehe ich immer deutlicher meinen Körper, meine Klitoris, meine Vagina... Plötzlich überflutet mich ein unwahrscheinliches Lustgefühl.«

Bei all den Frauen, die bildliche Imaginationen haben, ist folgende Tendenz feststellbar: Je weiter der Liebesakt fortgeschritten ist, je näher sie der Klimax sind, desto deutlicher werden die Bilder von ganz speziellen Bereichen ihres Körpers. Nur hin und wieder setzen Frauen ihre Phantasien und Rollenvorstellungen bis zum Gipfel des Orgasmus fort; viel häufiger schlüpfen sie nur in die Rolle des Beobachters – oder konzentrieren sich auf die Ansicht bestimmter Körperteile, wenn ihre erotische Animierung größer wird und die lustvollen Empfindungen immer stärker werden.

Vorstellungen körperlicher Details

Wir haben die überraschende Entdeckung gemacht, daß die Vorstellungskraft der zum Orgasmus kommenden Frauen in bezug auf ganz spezielle Körperteile besonders stark ausgebildet ist. Wir konnten jedoch angemessene Beschreibungen dieser Imaginationsmöglichkeit weder in populärwissenschaftlicher noch in wissenschaftlicher Literatur finden. Doch eine beachtliche Mehrheit der Frauen unserer Studie hat wiederholt solche Imaginationen herangezogen. Wir betonen »wiederholt«, denn eine Frau, die sich ganz bewußt solcher Imaginationen bedient, tut das im allgemeinen immer wieder. Die Interviews bestärkten uns in der Annahme, daß dies ein weitverbreitetes Phänomen ist. Viele dieser Imaginationen sind flüchtige Impressionen, die nach dem Liebesspiel schnell wieder vergessen werden.

Was meinen wir mit dem Imaginieren von Körperteilen? Ganz einfach: Eine Frau sieht Nahaufnahmen, exakte Bilder verschiedener Teile ihres Körpers oder der Körperteile ihres Partners beim Liebesakt. Diese Bilder werden als ganz »natürlich« empfunden, sie sind spontan und extrem luststeigernd – und bei manchen Frauen geradezu notwendig für ihren Orgasmus:

Ursula antwortete auf die Frage, ob sie schon jemals Körperteile oder Bereiche des Körpers während des Geschlechtsverkehrs visualisiert hätte: Wollen Sie damit sagen, andere tun das nicht?

Jennifer ist 21, Single und hat gerade ihren College-Abschluß gemacht: Ich finde es wahnsinnig wichtig, mir meine Klitoris oder andere Teile meines Körpers vorzustellen, wenn sie gerade berührt werden. Das bewirkt, daß ich alles noch stärker spüre, alle Empfindungen kenne und so viel leichter zum Höhepunkt komme.

Iris:
Ich sehe immer ganz deutlich die Bereiche meines Körpers vor mir, die besonders erregt sind. Das ist wichtig und notwendig für mich. Ich muß mir alles, jedes Detail, vorstellen können, besonders die Stellen, die von meinem Partner berührt werden. Für meinen Höhepunkt brauche ich eben jede Menge verschiedener Reize.

Obwohl die meisten Imaginationen von Körperteilen eher visuell sind, gibt es auch berührungsmäßige Imaginationen, das heißt, daß der Körper bestimmte stimulierende Reize erinnern und wiedererkennen kann. Tracy, die sich beim Orgasmus durch visuelle Vorstellungen anregt, kennt solche Empfindungsvorstellungen: »Irgend etwas gibt das Startzeichen, und dann flitzen altbekannte Gefühle durch meinen Körper.« Und Emily, die niemals visuelle Imaginationen braucht, erzählt: »Mein erster Orgasmus war ein Schockerlebnis und hat mich erschreckt; trotzdem wußte ich auf der Stelle, daß es mir auch Spaß machen würde. Daraufhin war ich dann richtig beunruhigt darüber, daß ich womöglich keinen weiteren erreichen würde. Ich berührte mich selbst und konzentrierte mich in Gedanken auf das, was gewesen war, ging dabei ganz genau durch, was dieses sexuelle Erlebnis ausgelöst hatte, was diese guten Empfindungen beim ersten Mal bewirkt hatte. Heute denke ich viel mehr daran, wie ich mich im Moment fühle und konzentriere mich darauf, wo er mich berührt. Ich kann das zwar noch immer nicht steuern, aber das Gefühl der Erregung ist mir mittlerweile sehr vertraut.«

Was sieht eine Frau tatsächlich, wenn sie sich bildliche Imaginationen von ihren Körperpartien macht? Wir wollen versuchen, Ihnen einen Einblick in diesen Bereich weiblicher Erfahrungen zu geben. Grace kennt ihre Imaginationen ganz genau: »Ich bin ein visueller und taktiler Mensch. Ich beobachte unser Liebesspiel (aus der Sicht eines Beobachters), sehe später aber nur noch ganz spezielle Bereiche. Ich sehe meinen Mann ganz deutlich – mag besonders Brust, Schultern und Hintern eines Mannes – oder sehe seine Genitalien, das Gesicht oder die Zunge, seinen Kopf zwischen meinen Beinen. Aber ich selbst bin nur ganz verschwommen, nehme eigentlich nur das wahr, was ich an meinem Körper intensiv spüre, zum Beispiel, wenn er mit seinem Mund an meinem Busen ist. Dann sehe ich meine Nippel, meine Hüften, die Klitoris, die Oberschenkel und vor allem meine Vagina; ich konzentriere mich auf die Penetration, sehe, wie sein Penis in meine Scheide eindringt, so, als ob ich dort in meinem Körper Augen hätte. Ich spüre, wie die Muskeln meiner Scheide arbeiten, spüre seinen harten, kraftvollen Penis. Wenn er auf meinen Gebärmutterhals trifft, löst das automatisch Bilder in mir aus, und ich empfinde mich selbst, als wäre ich die Gebärmutter. Das klingt vielleicht übertrieben, aber es ist so. Sie ist wie ein Blütenkelch, alle Bilder sind in ein starkes Rosa getaucht, alles öffnet sich ... wie weiche Wattebällchen, etwas

Plüschartiges ..., und gleichzeitig sauge ich etwas in mich ein ... Ich sehe etwas in Form einer Pflaume oder etwas Ähnliches und empfinde phantastische Sensationen ...«

Kristin berichtet: »Ich sehe meine Nippel, meine Klitoris anschwellen, größer und härter werden und sehe, wie meine Scheide naß wird ...« Und Ursula: »Meine Vulva öffnet sich, und ich sehe die geschwollenen, purpurroten Schamlippen.« Kurz vor dem Orgasmus wendet sich Tinas Aufmerksamkeit von ihrem Partner ab und richtet sich ganz auf sich selbst: »Wenn ich meinen Höhepunkt will, sehe ich nur noch mich, nicht mehr ihn. Ich sehe, wie sich meine Scheide bewegt, wie die Schamlippen langsam dicker werden, sich öffnen ...«

Die meisten Imaginationen von Körperteilen sind Visualisierungen von Berührungen: Weibliche und männliche Körperteile werden gleichzeitig gespürt und gesehen. Wie eine Frau ihren Körper realistisch oder auch im abstrakten Sinne visualisiert, ist immer eng verbunden mit unmittelbar zuvor erfahrenen Reizen: »Ich visualisiere durch die Art der Empfindung.« »Ich sehe das, was ich sehr intensiv oder als sehr erregend empfinde.« Ein gängiges Bild ist das des Penis, wie er in der Vagina ist – im allgemeinen eine Art von Ausschnitt, »von der Seite, als würde man durch ein Fenster sehen«. Andere haben Erfahrungen wie Grace, besonders in der Stellung, wenn der Mann oben ist: »Ich bin ganz am inneren Ende und sehe den Penis auf mich zukommen.« Oder aus dem Blickwinkel des Mannes: »Wenn ich in der richtigen Stimmung bin, sehe ich, wie sich meine Beine spreizen, und bin in der Lage, aus der Sicht seines Penis das Eindringen in meine Scheide zu beobachten.« Jede luststeigernde Liebkosung kann visualisiert werden: Hände, Finger, der Mund oder die Zunge auf Mund und Brüsten der Frau, die Haut, die Nippel, Labia und Klitoris, Pobacken, Anus und Vagina. Auch die Liebkosungen der Frau – der Penis in ihrem Mund, eine Hand oder die Zunge auf seinem Körper, ihre Vaginamuskeln, wie sie den Penis umschließen.

Viele Frauen können sich auch die Ejakulation vorstellen: »Ich sehe, wie sein Penis in meiner Scheide pulsiert und wie es aus ihm herausspritzt.« Eine Frau kann sich auch, lange bevor sie berührt wird, bestimmte Körperpartien ihres Partners vorstellen. Vor allem seinen Penis, sein Gesicht, die Brust, seine

Hände – was immer sie an ihm als erotisch empfindet. Cynthia ist 32 und verheiratet. Sie visualisiert meistens ein besonderes Symbol, etwas, was sie als das Angenehmste an ihrem – manchmal sehr schwierigen – Mann ansieht: »Beim Liebesakt stelle ich mir immer seinen Rücken vor. Er ist sehr breit und stark und genau so, wie er ingesamt ist, seine ganze Person, seine Persönlichkeit. Auch wenn er zuviel trinkt, ist er eigentlich ein phantastischer Mensch. Sein Rücken tut gut, er ist warm, liebevoll, sicher und sexuell höchst erregend. Er ist nicht so, als würde er irgendwo am anderen Ende des Telefons sagen: ›Ich liebe dich‹, nein, er ist wirklich greifbar da.«

Manchmal visualisieren Frauen ›ergänzende‹ Sinneswahrnehmungen: »Ich spüre die Reize an meinen Nippeln und stelle mir gleichzeitig vor, daß seine Hände oder sein Mund dort sind.« »Sein saugender Mund an meinen Nippeln überträgt die Vorstellung, daß er mit seinen Lippen an meiner Klitoris ist.« Um sich selbst zu stimulieren, kann sich eine Frau ein Bild von ihrem Körper machen, das ihren oder den allgemeingültigen Idealvorstellungen entspricht. Natalie erzählt: »In meiner Vorstellung sind meine Brüste viel größer, als ich jemals welche gesehen habe! So eine richtige Freudianische Vision von einer Art stillender Übermutter!« Willa berichtet über ähnliche Erfahrungen: »Es hieß immer, dünne Frauen wären nicht schön, deshalb wollte ich gern richtig üppig sein. Beim Liebesakt stelle ich mir seine Hände vor, wie sie zu meinen Brüsten wandern – alles ganz realistisch, bis auf die Tatsache, daß die Brüste immer viel größer sind. Und mein Körper ist dann insgesamt auch ein bißchen schöner als in Wirklichkeit. Es ist mir schon passiert, daß ich – während mein Partner meine Schenkel küßt oder Cunnilingus macht – immer meine Hüften vor mir sehe! Sie sind sehr schön! Schon meine, aber dicker und runder!«

Eine Frau kann sich eine gewünschte Art von Stimulierung auch im vorhinein vorstellen. Alice ist Ende 20 und stammt aus einer streng katholischen Familie. Sie ist Single, arbeitet an ihrem Diplomabschluß. Sie hat lange, fast golden schimmernde Haare: »Wenn er Cunnilingus macht, wandern meine Gedanken oft ein Stück voraus und ich sehe mich selbst beim Geschlechtsverkehr. Besonders, wenn er mich mit Küssen oder mit seiner Zunge schon einmal zum Orgasmus gebracht hat, brauche ich den Geschlechtsverkehr, und das lasse ich meinen Partner wissen. Ich sehe dann häufig in Form von kleinen Gedankenblitzen seinen Penis in meiner Scheide. Wenn ich ein tiefes Stoßen brauche, dann hilft mir das, um den passenden Rhythmus zu finden, und ich weiß ganz genau, wo ich ihn hinführen muß, wo es mir gut tut.«

Brenda ist 31, schon 13 Jahre verheiratet. Sie hat sich selbst beigebracht, mit Hilfe der Visualisierung bestimmter Körperteile beim Oralverkehr zum Höhepunkt zu gelangen. Sie war schon beim Koitus zum Orgasmus gekommen, hatte aber oralen Sex lange abgelehnt, bis sie sich entschloß, es zu lernen. Heute kann sie es mit Hilfe ihres eigenen Konzepts (das an ihren Empfindungen ausgerichtet ist), dadurch, daß sie weiß, wie ihr Körper funktioniert: »Zuerst mußte ich die Körpermechanismen lernen. Ich las ein wenig darüber und machte mir ein mehr oder weniger konkretes Bild davon, wie der Körper stimuliert und der Höhepunkt ausgelöst werden kann. Ich verstand es so: Die Venen und die Arterien, die den Uterus umgeben, werden mit Blut gefüllt, so wie es beim Penis funktioniert. Diese Vorbereitung ist die Erregungsphase, während der sich die Empfindungen auf dem Wege zum Höhepunkt weiter steigern. Und dann, ganz oben angekommen, lösen sie den Orgasmus aus, und wie bei einem Ventil öffnen sich diese Venen und Arterien und lassen das Blut wieder zurückfließen. Als ich es endlich verstanden hatte, bemühte ich mich, diesen Ablauf fest in Gedanken zu behalten, ich konnte es genau sehen und wußte dann, was mich erwartet. Es funktioniert wie ein laufendes Bild: Ich sehe den Uterus und eine besondere Aura außen um ihn herum; wenn die Intensität stärker wird, sehe ich, wie die Aura anschwillt, als würde sie dem Uterus Antrieb geben, und sich ausdehnt bis zum Bersten. Und plötzlich birst sie – zerplatzt wie eine Blase, die ihren Inhalt in meinen Körper ergießt. Heute muß ich nicht lange darüber nachdenken; aber anfangs, als ich unbedingt auch beim Cunnilingus einen Höhepunkt haben wollte, war der entscheidende Faktor im Lernprozeß der, daß ich mir das stimulierende Geschehen imaginativ verdeutlichen konnte.«

Im allgemeinen hören die Imaginationen bei den Frauen kurz vor dem Orgasmus auf – oder es wird eine andere Art von Imaginationen eingesetzt. Trotzdem gibt es einige Frauen, deren »vorhersehende« oder abgeleitete Bilder erst in der Mitte des sexuellen Geschehens beginnen und bis zum Höhepunkt beibehalten werden. Natalie ist eine solche Frau, sie hat – wie sie uns deutlich macht – ein ganzes »Repertoire« an Bildern. Einige davon sind besonders schön: »Beim oralen Sex kann ich all die kleinen Falten und Spalten meiner Vagina sehen. Meine Klitoris ist groß und angeschwollen, wird immer größer, bebt und vibriert, wie sie es immer vor und nach dem Orgasmus tut ... Wenn er dann in mich eindringt, habe ich eine genaue Vorstellung von seinem großen, schönen Penis, der raumgreifend mein ganzes Inneres ausfüllt. Es ist ein unglaubliches Gefühl, so etwas in sich drin zu spüren, etwas in den Körper eindringen zu lassen – ein echt romantisches Gefühl der Vereinigung mit dem Partner ... Die Scheidenwände sind bei mir ziemlich eng beieinander, erstrekken sich nach hinten, ich sehe sie ganz realistisch, rosafarben, fleischig und feucht ... Wenn er in mich hineinspritzt, spüre ich den Strom warmer, elfenbeinfarbener Füssigkeit, sehe sie auf mich zukommen, sich sanft und leicht über mich ergießen ... Kurz vor dem Orgasmus sehe ich meine Vagina immer als eine Art Flügeltür, die sich öffnen und wieder schließen kann ... Diese Türen liegen tief in meinem Inneren und sind vom Fleisch meiner Vagina umgeben. Ich sehe, wie die Türen sich langsam öffnen; sie haben etwas Helles, sehr Weibliches, und beim Höhepunkt bleiben sie ganz offen stehen. Manchmal, wenn ich sehr erregt und naß bin, sehe ich blaues Wasser aus diesen weißen Türen strömen, als wäre das das Zeichen dafür, daß ich gekommen bin. Nach dem Orgasmus, wenn ich fertig bin, sehe ich, wie sich die Türen langsam wieder schließen ...«

80 Prozent der leicht zum Orgasmus kommenden Frauen haben angegeben, zumindest gelegentlich Imaginationen von einzelnen Körperteilen zu haben oder die Position eines außenstehenden Beobachters – einer dritten Person – einzunehmen.

Den Orgasmus vorantreiben

Obwohl der Orgasmus rein »physisch«, also ein im Körper stattfindendes Phänomen ist, benützen viele Frauen ihre Gedankenwelt, um ihren Körper zum Orgasmus hinzuführen.

Für viele Frauen bedeutet dieses geistige Vorantreiben einfach eine Vertiefung, eine Konzentration der Gedanken, um sie mit den rein körperlichen Empfindungen zu verschmelzen. Aber die meisten tun extrem viel mehr dazu: Sie bereiten Körper und Geist – in Form von absichtlicher Erregung – auf das sexuelle Erlebnis vor; sie konzentrieren sich auf das zu erwartende Liebesspiel, beseitigen Störfaktoren, setzen alle Sinne ein, wählen aus und setzen ihr gesamtes erotisches Wahrnehmungssystem ein. Ungefähr 95 Prozent der 60 von uns befragten Frauen benützen vorbereitende und andere Formen erotischer Imaginationen. Als Teil des Liebesspiels werden bei circa 90 Prozent der Frauen verschiedene Formen von Visualisierungen angewandt, 80 Prozent benützen Phantasien, 90 Prozent benützen Rollenspiele oder thematisierte Gefühlserlebnisse und Stimmungen; 80 Prozent beobachten aus der Sicht eines Dritten oder sehen Nahaufnahmen bestimmter Körperpartien. Wenn wir alle diese Faktoren zusammenzählen, kommt ein verblüffendes Fazit dabei heraus: Gerade die leicht erregbaren Frauen sichern sich immer doppelt ab, um genug Stimulierung für ihren Orgasmus zu bekommen.

Wie auch immer: Keine Frau wird alle diese Dinge anwenden. So sagt Grace, die sich auf Imaginationen und sensorische Wahrnehmungen konzentriert und immer auf die Empfindungsfähigkeit ihres Körpers zählen kann: »Ich kann nicht auch noch Phantasien in meinem Kopf entwickeln! Dafür ist in meinen Gedanken einfach kein Platz mehr!« Wie recht sie hat! Eine Person kann sich jeweils nur mit einer bestimmten Menge verschiedener geistiger Aktivitäten beschäftigen. Außerdem haben die Frauen auch ganz bestimmte Vorlieben. Jede hat etwas anderes, womit sie ihr erotisches System in Schwung bringt. Eine braucht die rein körperlichen Empfindungen, vielleicht ein wenig unterstützt von gefühlsmäßigen Vorstellungen und angetrieben durch akustische Signale; andere sehen lebhafte Bildimaginationen, noch andere spielen Rollen oder agieren Phantasien aus ... Es gibt unermeßlich viele Möglichkeiten – und Sie können wählen!

Der Orgasmus 10

Etwas so Endgültiges, so Angenehmes, Wärmendes und Wunderbares muß es doch wert sein, muß man doch unbedingt haben! *Harriet*

Wenn das Finale naht, konzentrieren sich Frauen auf die Reize, die sie am meisten antörnen. Ob diese Sensationen von der Klitoris ausgehen oder tief aus der Vagina kommen, oder ob sie von beiden ausgelöst werden – der Körper verlangt nach mehr und immer mehr dieser wunderbaren Empfindungen. »Um Himmels Willen, hör' bloß nicht auf! Bitte, mach weiter so . . .«

Das ist bei der Frau meist ganz wörtlich gemeint. Es gibt eine von allen Frauen einmütig festgestellte Erfahrung, die aus unserer Studie hervorgeht: Was eine Frau in diesem Augenblick braucht, ist die stete, gleichbleibend zuverlässige Stimulierung – ist der abschließende, unausgesetzte – gelegentlich sich noch steigernde – taktile Druck und Rhythmus.

Mimi:
O ja, es muß ungefähr 15 bis 30 Sekunden vor dem Orgasmus immer gleich bleiben. Wenn sich etwa ändert, müssen wir noch mal von vorne anfangen.

Tina:
Ganz zum Schluß brauche ich 5 oder 10 Sekunden gleichbleibende Stimulation. Wenn ich fast soweit bin und er macht irgend etwas anders, geht sofort die Intensität verloren und läßt möglicherweise das ganze Ding platzen!

Erica:
Ich brauche ungefähr 30 Sekunden konstanter und verläßlicher Stimulierung, dann bring' ich auch für mich die Sache zum guten Ende.

Vivian:
Normalerweise reichen mir 30 Sekunden; wenn ich nicht so richtig in Stimmung bin, muß es mehr sein. Stimmt, ein Wechsel ist geradezu tödlich! Der richtige Druck und ein bestimmter Rhythmus müssen sein, müssen zusammenpassen – das ist wichtig!

Paula:
Zweifellos, ja, unbedingt müssen Rhythmus, Bewegung, Härte, Geschwindigkeit – was auch immer in diesem Moment angesagt ist – es muß gleichbleibend sein. Nicht das geringste Bißchen darf sich mehr ändern!

Rachel:
Es sind vielleicht 20 oder 30 Sekunden, die ich brauche, um im Einklang zu sein, bis ich die ersten Zuckungen verspüre. Wenn er aufhört, bringt mich das völlig raus – ich könnte ihn umbringen, wenn er aufhört oder etwas ändert.

Und die temperamentvolle *Dorothy:* In diesen 30 Sekunden, wenn sich da irgend etwas ändert, ist alles aus, vorbei. Und was mich richtig fertig macht: Du bist mit einem Mann das erste Mal zusammen, er hat gerade den richtigen Punkt gefunden, du bist gerade kurz davor und dann will er die Stellung wechseln! »Laß es uns andersherum machen ...« Und schon hat er die Stellung gewechselt, bevor du noch was dazu sagen konntest ... Und alles ist für die Katz. Deshalb habe ich gelernt, wenn ich kurz davor bin, einfach zu sagen: »Bleib' so, wie du bist! Bitte, bleib' so, verändere nichts! So ist es genau richtig für mich.« Man kann das ruhig sagen, ins Ohr flüstern, ihm ins Ohrläppchen beißen. Beten nützt nichts, liebe Schwestern. Tut was! Sagt's ihm ins Ohr!

Für den Fall, daß Sie das Wesentliche noch nicht begriffen haben, wollen wir es noch mit weiteren Botschaften versuchen: »Ich muß meinen Rhythmus durchhalten – Veränderungen bringen mich völlig raus!« »Ich brauche nur 20 Sekunden, aber je länger wir einen Rhythmus halten können, umso besser für mich!« »Sag ihm: ›Mach weiter so!‹« »Ich brauche einen konstanten Druck, manchmal ein paar Minuten lang.« »Ich brauche die richtige Stellung und den richtigen Punkt; aber dann muß er konstant so bleiben!« »Ich bin richtig enttäuscht, nein, ich klinke aus, wenn er in dem Moment, in dem ich kommen könnte, die Stellung wechselt.«

Männliche Partner sollten das nicht nur zur Kenntnis nehmen, sondern sich zum gegebenen Zeitpunkt an das oben Gesagte erinnern. Nichts ist wichtiger als der zuverlässig gleichbleibende Rhythmus, wenn eine Frau an der Schwelle zum Orgasmus angekommen ist.

Doch es gibt noch einige Besonderheiten: Einige Frauen ziehen einen langsam sich steigernden Rhythmus vor: Sally zum Beispiel: »Ich will es ein bißchen schneller, ein bißchen fester und daß er tief in mich eindringt.« Bei vielen Frauen, aber natürlich nicht bei allen, sind die Empfindungen beim Geschlechtsverkehr sowohl in der Vagina als auch im Bereich der Klitoris länger auszuhalten als beim Cunnilingus.

> Ginger: »Für den Geschlechtsverkehr brauche ich ein 20 bis 30 Minuten langes Vorspiel, dann steigere ich den Rhythmus ungefähr 40 Sekunden bis zu 1 oder 1 1/2 Minuten. Aber mit dem Mund kann ich diese finalen Empfindungen nicht so lange ertragen, meine Klitoris wird viel zu empfindlich!« Und die Erfahrung einer Frau zeigt, daß die Zeitspanne vor dem Orgasmus von Klimax zu Klimax verschieden sein kann. Alles gute Gründe, um miteinander darüber zu sprechen. Kate: »Eigentlich brauche ich nie sehr lange, aber so hin und wieder wird es nichts. Du triffst zwar den Punkt immer wieder und wieder, aber alles ist taub und die Spannung ist raus.« Ein liebevoller Partner wird in diesem Fall noch einmal von vorne beginnen und dafür sorgen, daß die Erregung neu entsteht.

Annäherung

Und was passiert nun eigentlich? Eine Frau ist gerade – sagen wir mal – eine halbe Minute vor ihrem Orgasmus:

Wenn eine Frau erregt ist und kurz vor dem Orgasmus steht, sind die Arterien in ihrem Bauchraum geweitet, die Gefäße sind mit Blut gefüllt und ihr gesamter Genitalbereich ist angeschwollen. Die Klitoris und das Drüsengewebe, die Schamlippen, die Vagina und der Uterus, alles füllt sich mit Blut, dehnt sich aus und die aufsteigenden Wärmegefühle und Spannungen werden als Signale ans Gehirn übermittelt. Im Gehirn wird das limbische System aktiviert und koordiniert fortan die wachsenden Lustgefühle. Ihre Unterleibsmuskulatur – das klitorale, vaginale, Beckenboden- und Analgewebe – schwillt durch die Durchblutung an und verstärkt impulsartig die Erregung. Muskelkontraktionen, die von den Nerven ausgehen, durchlaufen den gesamten Körper. Die sexuelle Spannung erhöht sich immer weiter, bis sie kaum noch zu ertragen ist.

Zu diesem Zeitpunkt würde sicherlich keine der leicht orgasmusfähigen Frauen mehr »aussteigen«; besonders orgasmische Frauen erhöhen die Spannung erst recht, bis es schließlich zur Explosion kommt. Wenn sie an der Schwelle zur Klimax angelangt sind, konzentrieren sie ihre körperlichen Anstrengungen auf Dinge, die ihnen den letzten Kick geben können:

> Plötzlich höre ich auf, mich mit meinem Partner zu beschäftigen. Wenn ich zum Beispiel Fellatio bei ihm mache, ihn mit der Zunge liebkose, mache ich nur dann weiter, wenn es mich selbst erregt. Ich konzentriere mich voll und ganz auf mich selbst und auf meine Gefühle und Wahrnehmungen.

> Die effektivste Stellung ist für mich, wenn ich oben bin. Kurz vor der Klimax bin ich auf meine eigene Stimulierung erpicht, bin ganz versessen auf die richtige Position, den richtigen Winkel, dazu setze ich vielleicht noch eine stimulierende Hand ein, mache die Augen zu oder blicke einfach ins Leere. Ich schließe alle Ablenkungen aus.

Wenn ich eine bestimmte Erregungsstufe erreicht habe und ich um keinen Preis diese Empfindungen wieder verlieren möchte, verharre ich in derselben Stellung, behalte bestimmte Bewegungen bei. Wenn dann dieser sensitive Punkt langsam unempfindlicher wird, versuche ich schnell, meinen Körper wieder in eine gute Stellung zu bringen.

Wenn ich das Gefühl habe, es kommt mir gleich und ich möchte es, oder wenn ich will, daß es kommt, beginne ich mit rhythmischen Bewegungen meiner Scheidenmuskulatur, sozusagen als zusätzliche Sicherheit. Aber ich versuche auch, die Sache ein bißchen hinauszuzögern, denn wenn ich den Reiz zu stark steigere, bedeutet es, daß der Orgasmus nicht aufzuhalten ist, und dann ist alles so schnell vorbei.

Ich bewege mein Becken kreisend, um mich auf bestimmte Weise zu reiben; beim Cunnilingus bewege ich mich ebenfalls, um so noch intensiver an der Klitoris stimuliert zu werden.

In dieser Phase versuchen die Frauen, die für sie wichtigen Empfindungen nicht zu unterbrechen, eventuell sogar noch die Intensität zu steigern, und in den für die Einleitung des Orgasmus notwendigen Rhythmus überzugehen. Ihre Gedanken – falls sie diese noch nicht vorher eingesetzt haben – richten sich jetzt ganz auf ihre Empfindungen. Ginger erklärt: »Anfangs bin ich mit meinem Partner gedanklich sehr eng verbunden, wir denken uns Rollen aus, und oft sehe ich mir auch beim Liebesakt von außerhalb des Bettes zu – sozusagen als Beobachterin. Aber gegen Ende richte ich meine Gedanken auf meine Haut, auf meinen Körper. Ich schließe die Augen, und ich spüre mich selbst als einen Teil meiner sexuellen Gefühle. Ich bin dann ausschließlich darauf ausgerichtet, bin ganz Vagina und Klitoris.« Emily, die beim Liebesakt hauptsächlich auf ihre Empfindungen reagiert, äußert ähnliche Gefühle: »Kurz bevor ich komme und auch während des Orgasmus fühle ich mich selbst wie eine große Vagina. Natürlich hat das nichts Negatives, ich zelebriere damit nur meine Weiblichkeit, und das ist etwas sehr Schönes. Dein Körper gibt dir diese Lust, macht dir ein großes Geschenk.«

Alice, die Frau mit dem goldblonden Haar, die oft Teilansichten ihres Körpers während des Geschlechtsverkehrs wahrnimmt, sagt: »Ich kann diese Imaginationen nicht einfach verdrängen, aber wenn ich dem Höhepunkt nahe bin, dann stelle ich sie – wenn's geht – ab. Zuerst sehe und fühle ich meinen Uterus – er hat die Form einer Birne –, und ich spüre, wie er sich rhythmisch bewegt, aber dann erlebe ich nur noch allgemeine Empfindungen, weil sie alle Gefühle intensivieren. Ich lasse mich einfach gehen, und die Bilder bleiben ›auf der Strecke‹!« Nora erzählt: »Ganz kurz vor dem Orgasmus scheint sich alles auf meine Genitalien zu konzentrieren. Ich bin mir ausschließlich dieses Teils meines Körpers bewußt ... nehme nichts anderes mehr wahr. Manchmal kann es sein, daß ich selbst meinen Partner nicht mehr bewußt wahrnehme.« Und Lisa: »Stimmungen und Visualisierungen hören plötzlich auf, ich brauche sie nicht mehr. Meine ganze Konzentration ist auf die Empfindungen in meinem Unterleib gerichtet, und wenn du mal den ganzen anderen Unfug wegläßt, ist es eigentlich genau das, worauf es ankommt, worum sich alles dreht. Wenn ich an dem Punkt bin, wenn ich kurz vorm Orgasmus anlange, und dann klingelt das Telefon oder das Haus steht in Flammen, dann ist es mir egal – ich bin viel zu beschäftigt. Das alles ist ganz schön anstrengend. Nachdem es vorbei ist, habe ich das Gefühl, alle meine Muskeln beansprucht und alle Vorräte an Emotionen aufgebraucht zu haben.«

Wenn Frauen es nicht schon von allein wüßten, würden wir ihnen sagen können, daß dies die Momente sind, bei denen sie sich von allem freimachen und sich einfach dem natürlichen Lauf der Dinge überlassen sollten. »Rollen und Imaginationen sind verschwunden, ich vergehe in lustvollen Empfindungen.« »Wenn es richtig losgeht, schaltet mein Geist auf das rein Körperliche um.« »Ich steigere mich hinein, dann schalte ich auf die körperlichen Empfindungen um, die wie in einem Rausch meinen ganzen Körper ergreifen.« »Meine Gedanken richten sich auf die Gefühle, die ich in meiner Klitoris verspüre. Ich lasse meine Gedanken los und konzentriere mich auf bestimmte Körperteile.« »Es fühlt sich an, als ob ich einen neuen Mittelpunkt hätte. Der Geist vereinigt sich mit dem Körper.« »Ich gebe dem Ganzen den endgültigen Schub, indem ich mich völlig auf meine

Empfindungen konzentriere. Das bringt mich bis an den Gipfel des Berges.« »Plötzlich verschwindet alles andere, der Orgasmus setzt ein.« »Entspanne dich, schalte dein Bewußtsein ab: Werde eins mit deinem Partner.«

In den letzten Sekunden – selbst wenn Frauen Imaginationen aus dem Anfangsstadium bis zum Orgasmus durchziehen – sind die endgültigen Visionen immer bezogen auf die Empfindungen. Wendy spricht oft davon, daß ihr Lustempfinden »heiß« sei, und beim Orgasmus spürt sie tatsächlich die Hitze ihres Körpers, während sie häufig folgende Visionen dabei hat: »Ich bin von einem flüssigen Mitternachtsblau umgeben, magisch, fließend, silberne Punkte schimmern in dieser Atmosphäre, so wie Sonnenreflexe im Wasser, und ich spüre farbige Blitze . . . Und dann, wenn ich komme, verschmelzen Kopf und Körper, und ich spüre wirklich dieses Schmelzen, als wäre da ein großes Feuer. Ein unglaubliches Erlebnis, das starke Gefühle hervorruft.«

In diesen letzten Momenten können die Imaginationen aber auch »unausweichlich orgasmisch« sein und anzeigen, daß die Klimax gleich erreicht wird, es sei denn, es passiert eine unvorhergesehene Unterbrechung. Irene ist eine schlanke, statuenhafte Schwarze, verheiratet und Mitte 30, und hat schon oft diese Erfahrung gemacht: »Ich sehe das nie sonst, immer erst kurz vor dem Höhepunkt, und nur ganz kurz: ein oder zwei Sekunden lang. Schlagartig hört es wieder auf, beim Orgasmus sehe ich nichts mehr davon. Dann denke ich, das ist es, ich bin soweit, das ist der Höhepunkt der Gefühle und danach kommt das Loslassen. Was ich sehe, ist ein völlig abstraktes Bild meiner Wahrnehmungen, wie ein Farbfoto, aber nicht in realen Farben . . . Es ist mehr, wie wenn du dir den Kopf anschlägst und du siehst irgendwelche Muster. Wie ein Kunstwerk, ich nenne es ›Hochspannung‹.« Und Carla weiß, daß ihr Orgasmus kurz bevorsteht, wenn bestimmte Bilder von Körperteilen auftauchen: »Unmittelbar vor dem Orgasmus spüre ich oft, wie meine Schamlippen dick werden und sehe sie in wechselnden Farben: rosa, rot, lila, die dann beim Höhepunkt explodieren . . .«

Um sich in den Orgasmus hineinzukatapultieren, versuchen manche Frauen, sich an frühere angenehme Empfindungen zurückzuerinnern. Ros ist 21, Krankengymnastin, lebt allein und kennt sich mit ihrem Körper sehr gut aus: »Ich kann genau sagen, wann ich kurz davor bin; dieses Gefühl, daß ich bald abheben werde, heizt mich noch mehr an. Jeder hat andere Reaktionen, ich habe schwitzige Hände, eine gesteigerte Herz- und Pulsfrequenz, und eine unglaubliche Spannung überall im Körper ... Ich fühle genau, daß ich ihn haben kann, und denke an frühere Empfindungen, erinnere mich ganz exakt an Gefühle, die ich das letzte Mal dabei hatte. Wenn das nicht funktioniert, denke ich an einen früheren Liebesakt und versuche, die damals erlebten Gefühle nachzuvollziehen.« Ähnlich macht es Rachel, die ihre Gedanken immer wieder auf »alterprobte und bewährte« Stimulierungen lenkt. »Wo auch immer meine Gedanken waren, kurz bevor ich komme, wenn meine Genitalien sich so anfühlen, als ob sie die Hälfte meines Körpers ausmachten, dann schwenke ich gedanklich zurück zu ganz bestimmten Empfindungen, die mit Unterwerfung zu tun haben, und bilde mir ein, daß ich ihm gegenüber wieder dieses Gefühl erlebe.«

Noch etwas: Wenn eine Frau eine Phantasie heranzieht, bei der sie anderen beim Geschlechtsverkehr zuschaut, kann sie sich auch deren Gefühle zu eigen machen und unterstreicht deren Empfindungen sogar durch eigene Aktivitäten oder Gedanken. Oder: Wenn sie und ihr Partner zusammen in einer Imagination vorkommen, richtet sie ihre abschließende Konzentration dennoch sicherlich nur auf sich selbst und ihre eigenen vororgiastischen Empfindungen. Florence zum Beispiel: Sie ist 48, geschieden; eine hübsche, wohlproportionierte Frau, Kunsterzieherin an einem College: »Ich fühle mich verwandelt und schön während des Liebesakts und sehe alles, was passiert, in meiner geistigen Vorstellung. Ich visualisiere meine Empfindungen, kann Gefühle von Reibung und Kontakt ›sehen‹, sehe vage meine Scheidewände, wie sie sich eng um seinen Penis schließen ... Aber dann, kurz vor dem Höhepunkt, wenn ich langsam das Bewußtsein verliere, stoppe ich die Kontraktionen meiner Vaginalmuskulatur und konzentriere mich ganz auf mich selbst, sehe lebendige und sehr romantische Bilder ... etwa wie Blumenbilder von Judy Chicago. Aus der Vogelperspektive sehe ich, wie ein realer Penis in einen Whirlpool eintaucht. Aber der Pool sieht aus wie das Innere einer Blüte; vielfarbige Ränder und Abstufungen in Rot, Pink und Blau und vertikale Muster – wie in Bewegung, auf die Mitte zufließend und einen Wirbel bildend. Das Bild dauert nur einige Sekunden, dann ist mein Kopf ganz leer.«

Das Herantasten

In den letzten, entscheidenden Sekunden vor ihrem Orgasmus wird eine orgasmusfähige Frau sehr aktiv. Sie überläßt ihre Befriedigung nicht dem Zufall. Ihre sexuelle Erregung ist voll angekurbelt, droht fast, den Rahmen zu sprengen, und ihre Empfindungen und Lustgefühle haben die Grenze erreicht. Neben dem Punkt, auf den sie sich am meisten konzentrieren, brauchen und mögen viele Frauen noch ein weiteres anheizendes oder auslösendes Moment, das ihr dabei hilft, zum Orgasmus zu kommen. Manchmal ist der letzte Kick mental, so wie Rachels Unterwerfungsphantasie oder Ros' Schwellen-Visionen. Derartige Auslöser können Gedanken sein, etwa die »inneren Stimmen«: »Wenn ich meinen endgültigen Rhythmus gefunden habe, sage ich mir: ›Mach dich bereit, jetzt geht's los, jetzt, jetzt, jetzt . . .!‹« Es kann auch regelrecht aus jemandem herausbrechen: »Wenn ich dem Höhepunkt sehr nahe bin, denke ich: ›Ich halte es nicht mehr länger aus!‹ Und ich schreie es laut heraus: ›Ich fühle mich himmlisch, ich bin kurz davor, ich kann's nicht mehr aufhalten, ich komme!‹« Manche Frauen werden auch stiller, wollen sich ganz auf ihre überwältigenden Empfindungen konzentrieren. Aber die meisten werden eher lauter, je näher sie dem Orgasmus kommen: »Beim Orgasmus gebe ich ein wahres Crescendo von Tönen von mir.« »Es ist doch normal, beim Orgasmus zu stöhnen und zu schreien.« Solche Laute und Rufe stimulieren, sind Kommunikation und drücken Lustgefühle aus. Eine kleine Hilfe können auch zärtliche oder sogar obszöne Worte ihres Partners sein, die ebenso wie seine hörbaren Äußerungen der Lust zur Steigerung der Erregung beitragen können.

Doch die meisten endgültigen Auslöser bestehen in eher direkter Stimulierung. Der Kuß des Liebhabers kann sehr schön sein, sein Orgasmus manchmal Wunder wirken: »Wenn meiner auf sich warten läßt, dann wirkt seine Ejakulation wie der letzte notwendige Anstoß.« Genauso geht es mit einem letzten vaginalen Impuls: »Ich spanne meine Muskeln an, das gibt mir den endgültigen Schub!« Stimulierung der Brust oder der Brustwarzen: »Schön ist Saugen oder festes Anfassen des Busens...« »Ich brauche ganz intensives Streicheln meiner Brüste, das Berühren am äußersten Rand der Warzenhöfe, ein extra Druck, ein Nuckeln oder Saugen gibt mir den endgültigen Kick.« Anale Liebkosungen oder auch sanftes Eindringen: »Druck oder auch nur Berührung des Anusbereichs, das intensiviert am Ende alle Empfindungen...« »Ein tief eingeführter Finger bringt mich sofort zur Klimax... und verlängert meine Kontraktionen.« Vielleicht ist auch eine Kombination verschiedener Stimulierungen der letzte Auslöser: »Jeder zusätzliche Reiz kann mich im Schlußmoment zum Höhepunkt bringen, und mehr ist immer noch besser, Hauptsache, er trifft die Stellen, an denen es mich richtig hochbringt.«

So schön diese zusätzlichen Stimulierungen auch sein mögen, der Partner muß doch vorsichtig sein, daß er damit nicht übertreibt. Ihr primäres Ziel sieht anders aus, besteht darin, daß sie sich an der Schwelle zum Orgasmus auf die Empfindungen konzentriert, die sie zur Vollendung braucht, und jede unnötige Ablenkung wäre fehl am Platze.

Zwei oder drei Sekunden davor... Und eine Frau konzentriert sich ganz auf die Spannung, die sich in ihrem Körper aufgebaut hat. Ihre Aktivitäten und Gefühle haben sich eventuell schon herauskristallisiert, bevor ihr Rhythmus beständig werden konnte, aber jetzt beschleunigt sich alles, ist nur noch auf den einen Augenblick ausgerichtet, gerät in einen sanften, unverkrampften und doch angespannten Sog, der sich ihrer bewußten Steuerung entzieht.

> Ich mache es eigentlich absichtlich, und trotzdem ist es, als würde es auch ohne mein Zutun passieren. Meine Hüften, Beine, Vagina, Hände, alles wird plötzlich steif. Ich balle meine Fäuste und beiße die Zähne zusammen, manchmal so stark, daß ich mir schon einen Zahn ausgebissen habe.

> Ich will immer etwas zum Festhalten – ihn oder den Bettpfosten, die Laken, und alles wird starr an mir. Meine Nippel

sind überempfindlich, dürfen nicht weiter gereizt werden, die Haut innen an meinen Schenkeln fühlt sich an, als ob sie gleich einreißt. Ich spanne meine Muskeln an, in der Scheide, die Pobacken und die Analmuskulatur . . . bis ich dann außer Kontrolle gerate.

Ich fühle mich warm und geil, mein Unterleib vibriert leicht, und dann beginnt mein Körper zu zittern, ich packe zu, spanne meine Schenkel und das Becken an, halte den Atem an . . . mein Körper wird von den Hüften abwärts ganz starr, und dann biegt sich mein Rücken durch . . .

Beim Orgasmus durch orale oder manuelle Stimulierung der Klitoris, oder wenn ich beim Geschlechtsverkehr oben bin, spanne ich meine Hüft-, Bein-, Vaginal- und Pomuskulatur stark an. Aber bei einem vaginalen Orgasmus, wenn er oben ist, oder von hinten kommt, brauche ich nicht so viel Anspannung.

Die Hitze in meinem Körper steigt und steigt – ausgehend von der Klitoris hinaus in meine Brüste und in meinen Kopf. Ganz bewußt verlangsame ich meinen Rhythmus und spanne alles an: das Becken, den Po, Arme und Schenkel; ich habe davon manchmal sogar einen Muskelkater. Alles ist ganz straff . . . und die Spannung wird zur Klimax.

Viele Frauen behaupten, diese Körperanspannung entzöge sich ihrer bewußten Kontrolle: »Meine Schenkel und Beine strecken sich und gehen auseinander, alle meine Muskeln spannen sich an; aber es ist alles unwillkürlich, ich ›tue‹ eigentlich nichts, obwohl mir danach die Muskeln weh tun . . .« »Ich hebe meine Hüften, meine Beine versteifen sich, Schenkel und Unterleib werden starr, ich balle die Fäuste und beiße mir auf die Lippen. Doch alles geschieht einfach so, nicht bewußt.« Wie auch immer es sein mag – die große Mehrheit der Frauen bestätigte, beides zu tun: absichtlich die Muskelanspannungen einsetzen und verstärken, aber auch auf die Spannung reagieren; und viele Frauen halten die Anspannung bewußt während des Orgasmus aufrecht.

Wenn eine Frau möglicherweise einmal ihren Körper zu früh anspannt, muß sie vielleicht einen Rückzieher machen. Nora: »Ich beginne damit, meinen Körper für den Höhepunkt vorzubereiten, ziehe die Schenkel-, die Becken- und die Pomuskeln fest zusammen, spanne die Vaginalmuskulatur und gebe mich dann dem natürlichen Rhythmus hin... Aber manchmal muß ich mich zurückhalten, sonst würden sich meine Schenkel verkrampfen. Ich entspanne mich dann besser und fange noch mal von vorne an.«

Insgesamt ist festzustellen, daß viele Frauen, die ganz bewußt die Spannung aufbauen, beim Orgasmus alles loslassen: »Mein ganzer Körper ist angespannt, doch dann lasse ich mich einfach überfluten.« »Zuerst konzentriere ich mich auf die Körperspannung, dann muß ich aber alles lockerlassen und explodiere.« Und Emily drückt es sehr deutlich aus: »Ich spanne alles an, Schenkel, Vagina, Hüften, Arme – alles wird steif und sehr erregt. Wie der Endspurt vor der Ziellinie ein bißchen außer Kontrolle gerät. Wenn dann die endgültige Explosion naht, entspanne ich mich einfach.«

Etwa eine oder zwei Sekunden entfernt vom Überkippen des Orgasmus geben sich nahezu alle leicht orgasmusfähigen Frauen noch den endgültigen Schub durch weitere wirkungsvolle Anspannung! Damit »überspannen« sie die Empfindungen, überschreiten endgültig die Schwelle. Wie auch immer die vorangegangene Bewegung aussah, sie verlangsamen sie oder beenden sie und drücken sich dem Liebhaber entgegen. Der sollte dann möglichst den Rhythmus beibehalten oder sich ganz auf ihre Wünsche einstellen, spiegelbildlich auf das reagieren, was die Frau vorgibt – langsamer werden oder aufhören und sich ihr entgegendrücken.

Ingrid:
Beim Koitus und auch beim oralen oder manuellen Sex bäumt sich mein Körper auf und ihm entgegen, er sollte sich an mich drücken, sich reinschrauben, still liegen, mehr und stärkeren Druck anwenden und nicht damit aufhören, nicht unterbrechen, sonst ist die Verbindung gestört!

Grace:
Ich will nicht, daß er aufhört, aber ich brauche mehr Druck nach unten, möchte festere, gezieltere Stöße. Und ich drücke meine Klitoris an ihn, presse meine Hände auf sein Hinterteil. Wenn ich auf ihm bin, kann ich wilder sein; die Gefühle gehen stärker von der Klitoris aus, dafür brauche ich die Vaginalmuskulatur weniger. Mein Partner sollte mich hochschieben und wieder fest zu sich ziehen, und ich drücke ebenfalls noch mehr, und noch mehr ...

Meredith:
Ich bin immer lieber oben; wenn ich aber unten bin, beuge ich mich ihm entgegen, halte ihn immer etwas in Bewegung, auch wenn er tiefer in mich eindringt, presse ich mich ihm entgegen, strecke meinen Unterleib so vor, daß ich genügend klitorale und vaginale Stimulation bekomme. Wenn wir es oral machen, üben wir beide Druck aus, ich brauche den intensiven Reiz an meiner Klitoris.

Heather:
Kurz vor dem Höhepunkt hilft es mir, wenn mein Partner ganz tief und fest stößt und dann aber, während des Orgasmus einfach stillhält, vollkommen sich zu bewegen aufhört. Ich kann, wenn ich auf ihm bin, meinen ganz eigenen Rhythmus finden, presse meinen Unterleib gegen ihn, beuge mich nach hinten oder lege mich flach auf seinen Körper, reibe mich an ihm, um direkten Druck auf die Klitoris zu bekommen.

Brenda:
Im allgemeinen liege ich lieber unten, so daß wir uns zum Schluß beide ganz fest aneinander drücken können. Hin und wieder – vielleicht jedes zehnte Mal – möchte ich richtig ›gebumst‹ werden, dann brauche ich die tiefen, harten Stöße in die Scheide und den klitoralen Druck. Ich will ihn tief in mir spüren und mag gern ganz starken Druck auf dem Schambein, den Schenkeln und auf den Hinterbacken spüren.

Michelle:
Wenn mich der Mann noch nicht so gut kennt, muß ich ihm zeigen, was ich zum Orgasmus brauche. Beim Koitus klammere ich mich an ihn, höre auf, mich zu bewegen und halte ihn fest; umklammere ihn mit meinen Beinen ein paar Sekunden lang, bis meine Beine anfangen zu zittern. Wenn er es mit der Hand macht, strecke ich mich ihm entgegen, packe sein Handgelenk und halte es fest. Mit dem Mund ist es ein bißchen schwieriger; ich hebe meine Hüften und halte ganz leicht seinen Kopf, presse ihm meine Klitoris entgegen. Ich versuche, das keineswegs grob, sondern ganz sanft zu machen. Ein guter Liebhaber hat in der Hitze des Gefechts nichts dagegen, er will alles tun, was einen befriedigt.

Rita:
Ich will, daß er genau damit weitermacht, womit er einmal angefangen hat und nicht mittendrin, wenn etwas läuft und gut tut und ich jeden Moment abheben könnte, auf etwas anderes umsteigt. Merke ich dann, daß ich kurz davor bin, sage ich »Mehr!« oder »Schneller!« oder »Streichle meine Klitoris!« oder »Küß meine Brüste!« oder irgend etwas in der Art. Es kommt, es kommt ganz sicher, aber ich muß etwas dafür tun, muß genau den richtigen Moment erwischen. Wenn ich auf ihm bin, reibe ich meine Klitoris gegen ihn, bäume mich auf, ziehe ihn an mich, halte dabei den klitoralen Kontakt. Oder ich kann meine Hüften anheben, die Vaginalmuskeln einsetzen, ihn tief und fest halten . . . Auch mit dem Mund oder der Hand kann ich es so steuern, aber um fertig zu werden, brauche ich etwas in mir, seine Finger oder seinen Penis . . .

Verständlicherweise brauchen Frauen, je nachdem, woher sie ihre Erregung beziehen, unterschiedliche Stimulierungen, um zum Orgasmus zu kommen. Nora erklärt: »Beim Cunnilingus bin ich immer sehr erregt, da reicht manchmal schon eine federleichte Berührung. Ein anderes Mal aber brauche ich mehr Druck und Stimulation. Beim Geschlechtsverkehr will ich immer, daß er mich ganz tief penetriert, und dann zwinge ich ihn, anzuhalten, wenn ich merke, daß ich gleich komme. Dann mach' ich das gleiche, um den zweiten Orgasmus zu kriegen: Sobald er wieder anfängt, sich zu bewegen, drücke ich mich nach oben, stoppe und komme ...« Eine andere Frau berichtet: »Normalerweise stoße ich beim Oralverkehr wie auch beim Koitus mein Becken auf und ab, spanne an und stoppe die Bewegung. Aber manchmal ist die Bewegung nicht aufzuhalten, und sein Stoßen setzt sich in der Erregung weiter fort und steigert dann tatsächlich noch den Druck, so daß sich meine Klimax dadurch verlängert und noch stärker wird.«

Einige Frauen mögen es auch, wenn beim Koitus die Bewegungen ohne Unterbrechung fortgesetzt werden oder wollen gelegentlich sogar noch den Druck verstärken. Vivian zum Beispiel: »Ich halte ihn mit meinen Armen und Beinen ganz fest, ganz nahe bei mir, aber ich muß mich trotzdem dabei weiterbewegen können. Und ich will, daß er meinen Rhythmus übernimmt.« Oder auch Bernadette: »Wenn er es mit der Hand macht, hebe ich mein Becken und drücke es ihm entgegen. Ich kann meinen Körper geschickt richtig hindrehen, aber beim Geschlechtsverkehr, wenn wir beide sehr vertieft sind, lassen wir die Bewegungen einfach weiterlaufen. Manchmal mag ich es sogar gerne, wenn es noch schneller wird, mag das tiefe Stoßen in die Vagina.«

Trotzdem: Was immer der Auslöser sein mag, es läuft meistens auf das gleiche hinaus: auf das Verlangen, abschließend extremen Druck zu spüren, das System zu »überreizen« und dadurch die Schwelle zum Orgasmus zu überschreiten. Ob diese Gefühle von der Vagina ausgehen oder vom gesamten Unterleib, ob zuerst ein klitoraler Auslöser da war oder eine Vielfalt von Reizen über die Vulva erfolgt ist, ob einige dieser Möglichkeiten oder ob alle zugleich stattfanden: Leicht orgasmusfähige Frauen brauchen zur Unterstützung kurz vor dem Orgasmus diese effektiven, abschließenden, pulsierenden Momente überwältigender Sensationen und versuchen, sie sich zu verschaffen.

Und jetzt – falls es nicht schon längst geschehen ist – kann sie sich ganz bestimmt gehen lassen, sich dem natürlichen Ablauf ergeben, die Kontrolle endgültig aufgeben ...

Der Moment

Plötzlich löst sich die Spannung, der Höhepunkt ist erreicht; sie explodiert. Die Frau spürt, wenn ihr Körper sexuell den Gipfel erreicht hat: ein mystisches und doch ganz irdisches Erlebnis, mit Worten kaum zu beschreiben . . .

Emily:
Ich fliege davon, wenn ich explodiere . . . Im Zeitlupentempo detonierende Feuerwerkskörper schießen durch meinen Unterleib, jagen in meinem Körper hoch und wandern hinunter in meine Beine. Ich bin verloren in einem unendlichen schwarzen Raum, als wäre ich losgelöst von meinem Körper, ohne Arme, ohne Beine, ganz schwer . . . für Momente erhoben an einen schönen außerirdischen Ort . . .

Julia:
Falls ich nicht noch einen weiteren will, kann ich mich total entspannen. Mein Körper zittert und zuckt, in meiner Vagina kribbelt es, kurze Schauer durchlaufen meinen Körper. Und dann gibt es ein endgültiges, wunderbares Erschauern, das ich so liebe, und doch bitte ich ihn, aufzuhören, ob es nun die vaginale oder klitorale Stimulation ist oder beides. Ein Feuer beginnt in meinen Zehen und arbeitet sich langsam nach oben, wie ein schwelendes, brennendes Gefühl von Taubheit. Und in dem Moment, in dem alles wieder lebendig wird, fliege ich davon, darüber hinweg, bin jenseits von allem . . . in den allerhöchsten Sphären . . .

Rita:
Mein Körper streckt sich und wird angespannt. Ich spüre den Drang nach Erlösung. Feine Nadeln tanzen durch meinen Körper, und wenn es von der Vagina ausgeht, läuft es von den Hüften nach unten. Wenn es klitoral ist, beginnt es im Nacken und in den Schultern und rauscht durch den ganzen Körper. Richtig gut ist es, wenn es ungefähr 15 Sekunden anhält; es wirkt wie ein Vulkanausbruch, und manchmal sehe ich förmlich, wie es vor sich geht: Zuerst kommt die Asche, dann die Lava, dann kühlt alles langsam ab . . . Die Wahrnehmun-

gen in meinem Körper sind wirklich einem Vulkanausbruch vergleichbar, und ich bleibe anschließend einige Minuten liegen, um mich zu beruhigen... und koste voll aus, was geschehen ist.

Lisa:
Ich gerate völlig außer Kontrolle... spüre eine plötzliche Implosion; alles fällt in sich zusammen, zieht sich in mein Innerstes hinein. Ich zittere, mache kreisende Bewegungen, merke, wie sich meine Brustwarzen aufrichten... Sekunden später wird diese Wahrnehmung an meine Vagina weitergeleitet, wandert durch das Becken hinauf, durch das Rückenmark und zischt in hellen Funken durch meinen Kopf. Als würde jemand mein Hirn durchmischen... wie eine herrliche Art, wahnsinnig zu werden.

Ingrid:
Mein ganzer Körper zittert, aber ich spüre keine Kontraktion in meiner Vagina. Es fühlt sich so an, als würde ich mit einem schnellen Auto geradewegs auf einen Abgrund zufahren; mein Magen beginnt zu flattern. Jedesmal habe ich dann dieses Gefühl des freien Falls, und keuche zum Schluß wirklich... mir bleibt da richtig die Luft weg.

Heather:
Ein Rausch der unglaublichen Gefühle... als hätte alles andere einige Sekunden lang aufgehört zu sein, als wäre ich nicht mehr existent. Und trotzdem nehme ich genaue Empfindungen wahr: die Kontraktionen meiner Vagina... dann atme ich wieder, mein Herz fängt wieder zu schlagen an und alle Sensationen strömen auf mich ein... Auch wenn es nur ein paar Sekunden anhält, ist es eine Art transzendentales Erlebnis.

Eine unendliche Vielfalt von Gefühlen: Jede Frau empfindet anders. Und jedesmal erlebt sie die Liebe neu... jedesmal macht sie neue Erfahrungen beim Orgasmus.

Der Geist erahnt subjektiv diesen Moment des außergewöhnlichen Erlebnisses. Der Körper erwartet Lustgefühle – eventuell ist es von Mal zu Mal verschieden, aber die Gewißheit ist stets vorhanden. Die Gleitflüssigkeit wird fließen, Zittern, Zuckungen, Vibrationen werden den Körper erschüttern. Frauen können unvorstellbar starke Kontraktionen in ihrer Vagina verspüren, oder sie vergehen, weil die Reaktion des gesamten Körpers so stark ist. Es kommt zu Kälte- und Hitzeschauern, Kribbeln oder Erbeben ... Alle Kontrolle geht verloren ... Oder es wird alles schön wohlig warm und als sehr angenehm und wohltuend empfunden. Der Körper kann angespannt sein, völlig steif werden oder sich friedlich entspannen. Der Moment des Höhepunkts kann die Frau weich und warm zurücklassen oder erschöpft und energielos, aber auch energiegeladen, tatendurstig und voller Bedürfnisse nach weiteren Aktivitäten. Sie kann juchzen vor Wonne oder weinen im Überschwang der Gefühle ...

Oft spüren Frauen ihre Erregung geradezu durch den Körper zucken, »wie eine Kettenreaktion«; »ein Erguß«; »es ist in meinem Kopf«; »es geht bis in die Zehen- und Fingerspitzen«. Die Gefühle können von der Klitoris ausgehen, sich schnell über die Vagina ausbreiten, oder vom Uterus über die Vagina zur Klitoris strömen und sich dann sanft über den ganzen Körper verteilen. Es kann aufwärts rauschen oder abwärts, kann anfänglich »direkt unterm Diaphragma« losgehen oder »in der Brust und in den Drüsen«.

Viele Frauen berichten, sie würden jeden Orgasmus anders empfinden, nicht nur in seiner Intensität, sondern auch von der Art her. Eve erklärt zum Beispiel: »Es gibt da zwei total unterschiedliche Empfindungen: ein klitoraler und ein vaginaler Orgasmus. Sie sind wie Tag und Nacht. Ich empfinde den klitoralen Orgasmus wie eine Energieentladung, eine Explosion, die meinen Körper sozusagen erlöst. Der vaginale Orgasmus ist mehr wie ein Schwachwerden ... schwer zu erklären. Er ist irgendwie begrenzt, abgekapselt, tief drinnen. All meine Muskeln zucken, und doch ist es irgendwie lähmend; nur der Bereich der Vagina ist eine einzige Explosion ...« Andere Frauen empfinden es genau umgekehrt: »Die vaginale Klimax ist stärker, ich explodiere vom Kopf bis zu den Füßen. Das ist so mächtig, so kraftvoll und tief, ich bin hinterher völlig ausgepowert und falle erschöpft in die Kissen. Ein klitoraler Orgasmus scheint begrenzter, intensiver, eher nur auf die Vulva bezogen.« Auch die Art der Stimulierung – ob oral oder beim Geschlechtsverkehr – kann erheblichen Einfluß darauf haben, und ebenso die Bereitschaft einer Frau zu weiteren Orgasmen. Einige Frauen geben zwei oder drei deutlich unterscheidbare Empfindungen an; am häufigsten nennen sie Reize im Vaginalbereich: den »G-Punkt« oder die Klitoris. Die »optimalen« Orgasmen entstehen bei den meisten dieser Frauen dennoch aus einer Kombination oder Mischung von Empfindungen, die sie im allgemeinen während des Liebesaktes erleben.

Die subjektiv empfundenen Eindrücke der Frauen werden oft in Allgemeinbegriffen ausgedrückt: Feuerwerk, Explosion, Vulkanausbruch, Hitze. Wogen der Lust, Ströme von Wasser kreisen durch den Körper. Die Erde erbebt unter manchen, andere fliegen im freien Fall durch den Raum. Der Körper kann unter fremder Gewalt stehen, einfach mitgerissen werden. Es gibt Erschütterungen in der Art von Elektroschocks, Kurzschlüsse schalten alles aus. Dennoch sind die Lustgefühle immer da, sagen sie, Lust und sinnliches Vergnügen.

Und wo sind ihre Gedanken währenddessen? Bei der überwiegenden Mehrheit der Frauen ist der Kopf leer, alle Gedanken verflogen; sie existieren nur noch im Bereich der Empfindungen. Meist stellt sich das in einer tiefen Schwärze dar, seltener in einem lichten hellen Weiß. Kristin: »Wo ich mit meinen Gedanken bin während des Orgasmus? Hoffentlich ist mein Kopf frei! Die Imaginationen verschwinden, und die Gedanken sind nur so lange da, bis der Körper voll im Einsatz ist und die Führung übernimmt. Dann überkommt mich diese Hitze, pure Energie – ich bin einfach weg. Ich könnte schwören, daß dies der Punkt ist, den die Franzosen den ›kleinen Tod‹ nennen; der Moment, in dem man aufgehört hat, zu existieren. Ich bin sicher, der Orgasmus ist so etwas Ähnliches, weil Bewußtsein und Gedanken dabei ausgeschaltet sind.«

Eine zahlenmäßige Minderheit unserer Frauen kreiert gelegentlich oder sogar ständig orgasmische Visionen, die ihre Gefühle widerspiegeln. Diese Bilder beinhalten natürlich auch immer ihre körperlichen Empfindungen. Flüssige Stoffe werden visualisiert, die »kaskadenartig durch den Körper sprühen«, Farben erscheinen und verblassen, »immer schneller drehende Spiralen, die konzentrisch die Empfindungen umschließen«. Tamara sieht in ihrer Erregung immer doppelseitig um eine Symmetrieachse gespiegelte Gebilde, manchmal auch während des Orgasmus. »Es beginnt etwa 20 Sekunden davor ... Bilder, etwa wie bei einem Rorschach-Test: Kleckse, die sich in alle Richtungen ausbreiten, ein Muster aus Schwarz und Weiß, das sich vor meinen Augen verändert. Es fängt langsam an, steigert sich, wird langsamer und beginnt dann wieder schneller zu werden – dann sehe ich schließlich an den äußersten Enden kleine Spitzen herausschießen und spritzen: zip, zip ...« Tempo und Veränderungen der Kleckse scheinen Tamaras Spasmen widerzuspiegeln, die sich allmählich verlangsamen, wenn die abschließenden Kontraktionen erfolgt sind.

Grace sieht verschiedene Bilder entsprechend ihren Stimmungen und Empfindungen: »Manchmal ist mein Kopf leer, aber oft sehe ich eine wattige, weiße kleine Wolke, eine Schäfchenwolke; meist begleitet sie einen ganz sanften Orgasmus, der mit weichen, wunderbar zarten Gefühlen einhergeht. Wenn ich mich selbst sehr dominant empfinde und dann meine urzeitliche Höhle verlasse, sehe ich Farben, wie man sie an Löwen und Tigern kennt und sehe sehr starke Rottöne, leuchtendes Orange und Gelb. Ich sehe Sterne aufflackern, Meere von Farben wie ein Sonnenaufgang oder explodierende Farbfelder, manchmal lebhafte, dann wieder sanfte Farben ... wirklich besondere Sensationen wie das Aufglühen eines Nordlichts.«

Eine von Natalies Visionen ist wahrscheinlich allgemein bekannt, bei ihr spiegelt sie aber Gefühle von großer emotionaler Tiefe wider: »Manchmal sind es ganz ruhige, sanfte Emotionen, Strömungen, verschwommene Bilder ... Aber die eine, ganz spezielle Empfindung ist optimal; ich kann alles geschehen lassen und spüre die totale Explosion. Mein ganzer Körper bebt. Ich weiß, das klingt zwar abgedroschen, aber ich sehe tatsächlich Farben und Funken sprühen wie bei einem Feuerwerk. Manchmal weine ich dabei, weil ich so erleichtert und froh bin. Es ist wie eine Taufe, als würde ich neu geboren. Die Gewißheit, daß ich noch existiere ... das Gefühl, wirklich eine Frau zu sein.«

Tracys Imaginationen sind sehr persönlich, aber dennoch auch allgemeingültig: »Das Gefühl großer Hitze rauscht in einem wilden Aufwallen durch meinen Körper; eine Woge von Erlösung und Lust. Es beginnt ein kleines Quentchen vorher – eigentlich fast erst im Moment des Orgasmus, und ich habe dann immer eine Vision, die schon seit Jahren immer wiederkehrt: eine wirkliche Vereinigung, eine Verschmelzung findet statt. Aus zwei wird eins, zwei Seelen werden eins. Ich sehe das räumlich. Zwei dynamische Massen, energiegeladene Farbblöcke. Alle Moleküle darin bewegen sich, breiten sich aus in flächigen Ebenen – erst schwerfällig, wie Gase sich kriechend ausbreiten und verschiedenartige Formen bilden. Die Blöcke nähern sich, berühren sich, überlappen, werden aber nie zu einer einzigen Masse. Beide haben sich ähnelnde Farbtöne, in denen Rosa und Lila überwiegen, aber es gibt auch gelbe Einsprengsel und verschiedene Rot- und Grüntöne. Die Massen wogen übereinander, wechseln und ändern sich ständig wie in einem sich drehenden Kaleidoskop – ein ewiges Fließen, Strömen, Vermischen. Doch genau im Augenblick des Orgasmus gibt es eine Detonation, die farbigen Figuren stieben explosionsartig auseinander und entschwinden unheimlich schnell. Sie zerrinnen zu den Seiten hin, fliehen wie Vögel in die Freiheit – mit weit ausgebreiteten Flügeln. Auf und davon, verschwunden sind sie. In der Mitte ist ein Nichts. Und doch ist es allumfassend, genau richtig so: Ich bin frei und erlöst. Mein Geist ist erneut wieder frei . . . Ich bin eins mit dem ganzen Universum.«

Multiple Orgasmen 11

Wenn ich zwei oder drei Höhepunkte hatte, bleibe ich ganz relaxt und denke bei mir: »Das fühlt sich so gut an, davon will ich noch mehr haben.« *Sonia*

Wenn Frauen erst mal orgasmusfähig geworden sind und vielleicht den Wunsch haben, ihre Sexualität neu zu erleben, möchten sie möglicherweise auch mehr als einen Orgasmus während eines Sexualkontakts haben.

Bevor wir uns mit den mehrfachen oder multiplen Orgasmen beschäftigen, sollten wir allerdings erst mal klären, weshalb Frauen manchmal gar nicht zum Orgasmus kommen. Wie kommt es, daß auch leicht orgasmusfähige Frauen manchmal gar keinen Orgasmus erreichen? Obwohl die »Durchschnittsfrau« dieser Studie in 90 Prozent der sexuellen Begegnungen mit einem Partner Höhepunkte erlebt, geht auch ihr hin und wieder mal etwas daneben.

Wenn Frauen nicht zum Orgasmus kommen, hat das sicher verschiedene Ursachen, wozu im allgemeinen mangelnde Konzentration gehört, aber in früheren Kapiteln haben wir auch weitere Gründe aufgeführt: ernsthafte Partnerkonflikte oder Unzulänglichkeiten des Partners; Ablenkung durch Alltagsprobleme; zuwenig Zeit für ein Vorspiel oder für eine ausgedehnte Erregungsphase; Unwohlgefühle oder tatsächliche Erkrankungen; zuviel Alkohol; ein Partner, der nicht liebevoll genug ist; einer der sich zu wenig auf Stimmungen einläßt oder Liebesspiele ablehnt. Falls es das erste Beisammensein mit einem neuen Partner ist, können Hemmungen oder Ungeschicklichkeiten der Sache abträglich sein; der Partner kann auch zu früh ejakulieren, oder es gelingt ihm nicht, seine Erektion lange genug aufrechtzuerhalten. Oder eine Frau ist plötzlich total abgetörnt, stellt fest, daß es ein Fehler war, ausgerechnet mit diesem Mann ins Bett gehen zu wollen. Eine andere häufige Ursache ist Müdigkeit: Ab einem bestimmten Augenblick fehlt ihr einfach die Energie für die erforderlichen Anstrengungen. Der meistgenannte Grund aber ist, daß Frauen »nicht in der richtigen Stimmung« sind und dennoch mit dem Partner schlafen, weil sie an ihm interessiert sind, ihn mögen und ihm den Gefallen tun wollen.

Wenn eine Frau dann nicht zum Orgasmus kommt, ist sie enttäuscht, fühlt sich körperlich unbefriedigt und angespannt, hat selbst Schuldgefühle oder schiebt es auf die ›Unzulänglichkeit‹ des Partners. Wie auch immer – die überwiegende Mehrheit der Frauen akzeptiert das gelegentliche Ausbleiben des Orgasmus mit absoluter Gelassenheit. »Es gab Zeiten, da hielt ich den Orgasmus für uns beide für unabdingbar; um seinetwillen, aber auch für mich selbst, um mich selbst zu ›beweisen‹. Aber heute weiß ich, es wird ganz sicher ein anderes Mal klappen, und es ist dadurch nicht mehr so wichtig. Liebe und Lust können auch so sehr viel Spaß machen.« »Ich will liebend gern einen Orgasmus, aber er ist dennoch kein ›Muß‹. Wenn mein Körper dazu bereit ist, dann kommt er ganz von allein. Schließlich macht die Liebe auch so Spaß, bedeutet Nähe, Zärtlichkeit und Wärme . . .«

Es gibt viele Frauen, die hin und wieder zum Liebesakt bereit sind, ohne den leisesten Wunsch nach einem abschließenden Orgasmus zu verspüren. Liebe und Zuneigung und die Freude über das Zusammensein sind für sie viel wichtiger.

Wie multiple Orgasmen entstehen

Sie hat schon einen Orgasmus gehabt, ist völlig ihrer Lust hingegeben und ihren warmen, erotischen Empfindungen. Körperlich ist sie erschöpft, emotional hat sie sich verausgabt und für eine Weile eigentlich genug Befriedigung gehabt.

Dennoch kann es sein, daß sie immer noch erregt ist, mehr will, sich weitere Höhepunkte wünscht – und zwar nicht erst in ein paar Stunden, sondern gleich, in den nächsten Sekunden oder Minuten. Der weibliche Körper ist so beschaffen, daß in den tieferen Gefäßstrukturen des Genitalbereichs die vermehrte

Durchblutung nur langsam wieder zurückgeht. Da die Gefäße nach einem Höhepunkt sogar stärker erweitert sind als zu Beginn des Liebesspiels, sind sie sehr empfänglich für erneuten Blutandrang. Es ist daher sehr gut möglich, daß – abhängig von den individuellen Konstellationen einer Frau und von der Art der Stimulierung – die Klimax über unterschiedliche Reflexbahnen ausgelöst werden kann. Die Reflexe können einmal eher ›phasenartig‹ erfolgen, schnell und kurz hintereinander ablaufen und sich in schneller Folge wiederholen. Oder sie können eher insgesamt wirken, also ›tonisch‹ verlaufen, und es kann auch eine Kombination aus beiden sein. Falls die Stimulierung fortgesetzt wird und die Erregung auf höchster Ebene erhalten bleibt, finden es viele Frauen wünschenswert und sind auch in der Lage dazu, mehr als einen Orgasmus während eines Liebesakts zu erleben. Etwa drei Viertel der von uns befragten Frauen berichteten von mindestens einer Gelegenheit, bei der sie multiple Orgasmen während eines Sexualkontakts erreicht hatten.

Viele Frauen erleben aber etwas, das man eher als »gehäufte Einzelorgasmen« bezeichnen könnte. Das heißt, sie haben bei einer ausgedehnten sexuellen Begegnung mehr als einen Höhepunkt, jeder erfolgt aber einzeln und zeitlich getrennt vom anderen, wobei meist genug Zeit inzwischen vergangen war, so daß sich die primäre Erregung und Anspannung im Wesentlichen wieder gelegt hatte. Es gibt auch Frauen, die Sequenzen multipler Orgasmen erleben – aufeinanderfolgende, zeitlich ziemlich dicht beieinanderliegende Höhepunkte, innerhalb von zwei bis zehn Minuten und ohne große Unterbrechung der sexuellen Stimulierung, so daß auch die Erregung kaum unterbrochen wird oder nachläßt. Schließlich haben ein Drittel der befragten Frauen – zumindest schon einmal – serienweise multiple Orgasmen gehabt, die nur Sekunden oder höchstens bis zu zwei/drei Minuten auseinanderlagen und ohne nennenswerte Unterbrechung oder zwischenzeitliches Absinken der Erregung erfolgten. Es gibt keine wirklich festlegbaren Grenzlinien zwischen diesen verschiedenen ›Typen‹ der Klimax; die akuten Gefühle werden von den Frauen als eine Vermischung und Verschmelzung der Empfindungen beschrieben. Es ist auch möglich, daß eine Frau bei einer Begegnung unterschiedliche Formen von Orgasmen innerhalb verschiedener Phasen erleben kann.

Welche Formen der Stimulierung können die Mehrfach-Orgasmen ermöglichen oder begünstigen?

Meistens erleben die Frauen zwei bis drei aufeinanderfolgende Orgasmen, wenn ein Wechsel in der Art der Stimulierung stattfindet: Normalerweise werden ein oder zwei Höhepunkte durch orale oder manuelle klitorale Stimulierung erreicht; dann folgen innerhalb einiger Minuten ein oder zwei weitere durch den Koitus. Nur selten kehrt eine Frau einmal die Reihenfolge um und hat zuerst einen Orgasmus beim Geschlechtsverkehr. Primär wird der Genitalbereich meist durch den eher klitoralen Orgasmus stimuliert, was auch weitere Höhepunkte erleichtert. Frauen mögen den vaginalen Orgasmus vielleicht als befriedigender, ›endgültiger‹ erleben, was natürlich durch die Ejakulation des Partners noch verstärkt wird. Ein Wechsel in der Stimulierung ermöglicht es der Frau, weiter erregt zu bleiben, ohne eine ungute Überempfindsamkeit an einem Punkt; der Geschlechtsverkehr erweitert ihr Empfinden über einen eingeengten immer wieder gleichen Bereich hinaus.

Für andere Frauen ist jedoch gerade ein konstanter, vielfältig angesprochener Konzentrationspunkt die Quelle für mehrere aufeinanderfolgende Orgasmen. Manchmal ist ausschließlich oraler Sex in der Lage, die multiplen Orgasmen auszulösen:

Darcie:
Normalerweise habe ich zunächst einen und beruhige mich dann erst, bevor ich mich noch zu weiteren aufraffen kann. Doch wenn er mit dem Mund den richtigen Punkt erwischt und beibehält, kann ich so mehrere haben und dann eine Zeitlang höchst angespannt und intensiv – vielleicht eine Minute lang – einen nach dem anderen bekommen . . . Doch dann muß er aufhören, weil ich sonst bewußtlos würde.

Rita:
Die meisten kriege ich, wenn er's mir mit dem Mund macht, obwohl es nicht unbedingt die besten sind. Aber ich liebe es, mich einfach nur gehenzulassen und zu genießen. Ich kann auch aktiv dabei sein, aber ich mag schon auch das Gefühl, daß er es für mich tut. Ich kann vier oder fünf kleine Orgasmen haben, die sich anfühlen, als käme der große Vulkanaus-

bruch noch, und dann kann mich schließlich die richtige Eruption voll umwerfen. Falls ich mich danach etwa 20 Minuten ausruhen kann, bin ich noch mal zu einem Vulkanausbruch bereit. Dafür brauche ich dann aber jede Menge körperliche Liebkosungen und muß beim Geschlechtsverkehr oben liegen.

Andere Frauen sind besonders orgasmisch beim vaginalen Geschlechtsverkehr:

Bernadette: Zuerst kommt einer, dann wenige Minuten später, aber deutlich getrennt von dem ersten, ein zweiter. Diese ersten Orgasmen können manuell ausgelöst werden, sie sind aber immer tief innen in der Vagina zu spüren. Wenn wir dann weitermachen, wenn er hart und tief in mich eindringt, dann folgt ein Orgasmus nach dem anderen – in etwa 80 Prozent der Fälle – drei, vier oder mehrere innerhalb von wenigen Minuten. Sie sind sehr unterschiedlich in der Intensität, aber sie scheinen immer stärker und stärker zu werden, und die letzte Kontraktion am Ende ist dann die intensivste.

Nora: Mit dem Mund kann ich einen sehr intensiven Einzelorgasmus haben; danach darf mich mein Partner aber zwei bis drei Minuten lang nicht mehr berühren. Oder ein andermal gehen wir, nachdem ich durch orale Stimulation einen kleinen Höhepunkt hatte, zum Koitus über. Dann kann ich innerhalb von zehn bis fünfzehn Sekunden wieder einen Orgasmus haben. Normalerweise kommen sie aber beim Koitus serienweise hintereinander – etwa im Sekundenabstand und bis zu zehn in einer Folge –, jedoch sehr unterschiedlich in der Intensität. Nach einer Pause von ein/zwei Minuten kann dann sogar die nächste Serie losgehen . . . Normalerweise habe ich zwei solcher »Sätze«, wenn es aber weitergeht, dann kann ich es nach dem dritten oder vierten Mal nicht mehr ertragen.

Bei vielen Frauen – beispielsweise auch bei Kate – werden die multiplen Orgasmen durch eine Kombination vaginaler und klitoraler Empfindungen verursacht. »Wenn mein Körper insgesamt stimuliert ist, kann ich einen Höhepunkt beim Cunnilingus erreichen und den nächsten gleich darauf, wenn ich innerlich schnell zu vaginalen Empfindungen ›umschalte‹. Gesteigerte vaginale Empfindungen und ein Wechsel der Position – schon kommt der nächste . . . Was ich dabei brauche, ist die totale Erregung – überall, am ganzen Körper, an den Brüsten, an der Klitoris, viel Reibung in der Vagina und an den Schamlippen durch seinen Penis: eine Kombination aller möglichen Reize.«

Was kann eine Frau selbst aktiv dazu beitragen, wenn sie sich multiple Orgasmen verschaffen möchte?

Für einige Frauen sind die eigenen Mehrfach-Orgasmen völlig unvorhersehbar: »Irgendwie scheint mir das ganz einfach ›normal‹ zu sein.« »Ich weiß zwar, wie ich sie hinauszögern kann, aber ich kann im voraus nie sagen, wann und wie sie kommen werden.« Für andere sind sie stimmungsabhängig. »Ich kann meine Stimmung nicht vorhersagen, aber sie beeinflußt auf jeden Fall den Grad meiner Erregung.« »Ich glaube nicht, daß ich irgend etwas anders mache, als sonst auch; ich denke, es hängt damit zusammen, daß ich manchmal sehr geil bin und mehr meinen Stimmungen und Emotionen nachgebe.« Für andere ist der Partner ausschlaggebend, der entweder die lustvolle Stimulierung weiter fortsetzt oder genug »Stehvermögen« hat, um ihnen erneut einen Höhepunkt zu verschaffen. Auch der »Enthusiasmus«, mit dem ein Partner bei der Sache ist, kann eine Rolle spielen. Eine Frau berichtet, ihr Ehemann »bestimme«, ob sie multiple Orgasmen bekäme oder nicht: »Er scheint genau zu spüren, wie scharf ich bin, und kann mich dann dazu bringen, daß ich mehr und mehr haben will.«

Immerhin die Hälfte der Frauen meinten, sie täten das Ihrige dazu, um die Wahrscheinlichkeit des Erreichens von Mehrfach-Orgasmen zu erhöhen. Für manche Frauen ist die Einstellung dazu der alles entscheidende Punkt: »Ich habe es beim Masturbieren gelernt, daß es sie gibt, und nun weiß ich es. Ich bin in der Lage, meine Erregung einfach weiter auf einem hohen Level zu halten.« »Nachdem es Körper und Geist erst mal akzeptiert hatten, daß der Körper mehrere Male dazu in der Lage ist, gab es keine Probleme mehr. Aber ich denke dennoch nie, daß ich unbedingt multiple haben muß. Das würde mich nur abtörnen, und dann kriege ich vielleicht gar keinen hin . . .«

Obwohl sich alle Frauen nach einem Orgasmus entweder sofort oder allmählich wieder auf ihr Reizempfinden konzentrieren, nehmen manche zusätzlich auch wieder ihre Phantasien zu Hilfe, um ihre Erregung nicht absinken zu lassen. Alice, die Frau mit dem besonders langen blonden Haar, visualisiert Bilder von Körperpartien und Lily ihre Blumenbilder: »Ich sehe meine Empfindungen bildlich vor mir, und mein Gefühl ist etwa dem Aufblühen einer Blume vergleichbar. Ich visualisiere meine Vagina, den gesamten Bereich meiner Vulva, wie er wächst und anschwillt. Meine Gedanken mögen abschweifen, wenn ich aber multiple Orgasmen erreichen möchte, konzentriert sich alles automatisch nur darauf. Ich bin ganz auf mich selbst bezogen, spüre, wie die Blume immer größer und größer wird ... bis ich der Mittelpunkt bin, mich öffne wie die Blüte ...« Peg, die immer viele Orgasmen haben kann, berichtet, ihr erster sei »rein körperlich« und die folgenden eher mental. »Ich bin dann viel entspannter und kann genau das sehen, was ich fühle. Wir setzen die Stimulierung weiter fort, die Gedanken kommen ganz von selber: Phantasien oder innere Bilder von dem, was wir gerade tun. Oder ich visualisiere seine Berührungen beim Cunnilingus oder seinen Penis in mir drin. Aber ich konzentriere mich dabei auf das, was ich fühle, und dann vergeht alles, wenn die Klimax kommt ...«

Wie schon zuvor erwähnt, versuchen manche Frauen ganz bewußt eine bestimmte Stellung einzunehmen oder eine spezielle Stimulierung fortzusetzen oder auch bewußt den Empfindungsbereich zu ändern. Manche finden es absolut notwendig, einfach nur »weiterzumachen«: »Ich drücke fest auf seinen Hintern, damit er den Rhythmus nicht verliert, und mein eigener Körper geht einfach immer weiter mit.« »Am Ball bleiben, die Erregung halten, die Reizempfindungen wahrnehmen ...« Und schließlich entspannen sich Frauen auch einfach und überlassen sich dem einmal gefundenen Rhythmus, geben sich vollkommen den eigenen Empfindungen hin; die meisten holen sich aber dennoch einen oder zwei Höhepunkte, indem sie selbst die Anspannung und den Druck erhöhen: »Ich spanne meine Scheidenwände so an, daß es mich einfach wieder hochbringt.« »Es braucht meine eigene, ganz bewußte Entscheidung, um mehr als nur einen Orgasmus zu bekommen. Und dann klappt es auch in neun von zehn Fällen. Ich spanne und straffe meinen Körper und halte ein bestimmtes Maß anSpannung während der gesamten Klimax aufrecht. Dann kann ich immer noch weitermachen... Entspannung vermindert auch die Erregung.« »Es kommt eigentlich nur auf die Anspannung und den Druck an. Während des Orgasmus presse ich mich fest an meinen Partner und löse mehr Kontraktion damit aus. Um dann nicht den Schwung zu verlieren, beginne ich einen Rhythmus, der vaginal viel Reizung hervorruft, und behalte ständig etwas Druck bei, indem ich meine Klitoris gegen das Schambein meines Partners presse...«

Natürlich ist zur Entstehung von multiplen Orgasmen immer ein Zusammenspiel günstiger Faktoren notwendig. Wenn eine Frau in einer sexuell sehr angeregten Stimmung ist; wenn sie ein starkes körperliches Verlangen nach weiteren Orgasmen verspürt; wenn der Partner sehr zärtlich und liebevoll und das Gefühlsklima sehr warm ist; wenn der Partner Vergnügen daran hat, ihr Lust zu bereiten und auch weiß, was sie antörnt, welche Art von Stimulierung sie am liebsten hat; wenn eine Frau selbst gelernt hat, sich anzuspannen oder zu relaxen, um sich auf weitere Orgasmen vorzubereiten; wenn sie bereit ist, die eigene Phantasie einzusetzen oder ihre schönsten erotischen Visionen...

Ultra-orgasmische Frauen

Vier Frauen in unserer Studie – Julia, Vivian, Peg und Sonia – kommen so extrem leicht zum Orgasmus, daß wir sie »ultraorgasmisch« nennen wollen.

Sonia ist verheiratet, Mitte 30 und stammt aus einer Methodisten-Familie. Sie ist eine umgängliche, attraktive Frau und hat eine sehr liebenswürdige Ausstrahlung. Sie arbeitet als Kundenbetreuerin in einem Kaufhaus. Während des Liebesspiels hat Sonia manchmal Phantasievorstellungen: »Da ist jemand ausgesprochen lieb zu mir, sagt mir nette Sachen.« Sie sieht sich dabei aber immer als Außenstehende: »Wie in einem Spiegel sehe ich die ganze Zeit zu, was wir tun, und es macht mich total an. Trotzdem bin ich dabei auf das konzentriert, was ich fühle.« Ihre primäre innere Erregung entsteht jedoch dadurch, daß sie sich irgendwelchen Stimmungen überläßt. »Mein Mann hat oft Einfälle, und ich kann meist auch gut darauf eingehen, wenn es stark aus seiner Stimmung heraus entsteht. Manchmal bin ich in einer ganz unschuldigen Stimmung, dann will ich, daß er mir alles ganz neu beibringt, und dabei bin ich dann auch immer in der Unten-Position. Andererseits kann ich aber auch mal das brave kleine Mädchen sein, das ein bißchen ungezogen ist. Wenn ich oben bin, kann ich bestimmender sein und mehr selber tun. Hin und wieder fühle ich mich auch ganz unterwürfig und will, daß er mich einfach nimmt...

Kurz bevor ich den Höhepunkt erreiche, sind all meine Gedanken bei meinem Körper. Ich kann für gewöhnlich etwa zehn Höhepunkte haben; sie kommen gehäuft, richtig in Serien. Zuerst kann ich zwei oder drei beim Cunnilingus haben – alle so etwa zehn bis dreißig Sekunden hintereinander –; wenn wir dann zum Koitus übergehen, dann setzt sich das fort, und ich komme in den nächsten vier bis fünf Minuten noch etwa zehnmal. Die Intensität scheint sich noch zu steigern, bis schließlich ein abschließender großer Orgasmus kommt, bei dem ich dann das Gefühl habe, er sollte nie zu Ende gehen. Ich bäume mich auf oder presse mich auf ihn und packe ihn oder ziehe ihn zu mir her – seinen Körper, seinen Kopf, die Hände... Mein Körper beginnt zu zittern, meine Füße werden ganz heiß. Es fühlt sich an wie eine weiche Explosion; mein ganzes Inneres scheint zu erbeben, endgültig zu explodieren. Nach einer Ruhepause von etwa fünf bis zehn Minuten kann ich – wenn ich will – einen neuen Anlauf zu einer Serie starten...«

Sonia hat noch nie den Wunsch gehabt, ihre orgasmische Kapazität »auszutesten«; normalerweise hat sie etwa zehn, kann sich aber ohne weiteres auf dreißig steigern. Bei Julia sind es zwischen sechs und einem Dutzend; sie hat aber auch schon über hundert gezählt. Vivian wird »besonders erregt, wenn sie schon drei oder vier hinter sich hat«; sie hat dann normalerweise »zehn oder zwölf« Orgasmen, aber auch zwanzig innerhalb einer Stunde sind »nichts Ungewöhnliches« für sie. Aber sie hat sich noch nie bemüht, eine größere Menge« zu schaffen, da sie das nicht wichtig findet. Peg erreicht im Durchschnitt »zwanzig bis dreißig«, ihr Mann will »fast hundert« gezählt haben.

Außer dieser beeindruckenden Anzahl und einer zugegebenermaßen – insgesamt sehr »zweckdienlichen« Körperlichkeit haben diese Frauen nur wenig Gemeinsames. So beschreiben beispielsweise nur zwei der Frauen – Vivian und Peg – einen besonders empfindsamen Bereich innerhalb ihrer Vagina; dennoch erreichen sie die meisten Orgasmen nicht durch die Stimulierung dieses Bereichs. Weder Julia noch Sonia setzen bewußt aktiv ihre Beckenbodenmuskulatur ein. Vor multiplen Orgasmen spannt Julia den Körper extrem an und versucht, sich sehr starken Druck zu verschaffen. Peg macht es manchmal genauso; Vivian hingegen braucht selten die Spannung, will aber verstärkten Druck verspüren. Und Sonia braucht den Druck nur, wenn sie den großen »abschließenden« Höhepunkt will. Drei der Frauen – Julia, Peg und Sonia – benutzen intensiv verschiedene Formen der mentalen erotischen Animierung; Vivian befaßt sich in Gedanken meist mit fühlbaren erotischen Sensationen . . . Es gibt unendlich viel Beispiele für ihre Verschiedenheit.

Dennoch haben die Frauen eine typische Gemeinsamkeit, die auch darüber hinaus oft von extrem orgasmischen Frauen erwähnt wird: Das Vertrauen in den Partner. Sie wissen genauso wie ihre Partner den Wert ihrer außerordentlichen Orgasmusfähigkeit zu schätzen, und die Frauen sind in der Lage, sich bis zum letzten ihrer Lust, ihren Empfindungen und dem Liebesspiel hinzugeben.

Drei der Frauen sind verheiratet, Vivian lebt seit zwei Jahren mit John zusammen, »bisher in absoluter Treue«. Julia unterwirft sich – wie wir schon wissen – bedingungslos, liefert sich sogar oft hilflos den Fesselungen ihres Partners aus. Sonia sagt: »Mit jedem Orgasmus werde ich ein bißchen gelassener, will mehr und lasse mich treiben. Ich habe eine Theorie entwickelt, wieso ich so leicht zum Orgasmus komme – weil ich uns beide glücklich machen möchte. Ich mag das Gefühl und vertraue meinem Mann. Warum sollte ich dann nicht aus mir herausgehen?« Und Peg berichtet: »Ich muß das Gefühl haben, daß er an allem teilhat, ganz egal wie orgasmisch ich bin und was ich auch tun mag. Ich muß dem Mann voll vertrauen können, dann kann ich mich auch vollkommen gehen lassen.«

Was die Fähigkeit, leicht zum Orgasmus zu kommen betrifft, gibt es eine reale Gegebenheit, einen Kernpunkt, der noch einen Schritt über das bloße Vertrauen hinausgeht. Immerhin haben auch viele Frauen, die Orgasmusschwierigkeiten haben, volles Vertrauen zu ihren Männern und Liebhabern, während andererseits Frauen, die sehr orgasmusfähig sind, es mit Männern sein können, die kaum eines solchen Vertrauens wert sind. Dennoch sind Frauen innerhalb des Umfeldes von Vertrauen leichter dazu in der Lage, die Kontrolle aufzugeben – und das ist der springende Punkt, den alle Frauen beachten sollten. Sowohl Peg als auch Sonia haben ganz nebenbei dieses wichtige Phänomen angesprochen: »Warum sollte ich dann nicht aus mir herausgehen?« »... dann kann ich mich auch vollkommen gehenlassen.«

Diese Aussagen schließen nun endgültig den Kreis und bestätigen die eine »goldene Regel«: Unabhängig davon, mit wem, wann oder wo es sein mag, muß sich eine Frau gehenlassen können, um zum Orgasmus zu kommen – und sei es nur zu einem einzigen.

Außerdem sollten wir eines nicht vergessen: »Mehr« ist nicht notwendigerweise gleichbedeutend mit »besser«. Meredith erlebt zwar häufig multiple Orgasmen, dennoch spricht sie vielen Frauen aus dem Herzen, wenn sie ihre Gefühle folgendermaßen schildert: »Es geht normalerweise während des Koitus los damit und meistens dann, wenn ich oben bin. Wenn ich erst mal einen Höhepunkt erreicht habe, muß ich nicht mehr viel dazu tun, um den Grad meiner Erregung halten zu können. Manchmal ist gar nichts Besonderes notwendig, mein Partner muß nur mit der Stimulierung weitermachen. Ich kann dann leicht drei hintereinander bekommen, und wenn wir so weitermachen, dann kann ich gar nicht sagen, wie viele es sind. Weil ich nicht darauf achte und weil es mir nicht darauf ankommt. Wenn es zu intensiv wird, ist es fast an der Schmerzgrenze. Es killt dann die Lust. Ich habe lieber ein bißchen Luft. Deshalb will ich nach drei Höhepunkten noch einen ganz lockeren und dann einen richtig starken, explosiven. Ich mag sie auch lieber schön langsam nacheinander, so daß ich jeden einzelnen genießen kann. Und einer kann auch völlig ausreichend sein, denn die Lust ist nicht nach Zahlen zu messen.«

Und nun wollen wir dieses Kapitel abschließen, indem wir Michelles Darstellung ihrer Gefühle während ihrer multiplen

Orgasmen wiedergeben. Sie hat immer mehrfache Orgasmen, die meist serienartig auftreten. Wie viele andere orgasmische Frauen, empfindet sie häufig »Vibrationen« oder ein Gefühl des »Losgelöstseins«, kurz bevor sie zum Orgasmus kommt.

»Wenn ich richtig gut drauf bin und ziemlich ›high‹, habe ich äußerst heftige Sensationen. Die Empfindungen steigern sich, es scheint immer stärker und stärker zu werden. Doch plötzlich – und ohne, daß ich genau sagen könnte, ob ich es absichtlich mache, ob ich versuche, es aufzuhalten oder ob mein Körper sich selbständig macht und ich gar keine Kontrolle darüber habe – plötzlich gibt es eine kleine Verzögerung der Vibrationen, sie hören fast auf, der alte Rhythmus ist fort. Eigentlich bin ich gut drauf, fühle mich ganz super und bin bereit zum Höhepunkt, aber irgend etwas hält mich zurück: ›Halt! Noch nicht! Es ist noch nicht soweit!‹ Das passiert ganz unabsichtlich; der Himmel weiß, wie sehr ich den Gipfel herbeisehne, aber es wird alles noch intensiver, ich werde immer gieriger, immer schärfer ...

Ich spüre, wie ich überall angespannt bin. Alle Empfindungen konzentrieren sich auf die Brüste und die Brustwarzen und auf das Scheideninnere. Ich habe fast das Gefühl, mein Busen wächst, die Brüste vergrößern sich, es ist einfach so ... Ja, ich stehe total unter Strom, bin voll lebendig und kurz vorm Explodieren – Knall auf Fall – und ich könnte die ganze Welt in mich aufnehmen. Es ist, als könnte ich alles in mich hineinsaugen. Ich habe das Gefühl, unbesiegbar zu sein, die Allergrößte, die Tollste und Beste zu sein. Ich spüre, daß mir in diesem Moment nichts – aber auch nichts auf der Welt etwas anhaben kann, mir kann nichts passieren, nichts kann mich aufhalten, nichts berührt mich. Ich bin einfach da und lebe.

Wenn mich der Orgasmus überrollt, geht dann ein Zittern durch meinen Körper. Es ist tief drinnen in der Vagina und auch außen an den Schamlippen zu spüren. Die Vagina krampft sich zusammen und vibriert richtiggehend, es überwältigt mich geradezu. Ich sehe Lichtblitze vor den Augen – grüne, gelbe und rote. Dann beginne ich mich zu lockern, und die Verkrampfungen lösen sich allmählich ...

Nach diesem ersten Orgasmus bin ich dann sehr entspannt. Und ich kann mich *völlig loslassen, gehenlassen.* Ich konzentriere mich gefühlsmäßig auf das, was ich gerade erlebt habe, und stelle dann fest, daß ich mich von allein wieder erregen lasse, einfach, weil das Gefühl so irre war und ich so viel Lust empfunden habe. Natürlich ist mein Partner die ganze Zeit mit einbezogen, er bleibt immer drin im Spiel. Er muß dabei meinen Körper nicht unbedingt berühren, er kann meine Ohrläppchen, meinen Nacken küssen, meine Augenlider – alles stimuliert mich dann. Ich fühle mich sehr ruhig, sehr entspannt, doch wenn er nicht aufhört, mich zu küssen, zu berühren und zu streicheln, dann geht es wieder von vorn los. Manchmal dauert es eine Weile, manchmal bin ich aber auch ganz schnell wieder dabei ...«

Das Nachglühen 12

Wenn wir uns geliebt haben, dann ist es fast wie nach dem ersten Kuß ... oder als ob wir ein Körper wären und jeder spürt, was der andere fühlt. Es verbindet uns etwas, eine wohlige, warme Herzlichkeit ... *Ginger*

Sie haben gemeinsam etwas sehr Schönes und Lustvolles erlebt.

Nach einem sexuellen Liebeserlebnis flaut die körperliche Erregung nur langsam ab. Der Sex scheint irgendwie unvollkommen, wenn man nicht hinterher noch ein paar Zärtlichkeiten austauscht oder noch ein paar ruhige liebevolle Momente miteinander verbringt...

Die Nachwirkungen des Liebesspiels können noch Stunden und Tage anhalten und lange nachglühen. Etwas später am Tag oder kurz vor dem Schlafengehen, möglicherweise auch erst am nächsten Morgen rufen Sie sich vielleicht die Einzelheiten des Liebesakts wieder ins Gedächtnis zurück.

Vielleicht ändern sich Ihre Wahrnehmungen. »Wenn ich einen Orgasmus gehabt habe, brauche ich immer eine Weile, um mich wieder richtig zurechtzufinden. Meine Wahrnehmungen sind alle irgendwie abstrakter, die Welt scheint mir eher vergeistigt, ich sehe mehr Sinn in allem, mehr das Wesentliche ...«

Oder Sie werden vielleicht nur ruhiger schlafen, schönere Träume haben. »Im Halbschlaf, zwischen Traum und Wirklichkeit, schweifen meine Gedanken ins Land der Träume ab. Ich sehe zwei Leute, die ganz allein sind in einer sehr romantischen Umgebung – vielleicht in einer kleinen Hütte tief im Wald oder auf einer Insel mit schwarzem vulkanischen Sandstrand. Sie wollen gerade miteinander schlafen. Es sind Leute, so wie wir ... Wir sind es tatsächlich!«

Bevor wir auseinandergehen

Jede Frau dieser Studie ist eine ganz eigene Persönlichkeit für sich. Bei jeder lagen ganz unterschiedliche Parameter zugrunde, wie zum Beispiel Alter, Rasse, Familienstand und Religion. Sie haben verschiedene Bildungsgrade und Kenntnisse, unterscheiden sich in Beruf und Status, je nachdem, ob sie Kinder haben oder nicht, ob ihr Leben weitgehend problemlos verlaufen ist oder ob sie Widerstände zu überwinden hatten. Die eine kann bei einer sexuellen Begegnung einen einzigen Orgasmus haben, eine andere zwei Dutzend. Die körperlichen Merkmale können sehr unterschiedlich sein – sowohl der Genitalbereich als auch das Gewicht, die Figur, die Farbe der Augen, Farbe und Schnitt der Haare. Die Frauen können launenhaft sein, nachdenklich oder anspruchsvoll, vorsichtig, extrovertiert oder schüchtern. Während des Liebesakts können sie die eine oder andere Vorliebe entwickeln. Bei manchen sind die Gedanken nur auf ihre Erregung konzentriert, sie lassen sich von ihren Stimmungen und Gefühlen leiten oder von ihren lüstern-erotischen Bildern. Jede ist einmalig. Und trotzdem: Alle sind Ihnen ähnlich, sind so wie Sie...

Trotz aller Unterschiede hat sich bei unseren Untersuchungen dennoch ein gewisses gemeinsames Persönlichkeitsbild bei den Frauen unserer Untersuchung herausgeschält: Sie hat ein gewisses Maß an persönlicher Unabhängigkeit erreicht, hat eine eigene sexuelle Identität entwickelt. Sie übernimmt eine aktive Rolle beim Liebesspiel, um sexuelle Befriedigung zu erreichen. Sie trifft eigene Entscheidungen über ihr persönliches Sexualleben. Sie kennt sich selbst gut, hat ihre sexuellen körperlichen Möglichkeiten und Reaktionen erforscht; hat gelernt, was ihr Körper beim Sex braucht, was ihm gut tut. Sie hat ihren eigenen sexuellen Stil entwickelt. Sie geht gut vorbereitet und »angeheizt« in eine sexuelle Begegnung. Während des Liebesaktes weiß sie, wie sie Ablenkungen vermeiden kann und konzentriert sich voll und ganz auf ihr eigenes Lustempfinden. Sie kommuniziert mit ihrem Partner, zeigt ihm auf ihre Weise, was sie besonders mag, was sie sich wünscht und teilt ihm den Grad ihrer Erregung mit. Sie sucht Stimulierungen, die sie normalerweise zum Orgasmus bringen, und kann die Gesamtheit ihrer wachsenden körperlichen Erregung dirigieren. Sie ist psychisch sehr empfänglich für ihre bevorzugten erotischen Stimuli und läßt ihre Gedanken entsprechend diesen Vorlieben abschweifen. Sie nähert sich dem Orgasmus, indem sie sich auf stabile und stetige Stimulierung einläßt, verstärkt und erweitert ihre körperlichen Empfindungen und kommt zum Gipfel der Lust, indem sie einer Fülle von Reizen nachgibt. Sie entwickelt, kreiert und bringt es – wie auch immer – zustande, genügend Stimulierung zu erhalten, um die Schwelle zum Orgasmus zu überschreiten. Und immer, immer kann sie sich gehenlassen, fallenlassen, sich dem natürlichen Lauf der Dinge unterwerfen.

Am Ende unserer Gespräche mit den Frauen fragten wir jede von ihnen, welches für sie nun der entscheidende Faktor gewesen sei, der sie persönlich dazu gebracht hatte, besonders orgasmusfähig zu werden. Die Antworten lassen sich drei großen Themenkreisen zuordnen: Erster, wesentlicher Faktor – sozusagen der Grundstein für alles – ist, sich selbst kennenzulernen, sich zu vertiefen in die Geheimnisse, die einen als Individuum ausmachen, die tiefsten innersten Gedanken und Wünsche zuzulassen und die eigenen Veranlagungen und Neigungen zu erforschen, die Reaktionen des eigenen Körpers zu kennen, zu wissen, wie Körper und Geist auf wachsende Erregung reagieren und ob es einen besonderen Kick gibt, der einem zum Superorgasmus bringt. Und dann ist es ganz wichtig, daß die Frau sich selbst akzeptiert – ohne Vorbehalte und Schuldgefühle –, und das, was sie an Wundern für sich entdeckt hat, und ihre persönliche Veranlagung wirklich mag.

Der zweite Faktor bezieht sich auf die sexuelle Beziehung. Eine Frau sollte nur einen Partner akzeptieren, der sich wirklich etwas aus ihr macht und sich um sie kümmert, oder einen, den sie liebt und den sie für ihre persönlichen Wünsche und Bedürfnisse interessieren und sensibilisieren kann. Wichtig ist, daß sie sich ihm gegenüber öffnet und bereit ist, ihm Vertrauen entgegenzubringen, sich ihm mitzuteilen und mit ihm zusammen alles zu erforschen – also ein Partner, mit dem sie wirklich kommuniziert. Der vorm, beim und nach dem Sex wirklich bereit ist, mit ihr zu kommunizieren.

Und als letzten Punkt nannten die befragten Frauen das echte

Interesse, den unverbrüchlichen Willen, das positive, affirmative Denken:

> Du kannst diesen wunderbaren Gipfel sexueller Gefühle nur erreichen, wenn du daran glaubst, daß du es kannst. Egal, was du brauchst, es ist möglich. Du bist dazu fähig, jede Frau ist fähig dazu . . .
>
> Deine Einstellung ist das Wichtigste überhaupt: die positiven Gefühle zum Sex. Sex muß doch gut sein, die Menschen praktizieren ihn schon seit Urzeiten – und nicht aus reinem Fortpflanzungstrieb. Wir tun es zu unserem eigenen Vergnügen und aus Liebe zum Partner. Du kannst diese Lust haben, kannst orgasmisch sein. Gib dich hin, du brauchst dich nur gehenzulassen . . . Laß dich gehen, wirklich, richtig gehen . . .

Und jetzt wollen wir auseinandergehen. Nur noch ein letzter gutgemeinter Rat zum Abschluß: Angstgefühle in bezug auf Ihre sexuellen Fähigkeiten (»Werde ich ›gut‹ sein?« »Komme ich zum Orgasmus?«) oder gar Selbstzweifel während des Liebesakts oder sich immerzu hypergenau Rechenschaft darüber abzulegen, was Sie gerade tun – all das schmälert Ihre Chancen, sexuelle Lustgefühle zu entwickeln oder macht sie zunichte. Lesen Sie, und vergessen Sie alles wieder! Blättern Sie dann noch einmal in diesem Buch, vielleicht trifft hier und da doch etwas auf Sie zu und Sie können sich darauf beziehen oder etwas ausprobieren, was Sie gelesen haben. Aber wenn Sie beim Liebesakt selber sind, sollten Sie sich von allem hier Angelesenen freimachen. Mit der Zeit wird Ihnen das alles in Fleisch und Blut übergehen, wenn es nicht sowieso schon der Fall ist. Sie brauchen sich nur dem wunderbaren, einmaligen Augenblick hinzugeben und das lustvolle sexuelle Erlebnis zu genießen; erleben Sie das Gefühl des Einsseins, wenn Sie den Moment der Lust mit jemandem teilen.

Das Allerwesentlichste, das die Frauen Ihnen hier in diesem Buch vermitteln sollten, ist das Gefühl der Freiheit, ihre natürlichen Gaben zu nutzen und richtig einzusetzen.

Und Sie sollten Geduld haben. Die Natur wird Ihnen helfen. Überlassen Sie Körper und Geist dem natürlichen Lauf der Dinge. Sie werden sehen, es ist *Schöner als Fliegen.*

ANHANG A

Interview und Methodik der Untersuchung

75 Prozent unserer Teilnehmerinnen wurden gezielt ausgewählt über persönliche Kontakte und Empfehlungen der assistierenden Interviewerinnen sowie durch andere an dieser Studie interessierte Frauen. Die übrigen 25 Prozent kamen über Anzeigen dazu, vorwiegend in Publikumszeitschriften. Für die Teilnahme an dieser Untersuchung wurde jeweils ein geringes Honorar gezahlt, und die Befragung dauerte im allgemeinen zwischen vier und fünf Stunden. Vor der Befragung wurde allen Frauen dieser Studie ein genauer Plan des gesamten Forschungsprojekts zugeschickt sowie ein Fragebogen, und sie mußten schriftlich bestätigen, nicht unter 21 Jahre alt zu sein, Inhalt und Ziel der Studie verstanden zu haben und darüber unterrichtet worden zu sein, daß sie die Befragung jederzeit von sich aus abbrechen könnte (was keine der Frauen wollte!).

Die Teilnehmerinnen wurden sorgfältig und in mehreren Durchgängen geprüft, ob sie vertrauenswürdig waren und in die Gruppe paßten (64 Interviews wurden geführt, um die endgültigen 60 zu erhalten). Zuerst kamen die Frauen zu einem losen Gespräch mit den Forschern zusammen; wenn der allgemeine Eindruck nicht den geforderten Kriterien entsprach (der z. B. psychische Stabilität beinhaltete), wurden sie von der Teilnahme ausgeschlossen. Den Frauen wurde als Teilnahmebedingung vage das Kriterium der »leichten Orgasmusfähigkeit« genannt. Fragebögen und andere, auch vor dem Interview und auch während der Studie übliche Befragungen, bezogen sich stets auf die gleichen thematischen Bereiche. Frauen, die sich nicht konkret dazu äußerten oder in ihren Antworten widersprüchlich waren, gaben wir vorsichtig zu verstehen (ohne ihre orgasmischen Möglichkeiten in Frage zu stellen), daß sie für unser Interview nicht in Frage kamen.

Wir haben uns bemüht, die Resultate der Studie nicht durch die Art der Fragestellung zu beeinflussen; es wurde auch keine Frau abgelehnt, weil ihre Antworten nicht in unser Konzept paßten. Aufgrund der Parameter unserer demographischen Untersuchung konnten wir nicht alle qualifizierten und interessierten Teilnehmerinnen interviewen (und leider auch nicht alle Frauen namentlich erwähnen, die zu Wort gekommen sind).

Alle Interviews wurden von einem gemischtgeschlechtlichen Frageteam geleitet. Das ist eine bewährte Methode, um umfassende und zuverlässige Daten zu erreichen. Die Anwesenheit beider Geschlechter lockerte die Stimmung, nahm ängstliche Gefühle, und die Befragte konnte sich aussuchen, welchem Gesprächspartner sie sich intensiver zuwenden wollte. Zudem konnte einer der Interviewer aufmerksam zuhören, während der andere die Unterhaltung führte, und dabei die Fäden in der Hand behalten und eventuelle Widersprüche klären.

Vor dem Interview machten wir eine genaue Analyse jeder Frau anhand des Fragebogens; beide Interviewer hatten Kopien davon. Obwohl die Interviews ganz unkonventionell, frei und sachlich geführt wurden und wir die Frauen sogar ermutigten, über Themen zu sprechen, die ihnen besonders wichtig waren, konnte durch die vorangegangene Analyse durch den Fragebogen, ganz besonders auf Gebiete mit Schlüsselfunktion eingegangen werden sowie auf Bereiche, die für die Frauen – wie aus ihren Fragebögen ersichtlich – von besonderem Interesse waren. Die Interviews wurden per Tonband aufgenommen.

Die Vorgehensweise des Teams ließ zwei Meinungen gelten, was die Glaubwürdigkeit der Frau betraf, vor allem bei dem Thema ihrer orgasmischen Veranlagung. Während des Interviews wurden einige – oder mehrere – Fragen dazu gestellt; danach konnten die beiden Interviewer von ihrer Beobachtung aus und ihrer Einschätzung nach über dieses Thema urteilen. Wenn dabei die Interviewer wesentliche Zweifel an der Glaubwürdigkeit der Frau speziell in diesem Bereich oder überhaupt hatten, wurde das Interview aus der Studie herausgenommen.

Obwohl dieses Buch sich an eine allgemeine Leserschaft richtet, haben wir uns bemüht, in unserer Studie alle Sorgfaltskriterien einer wissenschaftlichen Studie zu beachten.

In der Auswertung der Antworten gingen wir sehr konservativ vor und waren vorsichtig in der Auswahl, die den G-Punkt, die vaginale Empfindlichkeit und die Ejakulation betreffen. Alle Menschen sind empfindlich, besonders bei dem schwierigen Thema Sexualität, und gerade Frauen fühlen sich ständig unter Druck »zu haben, was man von ihnen erwartet; zu tun, was man von ihnen verlangt«. Im Laufe unserer Untersuchungen geschah etwas Merkwürdiges: Der G-Punkt wurde bekannt – und war plötzlich Thema Nummer eins bei allen unseren Gesprächen. Jeder Bereich vaginaler Empfindlichkeit könnte ein G-Punkt sein! Eine Frau (das Interview mit ihr wurde aus der Studie gestrichen) erklärte zu Beginn der Befragung, in der Vagina eine geringe Empfindlichkeit zu haben, und behauptete dann später, einen G-Punkt zu besitzen.

Wir hoffen, daß unser Buch dazu beitragen wird, Anwandlungen von Wunschdenken dieser Art zu vertreiben: Die große Mehrheit der Frauen unserer Studie hat weder einen sexuell funktionierenden G-Punkt noch eine übergroße Klitoris oder eine übersensible Brust oder irgendeine andere Form spezieller körperlicher Ausstattung. Keine Frau (vorausgesetzt sie hat keine irreparablen körperlichen Dysfunktionen) braucht mehr als ihr natürliches und normales »Ich«, um ohne Schwierigkeiten zum Orgasmus zu kommen.

Wir hoffen, daß unsere Arbeit Forschern, Therapeuten und anderen, die im Bereich des körperlichen und seelischen Wohlbefindens tätig sind, von Nutzen sein wird.

ANHANG B

Fragebogen zum weiblichen Orgasmus

Wir wären Ihnen dankbar, wenn Sie zu allen Fragen eine kurze Antwort geben könnten (aber nicht nur ein einfaches Ja oder Nein); wir verstehen natürlich, wenn Sie die eine oder andere Frage auslassen. Wenn Sie für Ihre Antworten mehr Platz brauchen, bitten wir Sie, die Rückseiten der Bögen zu benützen. Versuchen Sie sich in folgendem Kontext zu sehen: Eine gute Freundin oder eine Schwester, die Ihnen nahesteht, bittet Sie um Rat. Sie hat einen Partner, den sie eigentlich begehrenswert findet, dennoch kommt sie mit ihm nur schwer zum Orgasmus. Welche detaillierten, ganz speziellen Ratschläge können Sie ihr geben?

Angaben zu Ihrer Person:

1. Wie alt sind Sie? ______________________________

2. Familienstand: (bitte ankreuzen)
   Leben Sie mit einem Partner zusammen? . . . . _
   Verheiratet . . . . _
   Sind Sie Single und leben Sie alleine oder zusammen mit einem platonischen Freund / einer platonischen Freundin? . . . . _
   Getrennt . . . . _
   Geschieden . . . . _
   Verwitwet . . . . _

3. Wenn zutreffend: Wie lange sind Sie schon verheiratet/leben Sie schon mit Ihrem Partner zusammen? ______________

4. Abgeschlossene Ausbildung:
   Hauptschule, oder darunter . . . . _
   Highschool . . . . _
   Highschool-Abschluß . . . . _
   College . . . . _
   College-Abschluß oder mehr . . . . _

5. Religionszugehörigkeit ____________________
Beruf ____________________

6. Wie alt waren Sie, als Sie das erste Mal mit einem Mann Geschlechtsverkehr hatten? ____________________

7. Wie alt waren Sie, als Sie das erste Mal einen Orgasmus beim Geschlechtsverkehr erlebten (auch wenn er durch andere Stimulierungen unterstützt war)? ____________________

8. Erreichen Sie Ihre Orgasmen meist ohne Schwierigkeiten? ____________________

9. Sind Sie in erster Linie mit einem bestimmten Partner leicht orgasmusfähig oder auch mit mehreren? ____________________
Ist es ein Partner, den Sie noch nicht so lange kennen? ____

10. Wie oft haben Sie Geschlechtsverkehr oder andere Formen von Sex? ____________________
Und wie hoch ist der Prozentsatz der dabei erreichten Orgasmen? ____________________

11. Haben Sie mit der Zeit gelernt, leichter zum Orgasmus zu kommen? ____________________
Hat ein Partner Ihnen dabei geholfen? ____________________

12. Sehen Sie das Erreichen des Orgasmus in erster Linie als Ihre Aufgabe an, als gemeinsame oder ausschließlich als die Aufgabe des Partners? ____________________

Mentale und psychologische Aspekte

13. Versuchen Sie sich beim Liebesspiel selbst mental zu erregen? ____________________
Versuchen Sie, eine Rolle, eine Stimmung oder Gefühle durchzusetzen? ____________________

14. Gibt es beim Liebesspiel einen Zeitpunkt, zu dem Sie Ihre geistige Konzentration auf körperliche Wahrnehmungen richten? ______________________________

____

Auf spezielle Wahrnehmungen? ____________________

____

15. Wenn Sie kurz vor dem Orgasmus sind, konzentrieren Sie dann irgendwann Ihre Gedanken auf einen speziellen Körperteil (wie z. B. Klitoris, Labia, Vagina, etc,) oder auf ganze Bereiche (Ihre Vulva, etc.) unter Ausschluß anderer Gedanken? ______________________

____

16. Ist es für Sie wichtig, daß Ihr Partner weiß, welche Stimulierungen Sie brauchen? Wenn das so ist, wie teilen Sie ihm Ihre Wünsche mit (durch Worte, Stellung Ihres Körpers, seines Körpers, Stöhnen oder anderes)?_____

____

17. Phantasieren Sie beim Geschlechtsverkehr? _________

____

18. Haben Sie bisexuelle Erfahrungen? _______________

____

19. Benützen Sie Drogen, wie z. B. Alkohol, Sexfilme, erotische Hilfsmittel oder besondere Kleidung, um die sexuelle Erregung zu steigern? __________________

____

20. Beurteilen Sie sich während des Liebesspiels manchmal in besonderer Weise (anständig, schlecht, dominant, etc.)?

____

Welches Gefühl, welcher Gedanke hilft Ihnen am meisten, um zum Orgasmus zu kommen?________________

21. Gibt es irgend etwas Ungewöhnliches oder »Seltsames«, womit Sie leichter zum Orgasmus kommen, von dem Sie glauben, nur Sie allein täten es? ____________________

Körperstimulation und Körpergebärden

22. Wie wichtig ist Ihre allgemeine körperliche Konstitution, um leichter zum Orgasmus zu kommen? ______________

23. Benützen Sie aktiv Ihre vaginale Muskulatur während des Geschlechtsverkehrs? ____________________________

24. Setzen Sie Ihre Orgasmusfähigkeit in Beziehung zu vorangegangener Masturbation? _________________________

25. Haben Sie eine bevorzugte Stimulierung oder Körperstellung, die Ihnen beim Masturbieren und beim Geschlechtsverkehr gleichermaßen hilft, besser zum Orgasmus zu kommen? ____

26. Welche Art der Stimulierung hilft Ihnen am meisten, um einen Orgasmus zu erreichen (Geschlechtsverkehr, orale, manuelle oder andere Stimulierungen oder etwas ganz anderes)? ______________________________________
Oder ist eine Kombination am effektivsten? ____________
____

27. Brauchen Sie immer eine ganz spezielle Stimulierung, um einen Orgasmus zu erreichen? ______________________

28. Welche Stellung ist Ihnen beim Geschlechtsverkehr am liebsten, wenn Sie einen Orgasmus erreichen wollen?
____

29. Kann oraler Sex Sie zum Orgasmus bringen? __________
Manueller Sex? ____________________________________

Sind solche Orgasmen befriedigender als die durch den Geschlechtsverkehr erreichten? ____________

30. Gibt es besondere Empfindungen (Reize, die Sie spüren wollen, um leichter zum Orgasmus zu kommen), die Sie auch anderen Frauen empfehlen können? ____________

____

31. Wie reagiert Ihr Körper auf dem Höhepunkt des Orgasmus? ____________

____

Wie empfinden Sie den Orgasmus? ____________

____

32. Beschließen Sie bewußt, »einen Orgasmus anzusteuern«, und benutzen Sie aktiv den Körper Ihres Partners, um dieses Ziel zu erreichen? ____________

33. Falls Sie Schwierigkeiten haben, erregt zu werden: Gibt es für Sie eine (mehr oder weniger) hundertprozentig wirksame Stimulierung, die sie im allgemeinen anheizen kann? ____________

____

34. Haben Sie jemals »Mehrfach-Orgasmen« erlebt oder solche, die schnell aufeinander folgen (zwei oder drei in einer Serie im Abstand von Sekunden oder Minuten)?

____

____

Vielen Dank! Schicken Sie bitte diesen Fragebogen ohne Unterschrift zusammen mit der von Ihnen unterschriebenen und datierten Empfangsbestätigung an uns zurück. Wir werden dann einen Interview-Termin mit Ihnen ausmachen.

DANKSAGUNG

Unserer Literaturagentin Heide Lange schulden wir ganz besonderen Dank für ihre Wärme und Treue und für ihre immer sehr sachverständige Unterstützung. Danke, Heide. Durch dich sind wir wirklich vorangekommen.

Joyce Engelson machte uns Mut, betreute das Manuskript während seines Entstehens und half schließlich, dem Werk seine endgültige Form zu geben und es so einer allgemeinen Leserschaft zugänglich zu machen. Victoria Skurnick und Robin Desser, unsere Lektoren, waren mit Sorgfalt und Einsatzbereitschaft bei der Sache und opferten viel Zeit, um das Buch aus der Taufe zu heben.

Catherine Shaw hat uns während der gesamten ersten Niederschrift dieses Buches als besonders engagierte Mitarbeiterin zur Seite gestanden; ihr Einfühlungsvermögen und ihre konzeptionellen Fähigkeiten sind unserem Manuskript überall anzumerken. Beth Kennard sichtete die Fachliteratur; Heather Broadhurst wertete die Forschungsergebnisse aus und gab sie in den Computer ein.

Nicht nur Dr. Irving Rosen, sondern auch seine wissenschaftlichen Mitarbeiter Ruth Rosen und Maureve Goldhamer waren von Anfang an wertvolle und sachkundige Helfer, lasen und verfolgten unsere Arbeit während des gesamten Enstehungsprozesses und machten immer wieder kenntnisreiche Verbesserungsvorschläge.

Auch all den anderen Fachleuten aus dem Bereich der Medizin und Gesundheit, die unser Buch in den verschiedenen Stadien seines Entstehens immer wieder lasen, die Arbeit kommentierten und uns zum Weitermachen ermutigt haben, möchten wir

Dank sagen: Es sind vor allem Dr. Irwin Moore, Dr. Chester L. Plotkin, Marcia E. Aron, Dr. Ilze K. Schwartz und Dr. Richard A. Schwartz, sowie Dr. Howard A. Hoffmann, Claire Foudraine (R.N.), Dr. Raphael S. Good, Dr. Nancy K. Johnson, Dr. Stella Resnick, Dr. Ellen Frank und Dr. Ronald S. Immerman.

Patricia Worth, die in den meisten Fällen als unsere Co-Interviewerin fungierte, danken wir ganz herzlich für ihr Engagement und ihre nie nachlassende Unterstützung des Projekts. Auch Karen Rastetter, Terry Luria, Beryl Moore, Diane Horton Modzelewski und Lora Thompson waren für uns sehr wertvoll als Co-Interviewer.

Zum Schluß möchten wir aber ganz besonders hervorheben, welchen wichtigen Beitrag zu diesem Buch vor allem die Frauen geleistet haben, die sich bereiterklärten, an unserer Studie teilzunehmen. Sie haben sich wirklich eingebracht, indem sie ihr Innerstes und Intimstes offenbarten.

Dieses Buch verdanken wir an erster Stelle ihnen.

Ausgewählte Bibliographie und empfohlene Literatur

Barbach, Lonnie G. – Für einander. Das Gemeinsame Erleben der Liebe. Reinbek bei Hamburg, 1987.

Barbach, Lonnie G. – For Yourself. Die Erfüllung weiblicher Sexualität. Frankfurt/Main, 1987.

Carnes, Patrick – Zerstörerische Lust. Sex als Sucht. München 1987.

Fisher, Seymour – Der Orgasmus der Frau. München, o.J.

Firestone, Shulamith – Frauenbefreiung und sexuelle Revolution. Frankfurt/Main, 1987.

Freedman, Rita – Die Kunst, sich selbst zu lieben. Der innere Weg zur Schönheit. München, 1990.

Friday, Nancy – Wie meine Mutter / My mother my self. Frankfurt/Main, 1989.

Friday, Nancy – Die sexuellen Phantasien der Frauen. Reinbek bei Hamburg, 1980.

Hite, Shere – Hite Report. Das sexuelle Erleben der Frau. München, 1977.

Hite, Shere – Frauen und Liebe. Der neue Hite-Report. München, 1988.

Kaplan, Helen S. – Sextherapie. Ein neuer Weg für die Praxis. 1981.

Kaplan, Helen S. – Hemmungen der Lust. Neue Konzepte der Psychosexualtherapie. 1981.

Koedt, Anne – Der Mythos vom vaginalen Orgasmus. Berlin, o.J.

Kentler, H. (Herausgeber) – Taschenlexikon Sexualität. Düsseldorf, 1982.

Kinsey, Alfred C. u.a. – Kinsey Report. Das sexuelle Verhalten der Frau. Frankfurt/Main, 1970.

Masters, William S., und Johnson, Virginia E. – Die sexuelle Reaktion. Reinbek bei Hamburg, 1984.

Masters, William S., und Johnson, Virginia E. – Das verdrängte Risiko. Sexualverhalten im Aidszeitalter. München, 1988.

Ray, Sondra – Ja zur Liebe. Das Geheimnis der wunderbaren Partnerschaft. München, 1987.

Sherfey, Mary Jane – Die Potenz in der Ehe. Ratgeber für ein glückliches Zusammenleben. Berlin, 1988.

Westheimer, Ruth – Liebe in der Ehe. Ratgeber für ein glückliches Zusammenleben. Berlin, 1988.

Westheimer, Ruth/Kravetz, Nathan – First Love. Ein Handbuch der Sexualität für junge Menschen. Berlin, 1988.

Yaffè, Maurice/Fenwick, Elizabeth – Happy Sex. Spaß am Sex. München, 1986.